最早的中国

THE ORIGIN OF CHINESE CIVILIZATION

李国忠 著

人民出版社

序　言

《最早的中国》一书付梓之前，托我作序，我欣然接受了。这不是因为我有这个资格，而是因为我喜欢这样的书，包括它的名字和原来的名字《吾族吾祖》。

作者李国忠先生说，《最早的中国》是一本"用全新多维视角论及中华民族的溯源书"。作者从上古时代开始，就中华民族的文明萌发，早期发展和民族初步融合各个时期，进行探讨。察觉"往昔言史者言史，说文者说文，考古者必发掘，究籍者曰考据，论陶瓷、青铜及玉器者更是就物论物"的局限，新立门户，以"上中下三卷"鸿文，卷上"有物为证"，卷中"有书可凭"，卷下"有韵流传"；"卷上主证，卷中佐证，卷下补证"，既紧密联系，互为组成部分，又自成体系，有所侧重。可谓是纲举目张，视角多维。

中国文明的起源，过去中国人有自己的解释。盘古开天辟地，三皇五帝筑城池、创新业、造文字、立规矩、定制度，就有了后来的中国文明。这一套体系说明，已经不是一个讨论的题目。可是在西方思想传入以后，"中国文明的起源"这个老题目被翻了出来，并成了一个新问题，争论不少，分歧仍在。

既然问题提出来了，就需要解决，需要探讨究竟。如果说以往只是从文献的简约片段甚或是传说故事，去了解未知的历史，那么现在再做"溯源"之时，已经有了关于那些年代大量的科学考古资料作为佐证，还有大量玉石文字和纹样图像可以参考。

中国文明的萌发，始于一万年前后。江西万年县仙人洞的先人，一万多年前已经发明了制陶术，创烧出人类最早的陶器，并开始栽培水稻；七千年前浙江河姆渡人盖起了大量杆栏式建筑、耕作、打井、漆木器，湖南城头山先民不仅建造了一个个聚落，种稻、烧陶，还筑起了巨大的城堡，开始大面积人工种植水稻；辽河流域的先民已经开始用玉石琢磨礼神用品、装饰品和工具。这些发生在七千年至一万年前的事情,即是一个个鲜活的证明。

先民们仰望无尽变换的天空,面对苍茫大地的万种风物,渴求在天地万物之间找到心灵的希望与寄托。神灵出现了。在金属工具运用之前,最美的东西就是玉。琢磨而成的某些玉器,成了沟通人与神最好不过的媒介。

中国人琢玉成器,考古发现已有八千年历史,民间收藏被称为"黑皮玉"的器物,时间更早。我同作者的观点一致,认为中国有人类历史上独特的"玉器时代"。东汉袁康《越绝书》引用战国时代风胡子的话,对以往历史概括为:传说中的三皇时代是石器时代,从黄帝开始的五帝时代是玉器时代,禹以后的夏商周三代是铜器时代,春秋战国进入了铁器时代。考古发现让我们看到,在如同繁星闪烁的中华大地上,以辽河流域为中心的红山文化玉器,杭州湾和长江下游的良渚文化玉器、凌家滩玉器,甘青交汇一带为中心的齐家文化玉器,以及成都平原上的三星堆文化玉器,在那种科学技术和生产力低微条件下,中华先民用自己的智慧与手艺,创造出的美丽奇迹与浪漫杰作,不仅是玉石文化的巅峰,更是先民礼神通神的桥梁,心灵满足与希望寄托的信物。更为突出的是,在"玉器时代"及其以后世界上再没有第二个民族,创出数量如此之巨,品类如此之盛,等级如此之高的玉器来,而它的功能与文化内涵之深,更是难以捉摸。

本书从国内外博物馆收藏的玉器入手,以玉器为载体,以玉文化为核心,"从玉论史,以玉证史。中国史前玉器固非中国史前文明之全部,却是史前中国文明之精华,从玉器的起源传承过程论及中华民族的融合过程"。

20世纪前半叶,中国考古学者在山东龙山城子崖和河南安阳殷墟的考古发掘,产生了中国本土文化史前时代的遗物。20世纪50年代以来,全国考古工作的进展与大量史前与历史时代早期遗物的出土,使"中国文化起源"论题逐渐趋于明朗,但也愈发复杂。八千年以来绵延不断的中华文明史,是一个众多氏族、部族和民族文化不断传承、融合与转化、创新的过程,包括汲取某些外来文化的营养。值得庆幸的是,有红山文化、石家河文化、凌家滩文化、良渚文化以及齐家文化和三星堆文化玉器的实物为证,这时若再说中国史前时代都是一片空白,连人和文化都是自西方输入的,便难以成立了。而中国先民的水稻、蚕丝、陶瓷和青铜艺术等创造,不仅显示了中华民族的伟大创造力和中华文化的博大精深,而且大大影响了亚洲和世界。

　　特别要说的是,李国忠先生的《最早的中国》一书,以科学考古出土的大量玉器实物作为佐证,并参考可信的社会文物艺术品资料,结合古代文献记载的史实、诗歌、故事与传说,详加解读,紧紧抓住突破点,以可信度较高的论述,打破甚至是颠覆了国内外专家、学者对"中华文明起源"的"不确定论""外来说"和"中华文明只有三千多年"等说辞,从上古到文明初始时代的方方面面,生产、生活、娱乐和祭祀,物质的具象、形体、纹饰、韵味,以"历史韵文化遗存为纲,从先秦流传的诗谣歌赋中洞悉历史,孔窥文化,佐证史前时代";卷上在于"有物为证",卷中在于"有书可凭",卷下在于"有韵流传"。这是何等的新颖与精彩！其间无不深透着先生的探索精神和严肃态度,令人感佩,其取得的成功很不容易,很值得称道。

　　《最早的中国》一书出版,无论对于初学者还是研究者来说,无疑都是有所裨益的,而所提供的信息与问题,也应当引起更多的关注。

　　"路漫漫其修远兮,吾将上下而求索"！对文明起源和文明内涵的探索,还在路上。

　　祝贺《最早的中国》荣誉出版。

雷从云①

北京六二居

二〇二一年三月二十八日

---

　　①　雷从云:国家博物馆研究员,原中国文物交流中心主任,国际收藏家联合会副会长,鉴定评估委员会副主任。

目　录

卷中 史前神话传说:历史故事化遗存

卷下 先秦诗歌民谣:历史韵文化遗存

绪　论

历史总是猝不及防，让你撞个满怀。

那么，

我们是从哪里来的？

我们的祖先是谁？

关于中华民族的起源、早期文明发展、转型及成熟在中国文化史、艺术史、神话史、文字史、农业发展史，甚或陶瓷史、玉器史等都是同源同流，而且同样是当时生产生活和文化艺术的具体产物。

一万年前，人类社会进入崭新的画卷，那就是新石器时代。

相对于新石器时代，旧石器时代太漫长了，足足有 200 万年。当然，相对于人类母体地球来说，这 200 万年也只是一瞬间，地球天文年龄足足有 46 亿岁了。

人类进入新石器时代，文明的曙光初现。

所以人类文明史应该追溯到新石器时期，距现在一万年。维尔·杜兰特所著的《世界文明史》称古巴比伦、古埃及、古印度、古希腊、中国是世界曾存在过的五大文明发源地。《全球通史》中提及"中东、印度、中国和欧洲四块地区的大河流域和平原，孕育了历史上最伟大的文明"[①]。英国 BBC 广播公司的大型纪录片《文明的轨迹》里将"尼罗河、幼发拉底河、印度河、黄河称作世界四大古文明"。但上述总总均不乏西方视角。

对于中国文明留存的时间问题上，国际最流行的说法是按照 20 世纪前殷墟发掘的考古成果，把公元前 1500 年以后殷商文明作为中国文明最初起点，

---

① ［美］斯塔夫里阿诺斯：《全球通史：从史前史到 21 世纪》（第 7 版）修订版，吴象婴等人译，北京大学出版社 2006 年版。

因而把中国排在"四大文明古国之末"。中国国内发表的大部分中国史、世界史，最多也是把中华文明起源的历史上溯到公元前 2000 年的夏朝，其中还混有不少中华文明"西来论"和恶意缩短中华文明存续时间的假说。

在考古学不发达时期对中华先祖的研究，大多从史籍传承，较少器物印证，辅以推断假设，把文字记载之前的概以史前，限于用文字记载历史事件之前的历史。大约在夏朝之前或说洪水之前。传说夏朝历史是在夏鼎中用金文记录下来，但夏鼎沉入泗水之后，即使秦始皇遣千人访求，也未见其踪。各学者相对认为夏朝大约是公元前 2033 年建立，之前为史前或传说中"三皇五帝"时期。

现代考古学引入中国是在中华民国年间，经过近一个世纪的努力，直到 20 世纪末，考古工作者才建立起完整的考古学文化年代序列，并先后开展了考古区系类型学研究的文化历史分析，从而奠定了中华文明起源发展探讨的科学基础。

在中国历史上，循用世界通用的所谓"旧石器时代"（距今约 200 万年—1 万年）与"新石器时代"（距今 1 万年—4000 年）。为了研究那些时代遗存，考古学界把分布于一定范围、延续了一定时间并具有共同特征的考古遗存称之为一种"文化"（特指考古学文化）。在历史学、考古学上对某一文化的命名，习惯上多使用最初发现这种文化的地名，例如仰韶（河南渑池仰韶村）文化或龙山（山东章丘龙山镇）文化。考古学向我们展示了新石器时代的六大文化区：山东文化区、中原文化区、甘青文化区、长江中游区、江浙文化区和燕辽文化区。这六个新石器时代文化区的年代为距今 4000—10000 年之间。

到了公元前 5000 年左右，也就是距今 7000 年，在早期农业的基础上，中华原居民独立发展出一系列原始文化。东北的红山、中原的仰韶、华北的大汶口、江南的河姆渡，一如漫天繁星。苏秉琦先生将中华古文化区分为六大区块，提出了"满天星斗说"，严文井先生提出"重瓣花朵说"，费孝通先生、张广直先生也都提出了各自的学说，但一致认为发展到一定时间阶段，中华民族各文化相互融合影响，并出现了相对统一的中华文明。

新石器中晚期的龙山文化、良渚文化则为距今 4000—6000 年之间，相当于古史传说中的五帝时代。在史学界，徐旭生等将五帝时代众多民族部落概括为华夏集团、东夷集团、苗蛮集团。笔者以为黄炎大战之前，应为红山女魃部落集团、神农（炎帝）部落集团、黄帝部落集团。之后形成中原黄帝集团、海岱东夷集团、良渚祝融集团。傅斯年从历史文献角度提出"夷夏东西说"亦有一定道理。实际上从五帝时代到虞夏商周时代，前期是各部落联盟争雄时代，之后是部落联盟成为区域性盟主，建立国家王朝。祝融良渚集团建虞后，一直与中原部落联盟分庭抗礼，虞亡后进入中原东夷二头盟主联盟执政时期。直到夏启结束联盟执政。

中华文明具有悠久的历史，然其真正有文献记载年代的"信史"仅开始于西周共和元年（公元前841年，见于《史记·十二诸侯年表》）。至殷墟发掘后提前到公元前1300年，之前存在分歧，或者有王无年，出现了"五千年文明，三千年历史"的不正常情况。

为此，国家于1996年5月启动"夏商周断代工程"。该"工程"列入"九五"重点科技攻关项目，首次以自然科学与人文社会科学相结合的方法来研究夏商周三个历史时期年代学的科学研究项目。1996年5月启动，2000年9月结题。可惜从夏开题。

"中华文明探源工程"是继"夏商周断代工程"之后又一项由国家支持的多学科结合，研究中国历史与古代文化的重大科研项目，列入国家"十五"科技攻关项目和"十一五"科技支撑项目。2001年启动，2016年4月结题，研究取得重大成果。但仅把中原地区六座规模大、等级高的中心性城邑列入研究重点，即可能与黄帝有关的灵宝西坡遗址、与传说中尧时空吻合的山西襄汾陶寺遗址、可能是禹都阳城的河南登封王城岗城址和可能是夏启之居的河南新密新砦遗址，还有考古学界公认的夏代中晚期都城河南偃师二里头遗址以及郑州大师姑遗址。时间大约为公元前2500年到公元前1500年。只是在探索后期才把年限上代延伸研究到公元前3500年，空间范围由中原地区扩展到黄河上中下游和长江上下中游及西辽河流域。并结论为以公元前2000年为界。中华文明发展在公元前2000年，辽西、海岱、长江中下游地区文化各有自己的起源和传统，虽彼此交流，但大致为独立演进发展的格局。但在公元前2000年后发生重大变化，逐步形成中原地区华夏文明独秀于林的局面。中原地区夏商王朝文化向周围辐射，各地文化和社会发展纳入以中原王朝为中心的轨道，融入中华文明的大熔炉之中。

两个断代工程对中华文明历史渊源探索意义非凡，但笔者认为应把对虞朝的研究纳入断代工程。王国维认为史学断代考古与史籍不可偏废,缺一不可。虞作为一个朝代,从考古学意义上说虞之都城良渚已列入世界文化遗产,从史籍上更是不胜枚举。

古代中国人认知中的"中国"常常是一个文明的空间概念,而不是一个有明确国界的地理观念。古人心目中的"华夏"是"中国"的同义词,居住在黄河流域的古代先民自称"华夏",位居中央,"中国"即中央之国,四边为蛮夷戎狄。之后各部落联盟,都自称"华夏"。

从黄帝到尧舜禹时代,史学界一直认为是持续500年。笔者认为,这是考古学传入中国之前的成文,从出土玉器所证,应为1500年左右,即距今6000—4500年左右。

在距今6000年前,东北平原的红山文化已经相当成熟,玉礼器已经产生,浙江马家浜文化、崧泽文化及大溪文化等南方文明也已相当发达、实力雄厚,积极东进北上,取代太昊氏部落成为地区霸主;而黄河中游文明和中原部落从北辛文化到大汶口文化也十分强大,在大约5600年前左右进行炎黄大战,民族大融合开始。

卷　上

中华古玉器:独特的文化谱系

　　有人说，只有考古学家的手铲，才能解读文字诞生前那悠长时代留下的无字地书。而我认为，只有弄懂那琳琅满目的史前中华古玉器，才能明白中国史前古文明。

　　中国史前玉器固非中国史前文明之全部，却是史前中国文明之精华。

从旧石器时代以打制石器为文化标志,到新石器时代以应用磨制石器和发明陶器为文化标志,世界文明史大体一致,而只有玉器的使用,并赋予功能乃是中华先祖所独有,且一直延续,从而成为中华民族史上的独特密码和谱系。

大约在距今一万年前,人类进入了新石器时代,它有四大特征:农业的产生,动物的驯养,陶器的制作,磨制石器(不同于打制石器,中国开始产生玉器)的使用。农业的产生使人类从食物采集者一跃而成食物生产者。于是农作物、家畜、陶器与纺织品出现,人类进入生产经济阶段。人们定居下来营造房屋,耕种土地,饲养牲畜,食物来源有了可靠的保障。

从人类社会生态适应的系统分析,关于史前时代的历史变迁,农业的出现是作为一种生态适应产生的,但绝不意味着这种适应本身的先进性。初期的农业社会生产量远不及仅以狩猎采集就能维生的社会,或者说其生产能力并不十分稳定。

随着农业社会发展,农业社会与狩猎采集社会终于形成了明确平面划分。进而在农业社会的北缘地带,自新石器时代末期开始,从农业社会诞生了新的畜牧型农业社会。这种畜牧型农业社会以专门发展畜牧的生产方式,形成了游牧社会。

新石器时代,正是因为生态区域不同而形成的生产能力差异为背景,人类群体差距开始出现。热带地区为狩猎采集社会,中纬度地带为农业社会,中纬度北部至高纬度地带为游牧社会,高纬度地带至北极地区为狩猎采集社会,现在的这种社会平面划分可以说是早在史前社会就已开始了。因此我们可以也应该把农业社会置于文明中心来解析历史,思考历史,但也不能惘然不顾狩猎采集社会和由农业社会北缘分化而出的游牧社会。但玉器的产生主要是从农业社会开始,本书以玉器作为密钥,从玉器入手破解中华文明的密码,也肯定把农业社会作为重点解析、研究、论述,这也确实是一个无须阔顾的事实。

世界文明的发展轨迹大同小异,我们的祖先同其他人类一样,从长期的采集、渔猎过渡到以农业为主的经济生活。在种植五谷、驯养牲畜的同时,开始从打造石器到磨制石器,进而磨制玉器并从石器中单独分离,懂得用黏土制作陶器,从此以后,各个方面都发生了深刻变化。

定居的生活状态,需要农耕的生活方式。而农耕有一个硬性的自然约束条件,那就是400毫米等降水量线。如果一个地区年降水是少于400毫米,人们就无法依靠农耕的方式谋生,或者更准确地说,在降水量少于400毫米的地方,即使有人进行农业种植,这也无法成为他们谋生的主要手段,当然依靠雪山融水的绿洲地区不在此列。①

中国400毫米等降水量线的分布北界,基本上就是长城。在具体的历史进程中,中原帝国是在农耕地区扩展到自然极限之处修建了长城。欧文·拉铁摩尔认为长城修建起于战国后期及秦,与其说是防范游牧民族,不如说是用来强化对内地的控制,因为当时并没有明显的游牧威胁。②

制作精美玉器与陶器的前提必须是"定居",所以"定居"生活逐渐巩固,并为后来的铜器、青铜器、铁器产生创造了条件,也反映了当时生产技术和工艺水平。特别是玉器鲜明地传承关系和独一无二的历史传统,成为中国古代灿烂文化的极重要组成部分,也是世界文明史所独有的。

从瓷器史上看,原始陶器大体有红、灰、黑、白之分,著名的彩陶属于泥质红陶,工艺美术讲究装饰和造型。原始陶器的装饰之美集中体现在彩陶,造型之美突出体现在黑陶。③

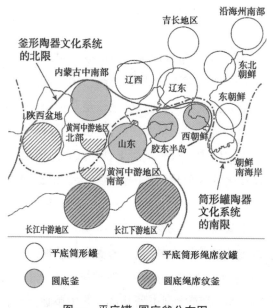

图一 平底罐、圆底釜分布图

---

① 参见施展:《枢纽》,广西师范大学出版社2018年版,第56页。

② 参见[美]欧文·拉铁摩尔:《中国的亚洲内陆边疆》,唐晓峰译,江苏人民出版社2008年版,第275—282页。

③ 见叶喆民:《中国陶瓷史》,生活·读书·新知三联书店2006年版。

关于初期陶器,东亚各地基本上都是烹煮用的深钵形陶器。在中国,通常把圆底深钵形陶器称为釜,把平底深钵形陶器称为筒形罐。两种陶器由于制作技术的差异带来形态的不同,华中至华南一带发现的初期陶器是表面分布着绳席纹的圆底釜。而中国东北部至远东地区发现的则是平底的筒型罐。华北位于这两种陶器制作技术传统圈的中间位置,正可谓两种技术和文化传统交错共存的地带。①

有人认为中国远古文化以鼎鬲文化著称,大体上用鼎(三实足炊器)的人群居东南,用鬲(三空足炊器)的人群居西北,交汇处恰恰在中原。二里头文化中鼎、深腔罐、鬲兼有,到二里岗文化时鼎鬲并存,以鼎为主,两大板块融合交汇。

新石器陶器在用途上主要有饮食器、贮存器、汲水器、炊器、酒器,大体在于使用器之列,特别是黑陶文化,可以对应玉器的龙山文化、良渚文化时代,但不具备复杂的礼仪专用之器。

由于陶器地方特征比较显著,考古工作一般把陶器作为识别文化类型的依据,却忽视了玉器器型变化较慢,形制的继承性、过渡性、连续性比较强,可作为划分文化类型的更重要依据。

我们掀开顾颉刚先生主编的《中国历史地图集(古代史部分)》,看到"传说中的古代中国",发现从西安至山东半岛黄河一线的华北平原上,注满了五帝时代各个华夏部落名称和城址。但在长江流域,除了在上游标着"蜀山氏",在江、汉之间标着"西陵",在洞庭湖至鄱阳湖之间标着"三苗"以外,在整个长江中下游平原和太湖周边地区,以及淮河流域和辽河流域,几乎一片空白。"无人区"中如何诞生了五帝时代玉器文明? 新石器时期以来虞夏商周华夏民族的玉器文明和礼制,到底传承自哪里呢? 因此,我们有必要回顾8000年来中国古代的玉器史,追踪和还原中华民族失落已久的文明。

---

① [日]宫本一夫:《从神话到历史》,吴菲译,广西师范大学出版社2014年版,第99—101页。

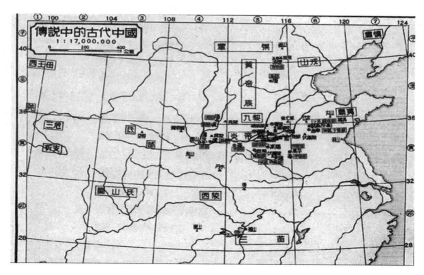

图二　传说中的古代中国①

一、方国时代

公元前5000年左右,在新石器中晚期,中华大地进入方国时代,也就是万国时代。万国时代就是中华民族的初形成期,也就是玉器时代的始作时期。

1. 中华文明形成的时空概念

中国文明形成期的地理空间,南到南岭,北到大青山,东到西辽河,西到陇东地区,从东到西横跨两个时区。地形从东到西分成三个台阶,气候从南到北跨越了亚热带、温带和寒温带。地域辽阔,环境复杂,文化传统多样,各区系类型文化在自身发展一定阶段,自然会产生各自特色的文明因素,留下形貌各异的文化遗存。

严文明先生提出由于史前文化空间关系存在不平等的差序格局,山东地区、中原地区、长城地带、辽西地区、甘青地区、长江流域,各区域文明形成了"重瓣花朵"式格局,即"中国史前文化是一种分层次的向心结构","中原文化区是花心","在文明的发生和形成过程中,中原起着领先和突出的作用",其他地区则是"花瓣"。

---

① 顾颉刚、章巽:《中国历史地图集(古代史部分)》,谭其骧校,地图出版社1955年版。

费孝通先生也提出了"中华民族多元一体"的趋势,在这个格局中黄河、长江流域文明程度是最高的,其他区域的文明化进程不完全一致。

苏秉琦先生对此曾提出"满天星斗说",他认为我国数以千计的新石器遗址可以分为六大区块,一是以仰韶文化为代表的中原文化,也就是传统意义上的黄河文化中心;二是以泰山地区大汶口文化为代表的山东、苏北、豫东地区的文化,其突出特点是不同于仰韶文化红陶的黑陶文化;三是湖北及其相邻地区,其代表是巴蜀文化和楚文化;四是长江下游地区,最具代表性的是浙江余姚的河姆渡文化;五是西南地区,从江西的鄱阳湖到广东的珠江三角洲;六是从陇东到河套再到辽西的长城以北地区,最具代表性的是内蒙古赤峰的红山文化和甘肃的大河湾文化。这六大区块的文化来源各不相同,都曾起到对周边地区的文化大熔炉作用,而区块的文化类型彼此之间有着明显差异,所以中华文明是多元起源的。①

张光直先生调和了苏秉琦先生的"满天星斗说"及与其对立的"中原一元起源说",提出在公元前5000年左右,中华大地的上古文化确实是满天星斗的状态,但过了约1000年,这些不同的文化区块开始发生连锁互动关系,相互影响相互融合,于是相对而言,统一的中华文明出现了。②

比较一致地认为,距今7000年左右,中华大地进入方国时代,方国时代就是万国时代、古国时代,应该处于部落联盟的初期,以一个民族和有血缘关系的几个氏族部落形成一定的协同部落联盟。

氏字的原意为山,占据一个山头便是一个氏族。所谓"三皇"时代,以及伏羲、少昊、神农、轩辕,都是后人追思,也是有名的氏族而已,氏族数目肯定成千上万。氏族从社会学定义是一个血缘团体,当以母亲或祖母为中心。实际上这时候的氏族不如说"姓族","姓"字从女,在春秋时期,还只有女子才可称姓,男子只能称氏,这从另一个方面说明了中国"古代"之"前古"时代,曾经是"女系",也即母系氏族社会。

公元前5000年时,中华大地已超越或大部分超越母系,由姓族演变为氏族,由女系传统的血缘组织而演变为男姓传统的血缘组织,当然这不能一概而

---

① 苏秉琦:《苏秉琦考古学论述选集》,文物出版社1984年版,第301—305页。

② 张光直:《论"中国文明的起源"》,《文物》2004年第1期。

论,母系存续的时间有长有短,有早有晚,黄河、长江流域跨入父系氏族社会相对早一些,东北红山文化相对较晚。同时,敌对部落之间战争的频繁,亦非女子所能胜任。而男姓传统的氏族关系不外乎两种:对等的、不对等的;同盟的、敌对的。

当然,一个姓族已是一个小规模的世界,而一个氏族便是一个有君长的国家,乃至二三千年之后《左传》还说"禹会诸侯于涂山,执玉帛者万国",在禹时,尚有万国,这个时候更不止有多少,所以称作"万国时代"或"方国时代"较为恰当。

进入城市国家之后,古国时代的每个国都是一个由若干等级不同的城邑构成的网状组织。初期这类国很多,每国只包括同氏族或有血缘关系的一些城邑。城邑之间通过政治结盟、贸易往来、攻伐交战、婚配结亲等因素,使"国"的数量逐渐减少,而国中存在的城邑则增加,也就是说"国"的范围区域越来越大。

玉器产生的时空概念大体就是这个时候。

2. 玉器起源重合的地理空间

鸟瞰欧亚大陆,最北部分是广袤的森林,人烟稀少。森林南部是草原地带,那是游牧者的天堂。草原地带向东越过大兴安岭,便是中国的东北地区。白山黑水之间,气候湿润,森林茂密,土地肥沃,人口稀疏,古代的渔猎民族曾经生活在这里,凛冽的气候涵育着野蛮的勇武与淳朴的民情。

这片土地北部与呼伦贝尔大草原连接,听得到草原游牧者的呼啸,南部能感受中原农耕力量的统治,得以窥见礼制的文明。同时由于辽西走廊的狭窄,东北地区受中原农耕地区的影响断断续续,从而构成了独特的地理生态空间。

由草原向南,即跨过了游牧生态区与农耕生态区的界限,这大体在东亚地区与长城路径重合。

长城以南—华山地区,是范围广阔、地形平坦的黄土地带,所以黄河流域是中国古代最容易开发的农耕地区,平坦的地形形成了连绵成片的农作区域,滋养了数量庞大的人口和财富,成为孕育中华文明的核心地带。

越过淮河一线进入长江中下游流域,平坦大地上水网纵横,气候湿润,开发难度虽然大于黄河流域,但适应稻作农业的生长,也是中华文明的又一重要区域。

再向南就是东北—西南走向的江南丘陵、浙闽与两广丘陵了,土地细碎,交通不便,文明的萌动稍晚,史前开发就较为滞后了。

玉器之源,就发轫于上述三个区域,也重合了中华文明形成期的地理空间。

中国的古代玉器,是华夏文明诸因素中一颗璀璨的明珠,在世界艺术的百花丛中也是一枝独放异彩的奇葩。

古代玉器的产生,是我国先民从物质文明走向精神文明的起点,也是中国新、旧石器时代的显著特点之一。玉器虽然伴随石器产生,但在旧石器晚期,就有零星玉器与家用石质器物分离,这不仅指玉质器物已经出现,而是日常生活中对美的追求以显示智慧和吸引异性。距今 18000 年的北京山顶洞人已用精巧细致的装饰佩戴,有穿孔的兽牙,钻孔的石球、石珠,等等。其中一件微绿色火成岩椭圆形佩饰,长 4 厘米,一面经过人工研磨,一端有一对穿孔,穿绳便可佩戴。①

3. 中华古玉器的三个源头

新石器时代玉器演变经历了一个漫长的过程,早期源头分为东北辽河流域、长江下游地区和中原黄河流域。

中国古玉器发端于东北区域,最悠久的玉器是距今 9000 年的黑龙江饶河小南山遗址,该遗址出土有玉器、石器、牙坠饰等,其中玉器 67 件,有玦、环、珠、斧、矛、匕、簪。该遗址存在五支不同时期的文化遗存,时间跨度 15000 余年,这是东亚地区系统用玉最早的证据。从玉器特征上看,与红山文化有一定的文化联系,这也为历届鲜卑、契丹、女真和满族的强势崛起找到了历史逻辑,证明白山黑水的古代渔猎先民在中国古代文明早期进程中发挥着独特而重要的作用。

中国内蒙古赤峰市敖汉旗宝国吐乡兴隆洼村,东北先民最早开发的农业基地,这里的农村聚落,始建于 8200—7400 年前,兴隆洼村可称之"中华第一村"。这个时期的兴隆洼玉器,主要是斧、锛、凿用具和玉玦等装饰品。用玉石作装饰品,在当时需要巨大的人工成本。说明当时已有发达的农业和长期定居的环境。古老的制玉技术以此为中心向周边传播,东北方向一直传播到

① 贾兰坡:《中国大陆的远古居民》,天津人民出版社 1978 年版,第 35 页。

俄罗斯地区,往东跨过日本海,在日本本州岛发现了同类玉器,不过年代均大大晚于兴隆洼玉器。

图三　兴隆洼遗址出土玉器

由于我国地域广袤,地理环境的差异以及各先民集团社会发展的不同,各地原始文化遗址所见玉器的时间并不一致。其中最早可上溯至距今 8000 多年前,而晚的则距今 7000 年左右。尽管有此 1000 余年的落差,我们仍可将其视作始作时期。从出土的地点来看,相对而言集中在我国东北的辽河流域,中原黄河中、下游及南方长江下游沿岸区域。

在辽河流域,最早的玉器见于距今 8000 年左右的兴隆洼文化遗址中,出土的地点有内蒙古敖汉旗兴隆洼、辽宁阜新查海等遗址。兴隆洼遗址出土的许多复合性工具中,所用石材多为碧玉类;查海遗址则出土有不少小件装饰用的玉环、玦和小型玉凿等。稍后便是距今 7000 年左右的新乐文化,在沈阳新乐遗址中,出土有墨玉、青玉、碧玉、玛瑙质地的小型雕刻器、鼓形珠和镞;还有大量用煤玉制成的泡型饰、珰型饰等。在辽东广鹿岛小珠山遗址下层还出有碧绿色的岫岩玉斧。这些玉器中,以煤玉耳珰最有代表性,珰长 3—3.5 厘米,呈束腰圆锥形,有如现代跳棋的棋子。制作此种形态的煤玉制品,需要很高的工艺要求。据言煤玉工艺,在我国仅有百年历史,而早在 7000 年前,我们很难想象出当时的古人是如何制作出来的。

长江下游地区,始作期的玉器皆出自长江南岸。这里所见玉器均为装饰品,不见生产工具。如浙江余姚河姆渡遗址在距今 7000 年的第四层位中,出土的 20 余件用粗玉、萤石制成的器物中,器形都是作为装饰佩戴用的璜、玦、珠、管等。它们形制简单,表面不加纹饰,中心孔亦多偏斜,制作还很粗糙。年代稍晚的嘉兴马家浜文化遗址几十座墓葬,只发现玉玦 2 件。吴县草鞋山遗址 106 座墓,也只发现一件玉饰。这说明,当时玉器虽已出现,但数量十分有限,非一般氏族成员所能享用。

中原黄河流域最早的玉器,见于距今 7000 多年前的豫中裴李岗文化遗址中。在河南新郑裴李岗、沙窝李两遗址,均出土有水晶玉器和我国所见年代最早的绿松石饰、珠等。其次在黄河下游的泰安大汶口文化及苏北邳县大墩子,新沂花厅青莲岗文化遗址墓葬中,也出土有玉斧、刀、铲等工具和环、玦、坠、镯等装饰用品,它们大多采用通体磨光的工艺制成。①

在这个时期,其他区域均未见玉器制作,包括生产玉材的新疆和阗地区,迄今仍未见玉器出土。直到 2000 多年之后,在中国大西北昆仑山脉和阿尔金山北坡才有若羌文化出土玉器,存续时间距今 5000—4000 年,玉器以玉斧为主,均出土于著名的若羌楼兰古城。

在中国盛产美玉的地方,5000 年前,这里的先民们还没有形成"玉"的概念。这些没有钻孔的玉斧,是再也普通不过的木工工具。玉石和普通石头相比,除了更坚硬,并没有太大差别。随着塔里木盆地的沙漠化,人们四散迁徙,一些人可能沿着阿尔金山北坡向东路过敦煌,然后穿过玉门关,顺祁连山东侧而下,便望见了贺兰山东面的黄河。在距今 4000 年前,新疆的美玉,随着塔里木人或者是罗布人的东迁,才名闻天下。于是,一条比丝绸之路还要早 2000 年的玉石之路,由此开通。

同样有着丰富玉石资源的青藏高原,直到更晚一些,在西藏昌都镇以西发掘出距今年代约在 4500—4000 年之间的卡若文化遗址,西藏拉萨市北郊曲贡村发掘有距今年代约在 4000—3500 年之间的曲贡文化遗址。出土玉器以玉斧、玉锛、玉凿为主,也主要用作木工工具。

从玉器起源时期的出土情况,可以看到我国古代玉器大致同时出现于辽河流域、黄河中下游和长江下游三个不同地域,不同族群所创造的古文化区

---

①　曲石:《中国古代玉器发展历程》,《文博》1987 年第 3 期。

图四　若羌文化玉器

图五　卡若文化玉器

图六　曲贡文化玉器

域。它们之间在年代上略有先后之分,玉器内涵上是各自独立产生和发展的。

玉器的用材,主要以颜色艳丽为主,也就是古人所说的"石之美者"。辽河流域使用的玉材种类最多,有墨玉、青玉、玉髓、玛瑙、岫岩玉、煤玉等,其中以深浅不同的绿岫岩玉(蛇纹石)最常见。长江中下游地区,早期的河姆渡文化玉器常使用多色的萤石、粗玉等;稍晚的马家浜文化、崧泽文化所用玉材多为透闪石、阳起石和蛇纹石等,质地较为细润,颜色以绿为主,或泛青,或透黄。北阴阳营文化玉器几乎全部选用色泽艳丽的玛瑙制成。黄河中下游地区所见玉材较为单一,只有绿松石和水晶、粗玉数种。以上不同地域所见玉材,大都产自当地。

玉器制作之初,琢玉工具尚不完备,当时所成之器,工艺一般仅采用琢打磨光,器形简单,器身不施纹饰,以小型头饰珠、管、玦等为常见,兼有环、璜、镯等配饰。生产工具多是一些实用性强而规整的玉斧、凿、铲、锛、雕刻器。因此,可以说玉器源于装饰习俗是其共同的因素。

二、玄女之国

1. 从黄帝女魃到九天玄女

据《山海经·大荒北经》记载黄帝蚩尤大战曰:"有人衣青衣,名曰黄帝女魃。蚩尤作兵伐黄帝,黄帝乃令应龙攻之冀州之野。应龙蓄水。蚩尤请风伯雨师,纵大风雨。黄帝乃下天女曰魃,雨止,遂杀蚩尤。"这场战争规模巨大,惨烈无比。《大荒东经》末尾又有黄帝以夔牛皮为鼓,"橛以雷兽之骨,声闻五百里,以威天下";《大荒南经》又记战争胜负后,蚩尤弃其桎梏,化为枫木。《山海经》所记神话,从来没有这么浓笔重墨一再描写的,可说这一史前战争神话具有重大史诗般的意义。后代所传《龙鱼河图》《黄帝问玄女兵法》都是据此而表。

《龙鱼河图》载道:"黄帝摄政时,有蚩尤兄弟八十一","诛杀无道,不仁不慈","黄帝以仁义,不能禁止蚩尤,遂不敌","天遣玄女,下授黄帝兵信神符,制伏蚩尤,以制八方"。玄女之名,先秦书不载,此始存之。至《黄帝问玄女兵法》(大概是六朝人作,此书已佚)始谓"有一妇人,人首鸟形",自称"吾玄女也";复说玄女系王母所遣,自称"我九天玄女也"。杜光庭《墉城集仙录》有

《九天玄女传》，称她为"黄帝之师，圣母元君（西王母）弟子"，由此玄女名声大噪，民间称之为"九天娘娘"。

黄帝与蚩尤的战争，集合其他神话资料，实际上是黄帝和炎帝的战争。其间波澜壮阔，历时弥远，一波三折。先是黄帝与炎帝争斗，蚩尤原为炎帝的部属，后蚩尤叛炎，炎帝求和于黄帝，黄炎一同与蚩尤作战，仍不敌。战火烧到燕山脚下，越过燕山，就是辽河平原上的玄女之国。黄帝求告于玄女，玄女出于自身安全考虑，派"神兵"相助，于是驱云作法，击鼓为号，大破蚩尤于逐鹿之野。

玄女之国就在辽西和蒙东地区，也就是我们中华古玉器的第一个巅峰时刻——红山文化。

2. 红山文化

在蒙东和辽西，源于兴隆洼的玉器一直在持续和稳定地发展，在距今6000—4500年之间，人们习惯将产生于东北平原的玉器文化称作"红山文化"。红山文化玉器不仅遍布东北全境，而且还大量分布于内蒙古东部和河北省北部。经过3500年的发展，东北制玉工艺达到了一个至今仍然难以企及的高峰。从兴隆洼文化、红山文化到夏家店下层文化，这是一个连续发展的过程。因1935年赤峰红山后遗址的发掘而得名。

红山文化遗址分布在东以辽河为界，北起西拉木伦河、老哈河，南到大凌河流域以及燕山南麓的长城地带，西到张家口地区一带。先后在内蒙古翁牛特旗三星他拉、辽宁省阜新县胡头沟、内蒙古巴林右旗羊场、辽宁凌源县三官甸子、建平县牛河梁、喀左县东山嘴发现殉葬玉器的积石冢和石板墓。经过发掘我们能够清晰地知道随葬玉器的所在部位，如建平县牛河梁的一个墓葬中，尸骨头部放置着马蹄形玉箍，腰部则是兽形玦（猪龙）；凌源三官甸子的一个墓葬中，尸骨头部放置着勾云形玉佩，胸前放置着马蹄形玉箍，左侧放一内圆外方玉形器，右侧放一玉鸟。这对探求这些玉器的用途，提供了极有价值的线索。[1]

红山文化出土的玉器群多以鸟兽为主体，其中有现实题材的鸟、燕、鹰、

---

① 云希正、牟永抗：《中国史前艺术的瑰宝》，《中国玉器全集》，河北美术出版社2005年版，第648页。

蝉、鱼等动物群，也有模拟幻想中的神灵，如勾龙、猪龙、兽面丫形器等，还有特有的勾云形器，马蹄形器、二联璧、三联璧、双兽首、三孔玉饰等，构成了红山文化玉器鲜明的特色。特别是那些远离现实生活题材的玉雕神灵，只是摹构幻想的偶像，服务于原始宗教及神灵崇拜，对研究我国原始艺术和原始宗教具有重要价值。

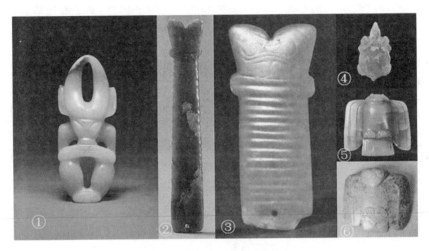

图七　红山文化出土玉器图

图七①红山文化玉双角神人器(一称太阳神)，呈蹲坐状，双手放于腹前，风格粗犷古拙，北京故宫博物院藏。图七②玉兽面纹丫形器，形体修长，纹饰美观，长 15.2 厘米，宽 2.8 厘米，厚 0.35 厘米，辽宁省博物院藏。图七③长 12.1 厘米，丫形器器形古拙，纹饰精美，用途不详，遗址中已有多件发现。图七④玉鳖，长 4.6 厘米，宽 2.8 厘米，呈淡绿色，颈前伸，背椭圆，四肢作蜷伏状，1973 年辽宁省阜新出土，辽宁省博物馆藏。红山先民把玉鳖、龟放在死者手中，希望鳖龟之神在另一个世界对死者予以保护。图七⑤玉鹰形佩(一作鸮)，高 5.7 厘米，宽 5.2 厘米，嘴作鹰钩形，鹰作展翅状，羽毛毕现，颈部有对穿孔，天津市艺术博物馆藏。图七⑥红山文化玉鹰及形体相近的鸟、鸮，已发现多件，说明玉鹰、鸮不仅是一种装饰品，更是红山先民心中的神。

红山文化大型墓殉葬的玉器似乎都有一定的组合，兽形玦(猪龙)、马蹄形箍、勾云形佩、鸮、鸟、龟等是这些组合中的主要器物。红山文化玉器中动物造型，风格质朴而豪放，表现手法中的圆雕、浮雕、透雕、两面雕、线刻等已日臻成熟。很多动物题材,如玉鹰展翅飞翔于天空,玉龟匍匐潜行于水底,都能栩栩如生地雕琢出来。

红山文化玉器在选型上最突出的特点是讲究神似和对称,以熟练的线条和精湛的研磨工艺,将动物形象表现的生灵活现,栩栩如生,极具古朴遒劲之神韵。红山文化玉器在工艺上也有一些显著特点,玉器表面不多加装饰,即或有少量线状雕饰,一般只表示鸟头羽翅的部位或兽的獠牙,绝无商周双勾或额外的装饰纹样。勾云形佩、勾形器,器表光素,只是细加研磨成凹槽,边缘成刃状,光洁度也极高,有特殊的装饰美感。这表明红山部族非常重视玉的质地美与色彩美,而不务华饰。

红山文化时期,农业生产已处于较发达阶段。由于地处内蒙古高原东部边缘干旱区,农业种植主要栽培黍、稷、粟等抗干旱、自生能力强的作物。赤峰蜘蛛山遗址发现粟之灰烬,新乐遗址黍之炭化物,以及夏家店遗址下层文化出土的稷、黍炭化谷物等,可证实辽河流域农作物培植的悠久。在农业生产工具中,有细石器、磨制石器,双面弧刃斧、亚腰形锄、桂叶形双孔刀,柳叶形犁及锛,石磨盘等一整套农具齐全。特别是由于犁的普遍使用,标志着红山文化已进入先进的犁耕时期。红山文化遗址和墓葬中,已有作为家畜饲养的牛、羊、猪。手工业方面制陶业、制玉业较为先进。

以农业发展为背景,出现了积石冢,明确显示出阶层分化。积石冢是一种个人墓葬,用石头堆积成垒,下面挖有墓圹,内设箱式石棺。在石垒边缘,为标识墓葬的范围,按一定间隔埋有底部中空的彩陶筒形罐,随葬有红山文化特有的玉器,拥有玉器、葬于积石冢的墓主就是当时当地社会的领导者。在积石冢发掘的 61 座墓葬中,有 31 座拥有随葬品,其中 26 座随葬玉器。这说明只有领导者才能拥有玉器作为随葬品,玉器主要是显示其宗教上的权威。[①]

在牛河梁遗址群,有 13 个地点建有积石冢,积石冢则是用于埋葬当时社会首领的墓地。在分布有积石冢的地带,北部中央山坡上发现了一座被称之为"女神庙"的祭祀用建筑物,与墙体一起发现的还有动物及人物塑像,其中就有"女神塑像"。牛河梁遗址的"女神庙"与积石冢组成了红山文化社会中心部落群。由此,在红山文化中大体反映了三点:一是红山文化阶层分化已经

①　[日]宫本一夫:《从神话到历史》,吴菲译,广西师范大学出版社 2014 年版,第 193—195 页。

十分严重,其社会构造尚未达到世袭首领制社会;二是宗教权威兼具个人和社会权威,拥有玉器并统领社会群体,或首领和巫师共同领导社会;三是尚处于母系社会,或者说首领和兼具巫觋之人应为女性,这也符合"玄女之国""女巫师"帮助黄帝打败蚩尤的神话传说。

图八　牛河梁遗址"女神庙"出土的人头塑像

更值得注意的是,很多玉玦,出土于遗址居室,并非只出土墓地,说明是定居随身用品。这也非常重要,单纯的采集和渔猎是一种极为原始的生存方式。所以最初的草原居民,强悍并不强大,更谈不上富有。直到草原畜牧业兴起,草原民族才逐渐变得强大起来。

红山人则是蒙东和辽西最早从事农耕、畜牧兼渔猎的民族,他们过着定居生活,强悍、强大而且富有。

3. 红山神器

玉猪龙可能源于红山人对于土地之神和山林之神的崇拜。野猪大量出没于山林和沼泽,凶猛、警觉、善于在土壤下觅食和强大的生殖生存能力,所有这些,都是古代先民们希望学到的本领。

猪是人类最早驯化的较大型野生动物,从兴隆洼遗址到大汶口文化遗址,猪或猪头成为最普遍和最流行的一种陪葬品。华夏民族对龙的崇拜,一部分起源于东北的猪神崇拜,另一部分可能始于对云神的崇拜。

1971年，在内蒙古翁牛特拉旗三星他拉村出土的一件大型碧玉龙。龙体卷曲呈"C"字形，高26厘米。吻部前伸，向上弯曲，嘴紧闭。鼻端截平，上端边起锐利的棱线，端面有对称的双圆洞为鼻孔。双眼突起作梭形，眼尾细长上翘。此种形态的玉龙，对后世影响甚大，堪称商殷玉龙之鼻祖。像这样的玉龙制作，需要用较大且厚的板料。表明当时玉器的制作要经过审材、设计、开料、镂空、琢磨、抛光等工艺过程。这是我国迄今所见年代最早的一件玉龙艺术品。

图九　红山文化"C"字形玉猪龙

红山文化最著名的"C"字形玉龙，躯体光洁无纹，头部精雕细琢，这样更能突出主题，玉龙独作曲身，蜷曲而动感更强。直则凶，曲则吉，曲身之龙则温静善良，由此可见中华民族历来就是一个与人为善的友好民族。

除了众所周知的内蒙古翁牛特旗三星他拉发现的碧玉勾龙之外，国内博物馆或私人收藏家也收集到其他诸多型制相近的玉龙，数量颇为可观。这些玉龙、兽形玦（猪龙）虽玉质、色泽、形体大小、出土地点略有不同外，从整体造型到细部处理均基本定型，这说明红山文化部族摹拟幻想的神灵，都是他们崇拜的偶像，并且是按一定的要求制作的。这些偶像与原始图腾崇拜肯定有因果关系。①

————————————

① 　曲石：《中国古代玉器发展历程》，《文博》1987年第3期。

图十　红山文化多种型制玉猪龙

图十①高 15 厘米,宽 10 厘米,表面侵蚀严重,兽首肥大,双耳耸立,圆睁大眼,外露獠牙,兽身光素,背部颈际圆穿,由两面对穿而成,辽宁博物馆藏。图十②高 14.1 厘米,宽 10.4 厘米,黄绿色玉琢成,质地纯润,兽首圆睁大眼,兽身光素,背有穿孔,天津艺术博物馆藏。图十③高 14 厘米,宽 9.5 厘米,青绿色玉料,头大,双耳耸立,吻部前突,此件特别之处穿孔为两孔。图十④高 14 厘米,宽 10 厘米,兽首肥大,首尾衔接处缺而不断,河北围场县博物馆藏。图十⑤高 4.2 厘米,宽 3.4 厘米,厚 1.4 厘米,青绿色,体蜷曲,首尾不相连。吻前伸,眼外突,直立双耳,下肢滚圆。通体磨制光滑,背有穿孔,辽宁省博物馆藏。

勾云形和兽面勾云形玉佩,它不是一般性的装饰品,也不是对某种生产工具或具体动物的直接模仿,而是为适应当时的宗教典礼而专门制作,可能来自远古红山人的白云崇拜。天上的云朵,变幻莫测,所带来的降雨,既能形成风暴和可怕的洪水,也给草原带来绿色和田野的丰收,白云当然就被赋予了神性。勾云形器可能是迄今所见最早的云形艺术品的起源,甚至是中国传统云文化的肇始,其镂空工艺也是红山文化所仅见的,颇具工艺学价值。其造型特征,在良渚文化及商代玉器中都得到了继承和发展。

图一一①红山文化代表性标准器,宽 6.3 厘米,器形呈片状,四周不规则勾云头,中间镂空一云头。图一一②长 28.6 厘米,宽 9.5 厘米,玉质深绿色,体扁薄,正面饰瓦沟纹,纹饰工整,兽面,具有漩涡形双眼和獠牙。此器形对称,是迄今为止红山文化最大的勾云形玉佩。带齿的兽面纹,应是一种动物图腾

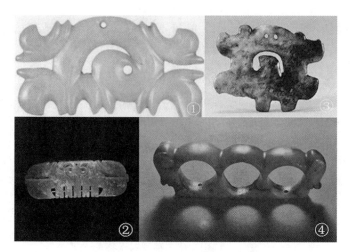

图一一　红山文化勾方形玉佩

的图案化,是古人图腾祭祀神器。图一一③长 11.3 厘米,宽 8.9 厘米,青灰色,片状雕,中间镂空,四周不规则勾云出头,辽宁省博物馆藏。图一一④玉双兽首三孔器,宽 1.8 厘米,长 9.2 厘米,器两端各附一兽头,似猪头,中间三个大小圆孔,器形新奇,制作精巧,辽宁省博物馆藏。

勾云形器玉佩多选用青绿色晶莹的玉料透雕而成。图案简洁疏朗,做工精致细腻,阳线和斜面棱线琢磨规整,有的棱线触之有感、视之不见,制作技术非常娴熟。

史料记载证明黄帝一族是崇拜云神的,即所谓"云官而云师"。在整个五帝时代以及夏、商和周,虽然无不自称是黄帝的子孙,奇怪的是我们却并没有在黄河以及中原地区,见到红山文化玉器的传承。反而是来自于良渚的玉器,从东自西遍布于山东、河南、山西、陕西、西川,甚至是甘肃和宁夏。可以断定:红山文化玉器文明,基本上与黄帝一族无关。

玉马蹄形器又称斜口箍形器,广泛地出土于蒙东、辽西与河北,是红山文化的独创作品,在辽宁、天津等博物馆均有馆藏。该器形呈扁圆筒状,一端作平口,一端作斜口,平口两侧各有小孔,通高 18.6 厘米,平口长径 7.4 厘米,斜口最宽 0.7 厘米,型厚 0.3—0.7 厘米不等。目前有人认为是腕饰,也有人认为用作发箍。此物出土时横置于墓主人头骨下,但有时也放在胸前。对此,笔者认为有两点:一是与良渚文化的琮一样,此物呈圆筒状,是红山祭司沟通天地

图一二 红山文化玉马蹄形器一

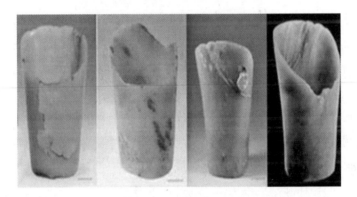

图一三 红山文化玉马蹄形器二

的"通道媒介";二是"冕"的前身。冕即是娩,这是一种红山贵族们希望死后获得"重生"的法器。笔者近距离观察此物,双孔系上细绳或穿上笄确可当冠。

中原后世帝王们在冕上又加上了一块冕板,它象征着天,而冕板的前后沿上挂着许多珠串,称之为"旒",毫无疑问这些珠串象征着多子多孙。史传黄帝发明了冕,而戴着"头衣"(即帽子)的是南方之人。但是冕之为物,当源于红山。

图一四①是出土于陕西省凤翔县郭店村春秋晚期秦墓红山文化勾云形玉器。图一四②是出土于陕西省凤翔县南指挥镇战国中期3号秦墓的玉猪龙。图一四③是出土于陕西韩城梁带村春秋早期芮国墓的玉猪龙。图一四④—⑦的

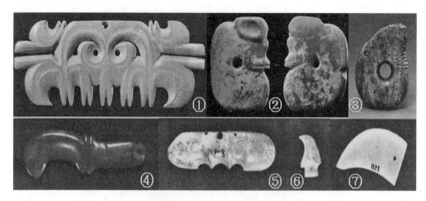

图一四　商周及春秋战国墓葬中出土红山文化玉器

4件红山文化玉器,均出土于安阳殷墟商晚期妇好墓。

从图一四中可以看出红山文化玉器屡屡出现于商周及春秋战国墓葬之中。但我们却又看到在商代遗址中常见的玉龙,其形状更接近于在凌家滩遗址中出土的玉龙,与红山文化常见的体肥圆而蜷曲玉猪龙,在大的轮廓上亦有相通之处,这说明三个问题:一是从地缘和历史的角度上看,红山人曾经是黄帝族的支持者、长期的盟友,历史以来,中原王朝与北方民族的交流非常亲切,可以说红山文化也是殷商文化的源头之一。二是中原黄河文明非常注重吸收南北长江文明和红山文化等多种文明成分。另一个明显例证是大汶口文化的单环、双环、四连环花朵形串饰手法与红山文化的二三联璧颇为接近,对崧泽文化时期江苏青墩遗址和南京营盘山遗址出土的双连环玉佩饰均有一定共性。三是从社会结构上看,黄河文明和长江文明都比红山文明先一步进入男性掌权时代,而西辽河地区却一直保留着母系氏族社会结构,这也可能是黄河文明对红山文明始终敬而远之的原因。

红山玉器的风格特征是:造型浑厚、凝重,整体截面几乎全部呈椭圆形;擅长从总体上把握对象,器物造型概括、洗练,重点部位突出。如玉龙、兽形玦、兽首丫形器及鸮鸟、龟鳖等。其中玉龙等的造型,既非某一自然物的摹写,也不是众多物象的简单拼合,而是进行了大胆的取舍、夸张,创作出的一种艺术造型。这是一个长期积累、演化的过程,并非某一代某几代人思维沉积的物化表现。

在史前时代,推进这类思维活动的原动力,应是以多神崇拜为特征的原始宗教。因而在红山文化玉器的品类中,不难发现既有神化后崇拜物的艺术形象,又有与某种礼仪有关的实用功能,其独特造型和艺术风格,在红山文化以外别无他见。

4. 了不起的玉玦

玉玦,也是红山文化的典型器之一。前文说过,玉玦在兴隆洼文化中便已出现。兴隆洼玉器年代在距今 8200—7400 年。而在几千里外长江流域,也出土了玉玦。

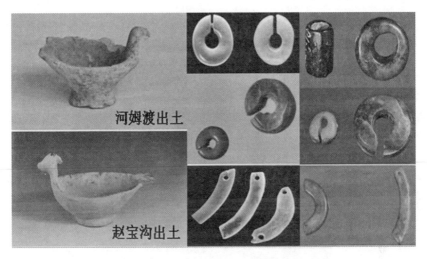

图一五　两地出土的玉玦、玉璜及陶盏比较图

河姆渡文化遗址群,位于浙江省中部的宁绍平原,因其首先发现于浙江省余姚市河姆渡镇而得名。最深的第四文化层距今约 7000 年。在河姆渡遗址的四个文化层中,都出土了玉玦或者石玦。虽然河姆渡玉器制作简陋、玉质较差,器形也只有玦、管、珠、坠、丸等,多为小配饰,且光素无纹,但对探索我国玉器产业的渊源有重要价值,尤其古老的玉玦出现在河姆渡,具有划时代的历史意义,南方玉器文明从此开始。

1973 年,河姆渡文化第四层墓葬出土,通体光素无纹,抛光莹润,剖面呈椭圆形,皆有断缺口。出土报告记载发现时位置在人骨架两侧耳部,据此推断为耳佩(耳环)。

1992 年秋,从兴隆洼遗址发现了第一对玉玦饰,出土在 117 号墓人头骨的两侧,据此确认早期的玦饰就是耳环。

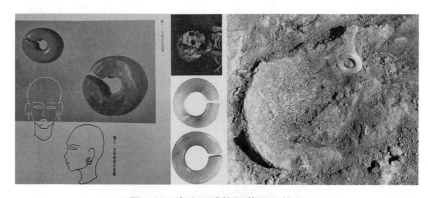

图一六　出土玉玦饰佩戴图及状况

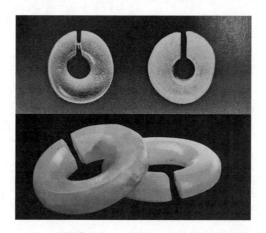

图一七　河姆渡文化与兴隆洼文化出土玉玦比较图

兴隆洼在东北，河姆渡在江南，两个史前部落同时发现玉玦，而且玉玦的形制、大小、厚度及用途基本一致。而同时这两个遗址出土的鸟形陶盉，又几乎是一模一样。这就是说，至少在 7000 年前，有人从东北平原，越过燕山，或者是顺着辽河南下，然后沿着渤海、黄海和东海海岸，来到了气候温暖的南方，南北民族融合从此开始。当然，千百年后这批北方移民又慢慢地变成了南方民族的一分子。

在原始社会状况下，农业社会组织逐渐复杂化。各区域在各自社会发展的同时，不断超越原有区域范围，包括氏族、集团及部落，开始相互交流。这种交流与其说是等价交换，不如说是为了获得特殊稀少优质物品的交流。只有拥有具备特殊稀少价值的物品，才能使众人认可拥有者的社会领导地位。因此与外来群体的交流权才是真正的权威。这种交流，在社会群体内具有社会标志的重大意义,拥有来自其他群体及其他文化的器物,意味着所属群体的阶层是上层集团。

在新石器时代中期这个社会群体较为均等的阶段,来自其他区域的特定物品在当地成为象征权威的贵重物品。这说明,关于那些在该社会群体内处于能与其他区域进行接触地位的人,他们已经有意识地想要在该社会群体内获得社会范围的称颂和权威。

三、炎帝领地

1. 炎帝的故乡

在中国南方洞庭湖流域的湘西沅江两岸,7800 年前,这里有着高度发达的南方稻作文化以及精美的白陶刻绘艺术,这里是中国最早的水稻种植基地之一,也是传说中南方炎帝的故乡。7000 年前,水稻种植技术进入长江下游地区,一同进入长江下游的,还有湘西的陶器刻绘技术。而作为文明的反馈,河姆渡和马家浜的玉文化,同时也在向长江中游地区传播着。

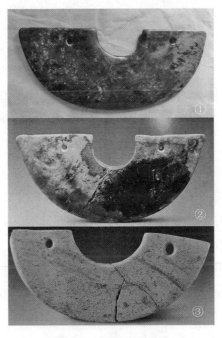

图一八　崧泽文化玉璜

图一八①崧泽文化玉璜,高4.5厘米,宽11.4厘米,1973年江苏吴县草鞋山出土时置于97号墓人架头骨之下,当为项饰,南京博物馆藏。图一八②长10.6厘米,孔径2.3厘米,崧泽文化玉璜,上海文物管委会藏。图一八③崧泽文化玉璜,高3.4厘米,宽7.1厘米,亦是1973年吴县草鞋山出土,出土时置于112号头骨之下,亦为项饰。

长江下游的玉器,以马家浜文化遗址、墓葬出土地点最多,有浙江桐乡罗家角,江苏吴江梅堰,苏州越城、常州圩墩、武进潘家塘和吴县草鞋山,但这些地点出土玉器的数量有限。

稍晚的崧泽文化虽然只有上海青浦崧泽一处,薛家岗文化安徽潜山薛家岗、望江汪洋庙两处,阴阳营文化南京北阴阳营一处,但出土玉器的数量较前期明显增多。如在北阴阳营遗址发掘的206座墓中,出土玉器装饰品283件,都是精美之器,可见当时玉器使用的普遍程度。这里的玉器绝大多数为璜、玦、管、环、镯、珠、坠、饰等装饰品,工具仅有铲一种,葬玉玲一种。

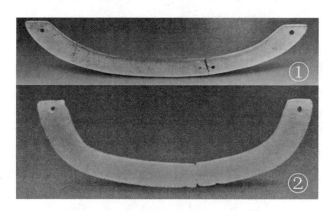

图一九　崧泽文化薛家岗出土玉璜

图一九①薛家岗文化玉璜,长16.6厘米,呈鸡骨白色,器形呈宽窄条弧形,有断痕,断痕处有穿孔,璜体上部有对称穿孔。图一九②长14.7厘米,青黄玉质,中部亦有断痕,器表琢磨光润,无纹饰。

江苏南京北阴阳营遗址距今约为5000—6000年。这一地区目前虽然未见到相当于马家浜文化阶段的早期玉器,然而在北阴阳营遗址及本地区其他遗址的发掘中,出土玉器的品种还是相当丰富的,包括管、璜、玦、珠、坠等,许多玉器系薄片形状,证明线切割技术已经出现,并且得到了广泛的应用。从这些玉饰出土部位上可以清楚地看出,玦为耳饰,佩戴时其缺口的地方朝上。璜为项饰,佩戴时端首朝上,呈下弦弯月状。管、珠、坠为胸前或腰际的佩饰。这些玉饰,几乎都没有装饰花纹。此一时期,南京营盘山遗址也出土了众多的玉器,其中条形璜明显减少,半璧形璜增多,璜的外缘也刻有锯状的花边,与大溪文化玉璜风格近似。与北阴阳营遗址时代相当的安徽潜山薛家岗第三期文化墓地,时代距今 5100 年,除出土十余件玉钺外,还出土了百多件玉质装饰品,说明当时佩戴玉饰风气盛行。这些玉制品磨制精细,多数器物留有弧形切割痕迹,除常见的玉环、玉璜、玉管、玉坠饰外,有 4 件玉璜,璜的下端镂雕对称的花纹,是前所未见的造型,很有特色。另外,还出土了两件小玉琮,这也是玉琮出现时代较早的实例。

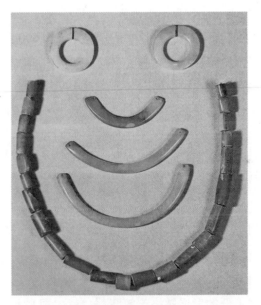

图二〇　北阴阳营文化出土的玉玦、玉璜、玉管

　　玦径 5.2 厘米,璜宽 9.3—15.7 厘米,管长 1.4—3.5 厘米,1955 年江苏省南京市北阴阳营遗址第四层出土,南京博物馆藏。

　　玦 2 件、璜 3 件、管 24 件,乳白、黄褐色居多,皆出自南京北阴阳营遗址第四层新石器时代墓葬中。出土时,玦在头骨耳根处,当为耳饰;璜、管在人头骨下或胸部,当为项饰或胸饰。经矿物学家鉴定,多为透闪石、阳起石系列的软玉,部分为玉髓或玛瑙。

2. 华夏民族第一次融合

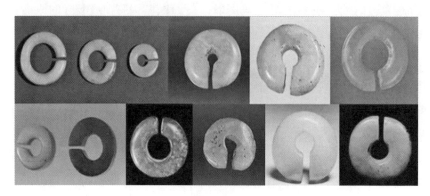

图二一　马家浜文化出土的玉玦

马家浜遗址,位于浙江省嘉兴市南湖乡天带桥村,是长江下游、太湖流域新石器时代马家浜文化的代表遗址。它的年代距今约 6000 年。在同一地域,马家浜文化后来又发育出崧泽文化和著名的良渚文化。在马家浜遗址出土的玉器中,玉玦占据着绝对的统治地位。

为什么起源于西辽河平原的玉玦竟然首先传播到了更南边的河姆渡,而不是钱塘江以北太湖以东的杭、嘉、湖平原呢? 原因显而易见,太湖东部的长江三角洲平原平均海拔极低,在 7000 年前,一半是海水,一半是沼泽,而它南部的宁绍平原,紧靠着武夷山脉北端的高地,这里是河姆渡人的水稻种植基地。在佩戴漂亮的玉玦的北方移民来到河姆渡以前,已经有人先一步开发了宁绍平原,他们就是来自长江中游洞庭湖流域,善于种植水稻的南方民族。于是,在 7000 年前,南北两大农业民族,在长江下游的宁绍平原地区,开始了华夏民族的第一次融合。

长江下游地区玉器的发展脉络比较清楚。就太湖水系而论,在马家浜文化及其后继崧泽文化阶段,玉器的品种是以玦、璜、管、珠等为主的人体饰品,集中使用在颈、胸部位,器表光素净洁,无花纹雕琢。其中璜的形状,先后经历条形、桥形和半壁形三个阶段,选用蛇纹石、玛瑙和石英等多种材料。

3. 稻作农业文明的传播

大溪文化分布在洞庭湖流域,是中国南方稻作文化的发源地。而长江三角洲地区,由于海拔较低,形成大片可耕种的陆地较晚,所以玉器起源也较晚。

　　7000 年前洞庭湖流域的水稻种植技术,首先由西向东顺着长江传播到宁绍平原,北方玉器文明沿海路南下也来到这里。在距今 6000 年左右,河姆渡的玉器文明越过钱塘江向北扩展,最后促成马家浜玉器文化的繁荣,同时又溯长江向西反馈,催生了重庆巫山大溪玉文化和湖南洪江高庙玉文化。

　　大溪文化因四川巫山县大溪遗址而得名,出土的玉玦,已经体现出南方玉器的特色,而玉璜这样的南方玉器,也开始流行。玉璜文化不仅与水稻种植有关,也与渔业和原始航运相联,起源于南方先民对水神的崇拜。大溪文化距今约 4300—5700 年,主要分耳饰、项饰、臂饰和腰际间的佩饰。耳饰多为玦形耳饰,也有用绿松石、玉石等质地做成梯形、圆形、方形的坠饰和双环饰。男子墓也有耳饰。项饰包括璜和璧,璜多为半璧形扁平桥形,与崧泽文化玉璜接近。其中半璧形璜外缘刻锯齿纹,是大溪文化玉器中独具特色的工艺手法。臂饰主要为手镯。人面形佩饰仅发现一例,出土于巫山大溪遗址,是原始玉雕中的一件杰作(图二二②)。综观大溪文化玉饰,早期以耳饰为主,晚期玉饰种类增多,项饰中的璜和臂饰中的手镯占主要地位。湖南华容县毛家村出土的玉璜(图二二①),是大溪文化玉器中的典型器物。晚于大溪文化的屈家岭文化,也间有玉器出土,湖南澧县三元宫村出土的扁平梯形斜刃玉锛,淡绿色,通体磨光,非实用品,从中可窥见一斑。这个遗址号称中国第一城,同时这里也是南方文明向北方扩张的第一个中转站,从这里越过长江可以进入江汉平原,再向北可以从大别山西侧进入黄淮平原。

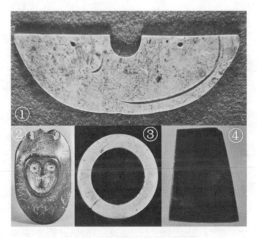

图二二　大溪文化出土玉璜

图二二①大溪文化玉璜,长15厘米,厚0.3厘米,1982年湖南省华容县三
封乡毛家村113号墓出土,玉质为白色,略呈半璧形,二穿孔,出土时在人骨架
胸际间,当为佩饰,湖南省岳阳市博物馆藏。图二二②玉人面形佩,高6厘米,
1959年四川省巫山大溪遗址出土,器扁平,呈椭圆形,面部作正视状,双目作
圆圈形,直鼻梁,无耳,外有阴线刻瓜子形人头轮廓,顶端有两个椭圆形穿孔,
四川省博物馆藏。图二二③玉镯,直径7.5厘米,厚0.6厘米,1982年湖南省
华容县三封乡毛家村104号墓出土,器呈乳白色,局部有土浸,出土于人骨架
左手部位,湖南省岳阳市博物馆藏。图二二④玉锛,长2.9厘米,刃宽3厘米,
1974年湖南省澧县梦溪乡二元宫村7号墓出土,器呈绿色,形状近似梯形,刃
稍弧,两面刃,通体磨光,未见使用痕迹,形体甚小,可能不是实用器,湖南省博
物馆藏。

长江下游地区的文明,最初有两个源头,一个来自长江中游地区的稻作文
明顺长江东进,一个来自西辽河平原的玉器文明沿海路南下,最后在宁绍平原
的河姆渡一带汇合。

在距今6400年左右,南方文明向东方和北方的扩张速度极快。很显然,
南方民族不再满足于江南丘陵地带的自然环境,他们在长江中下游平原、江汉
平原、苏皖平原和华北平原的南部,发现了大片可种植水稻的优良土地和野生
动物资源。

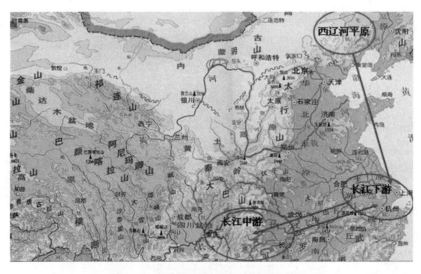

图二三　长江下游地区文明的两个源头

4. 战神蚩尤

蚩尤是上古时代九黎部落的酋长,是中国神话传统中的"兵主"战神,也是牛图腾和鸟图腾氏族首领。有兄弟81人(应为81个氏族部落),各个本领非凡,骁勇善战。当然神话传说中"兽身人语,铜头铁额,食沙石子",仿佛巨人族的名称。《述异志》和战国的《归藏》也有"蚩尤出自羊水,八肱八趾疏首"等狞猛状貌的描写。

长江中游湖北天门市石家河,是与大溪文化、屈家岭文化同时期的新石器文化,纵跨湖北、湖南、河南南部一带,中心区域是江汉平原。石家河文化玉器造型精美,以几何形及人物动物为主,尤其加工技术成熟,巫灵观念较为突出。人首(面)、虎面、兽面、蝉形和凤形造型是该文化玉器的代表。

图二四　石家河文化高规格玉人神像

图二四人面属玉人面精品,玉质细腻温润,做工精细,下面沁色自然晕散。一说是新石器时代玉人面,若是新石器时代符合石家河文化玉面首特征,眼珠斜立外凸,蒜头鼻,张口露齿,头顶有冠,两耳佩环,与天津艺术博物馆藏鹰攫人首佩下人首几乎一样。可疑之处,梭形眼变形,玉质是和田玉,公认和田玉商后才东传。另一说是周代出品,平顶王冠变形人面头像,1985年陕西沣西县沣镐西周墓出土一件,有人以臣之目变形比较,说为周人收藏新石器物。

石家河文化最主要的玉器作品是玉人首,现存有片状的侧面人首,也有平面的正面人首和圆月状的人首,也有的与鹰首、兽首复合。大体上分三种:一是无冠披发侧头型,二是有冠写实型,三是獠牙变形型。人首大体都是梭形眼，眼珠斜立外凸，三角形鼻，张口露齿，下颌略翘，两耳佩环，头顶有冠。大致规律：刻画简朴的玉人头，无冠，不佩耳环，身份较低下。刻画繁复的玉人头，均戴冠帽，佩耳环，脸作正视态，面相狰狞，口露獠牙，都是身份很高，或者当时侍奉祭祀的神灵鬼怪。玉祖神像，头戴冠下有绳纹一周如盘于头顶的发辫，整体生动有神。

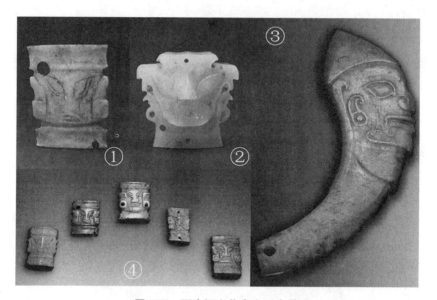

图二五　石家河文化出土玉人首

图二五①湖北省荆州市肖家屋脊出土，扁平料制作，头戴宽沿平帽，帽檐有云纹浮雕，凸眉大眼，扁形大耳，耳垂上有圆形耳饰。图二五②石家河玉人首，湖北省荆州市出土，高3.7厘米，宽4.2厘米，半圆雕，正面弧凸，以浮雕剔地阳纹和阴线纹技法饰人面，梭形眼，眼珠斜立外凸，三角形鼻，两耳佩环，头顶有冠，中下部中央及左耳各有一孔。图二五③石家河圆雕人头像，人脸凸现，向外鼓出，头戴尖帽，下有穿孔，颇具特点。图二五④石家河文化玉人首佩饰。

虎面像是石家河文化玉器中又一代表性品种，分圆雕形和厚片形两种。圆雕，阴刻半圈眼，长眉、宽鼻、中间起脊，厚片者方脸，尖卷耳，中间有圆穴，有上颌无下颌。该型传世玉器为石家河文化所特有，也是夏商玉器与青铜器兽面纹（饕餮纹）另一源头。

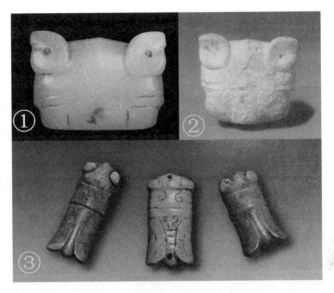

图二六　石家河文化虎面及玉蝉

图二六①石家河文化玉虎,玉质温润,双耳上突,用横线竖线代表脸部,简洁明快。图二六②青绿色玉质,圆雕,长2.8厘米,厚1.2厘米,虎面形,阴刻单圈眼,两耳半凹,面部起脊,此种造型为石家河文化独有,亦是代表性器物。图二六③玉蝉是石家河文化玉器中数量最多的一种形象,一般呈厚片状,分头颈翅三部分或头翅两部分,双眼饰于背部,不是向前看,而是向上看,多数刻有阴线卷云纹与翅脉纹,比红山、良渚文化更为写实,最重要价值在于开商周时代玉蝉造型之先河。

石家河文化玉器有很多玉人兽复合式佩,有通身镂雕一人首兽身形饰,人首头戴花冠,冠有双鸟,人身于兽身之上。特别是玉鹰攫人首饰极其狰狞。鹰爪下所攫一正视人首外还有一鹰首,人首、兽首垂直纵列,鹰在上,人在中,兽居下。也有镂雕与剔地阳纹作一鹰与二人首,人首蓄短发,橄榄形目,闭口,长胡须,侧视表情痛苦。

鹰攫人首玉佩有多件早年出土的传世品,最著名的三件,北京故宫博物院、上海博物馆与天津艺术博物馆各藏一件。三件构图不同,都是一只巨鹰用爪攫人头冲天而飞,故称作玉鹰攫人首佩,又名"擒头鹰纹"。石家河文化中玉鹰、玉凤、玉鸟造型别致多样,与古代原始宗教密切相关,玉鹰攫人首纹是鹰鸟崇拜的反映。玉鹰与祖先崇拜有关,体积大,不仅写实,而且有神灵风采,人头则是牺牲品。

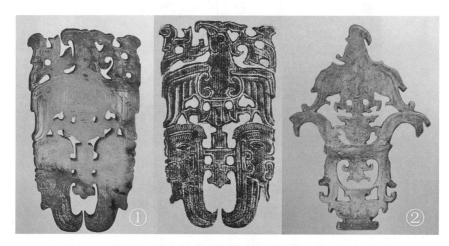

图二七　颇为著名的传世鹰攫人首玉佩

图二七①高9.1厘米,宽5.2厘米,玉佩呈黄色,有赭色沁,鹰在上展翅,身饰浅浮雕翎纹,头两侧镂雕诡异图案,鹰爪下人头额部短发,脑后披长发。此物原为清宫旧藏,溥仪带出落入德国商人之手,幸王世襄先生收藏捐献故宫博物院。图二七②高6.8厘米,宽4.7厘米,玉佩呈黄灰色,构图对称,雄鹰高展双翅,利爪持人头,双眼圆睁,凶狠无比,天津市艺术博物馆藏。

石家河文化玉器符合蚩尤族大兴农耕,最早冶炼铜铁、制玉兵及生猛狰狞的传说和英勇善战的形象。

蚩尤原属炎帝部落,是黄炎大战时炎帝最倚重的力量,黄炎大战,黄帝不敌,后炎帝蚩尤分裂,黄炎合军仍然"不敌"蚩尤,直到联合玄女族才制伏。"蚩尤没后,复扰乱不宁。黄帝遂画蚩尤形象,以威天下,天下咸谓蚩尤不死,八方万邦,皆为珍服。"(《汉学营造书》辑《龙鱼河图》)蚩尤死后,黄帝仍需树立蚩尤之旗,威吓天下,蚩尤当年的勇猛雄威可见。无怪齐祀八神,"三曰兵主,祀蚩尤"(《史记·封禅书》),汉高祖刘邦起兵时,也要"祠黄帝,祭蚩尤于沛庭"(《史记·高祖本纪》)了。蚩尤成了自古以来民间传述的战神。

现在关于蚩尤城、蚩尤冢的记载和传说,大体在河北涿鹿地区。实则是黄帝蚩尤涿鹿大战,为黄帝所杀,身首异处,一葬于山东洛宁汶上蚩尤冢,一在于山东巨野肩髀冢。

历史上,春秋以来对蚩尤传说记录相当丰富,但各有矛盾之处。传说太昊氏来自西方,曾建都于陈(淮阳)。《逸图书》《盐铁论》则推测属于太昊、少昊氏族集团,炎帝取代太昊氏后归于炎帝,但提及最多的仍是与黄帝的部落之战,一致的是以兵主战神祀之。

根据苗族古诗、歌谣与传说,蚩尤族是苗族的祖先,炎黄大战战败后,被迫迁徙今天的湘西、鄂西南及贵州地区。

苗族、古羌族自古以来奉蚩尤为祖,复合了中国的神话历史传说。

在大约 6400 年前后,古老南方文明炎帝部落,以极高的姿态北上,一度在黄河下游的豫东、山东和淮北地区,取代太昊氏、女娲氏和有巢氏,先都于陈,后都于曲阜,而成为该地区霸主。此时,蚩尤应属于炎帝部落联盟。

四、黄帝奇迹

1. 伏羲、女娲的故乡

黄河流域相对于东北和东南领域,玉文化发展较为滞后。距今约 8000—5000 年的甘肃天水秦安大地湾遗址,传说是伏羲和女娲的故乡,也是黄河文明的摇篮,具有高超的细石器加工技术和制陶技术,又称先仰韶文化。

仰韶文化是黄河中游地区重要的新石器时代文化,持续时间大约在距今7000—5000 年前。仰韶文化分布在整个黄河中游的甘肃省到河南省之间。中国已发现上千处仰韶文化的遗址,其中以陕西省为中心。仰韶文化的名称来源于其第一个发掘地——河南省渑池仰韶村。

黄河流域是我国北方旱作农业起源的中心,新中国成立前就在新石器时代遗址中发现过黍、粟、麦的痕迹,新中国成立前后在陕西西安半坡村、邠县下盘村、华县泉护村、临潼姜寨、河南洛阳王湾、兰州大河村以及河北武安磁山等仰韶文化遗址中多次发现和出土已炭化的黍、粟、高粱等农作物籽粒,特别是磁山出土的粟,将中原种植粟的年代提高到距今 8000 年前。

仰韶文化见于黄河流域的陕西临潼姜寨、邓家庄、西乡何家湾,河南的郑州大何村、林山柴村、尉氏兴隆岗,大汶口文化的山东兖州王因、曲阜西夏侯、茌平尚庄,苏北邳县刘林等地出土有玉器。器形有璜、环、珠、佩、笄、坠、管、镯、鱼形饰、指环等装饰品和斧、铲、镞、纺轮等工具。代表性的玉器有姜寨遗址出土的玉坠,质地晶莹,磨制光滑,色泽也极鲜艳。大何村出土的一件绿松石鱼形饰,通体磨成鱼形,有简单的阴刻线,十分形象。刘林遗址所出一件青玉佩,略成鸡心形,很薄,上部有三个穿孔,可系绳。这些都有很高的工艺价值。①

半坡文化,或者称作仰韶文化的半坡类型,位于西安东部浐河东岸的二级阶地,这个遗址的年代在距今 6000 年以上。仰韶文化中出土的玉器极少,而半坡出土的玉器则比较引人注目。个别墓葬有玉耳坠、玉笄等。玉耳坠呈淡绿色,没有穿孔,上有凹槽可系线。另一玉坠呈磬形,顶端有一对钻孔。玉笄状似锥形,笄头呈钉帽形,制作古朴大方。但无论如何,在 5000 年以前,黄河中游地区装饰性玉器的佩戴和使用十分有限,也没有形成一定的系统或者规模,所以更不用说,这一地区的玉器文化会对其他地区产生强大的影响。

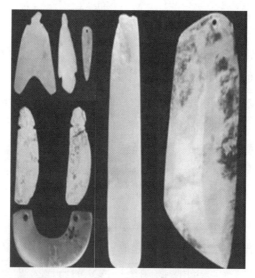

图二八　西安半坡仰韶文化出土玉器

作为粟黍农业文明诞生地的黄河中下游地区以及淮河以北地区玉器文明初始期不发达,有两个方面的原因:一是上述地区玉石资源相对匮乏;二是经

①　曲石:《中国古代玉器发展历程》,《文博》1987 年第 3 期。

常性的洪水暴发严重阻碍了农业的发展,致使该地区的农业水平远远低于长江流域。

2. 粟黍农业文明的强大

大汶口遗址位于泰山南麓大汶口镇的汶河两岸,其年代距今约6400—4600年前左右。包括山东省境内及江苏、安徽北部和河南东部、河北南部、辽东半岛等大片地区,均发现了大汶口文化的遗存。在大汶口文化形成之前,上述地区还发现了距今7500—6400年之间的北辛文化遗存。

黄河流域的玉器,较早的见于山东大汶口文化遗址之中。大汶口文化遗址位于山东泰安和宁阳县交界的地方,迄今同类型遗址发现约百余处,它们集中分布在鲁南、苏北和鲁西。在皖北、河南中部也零星发现一些大汶口文化遗址或包含有大汶口文化因素的原始文化遗址。大汶口文化玉器,早期(距今5500—6300年)很少发现,中期(距今4800—5500年)、晚期(距今4400—4800年)种类显著增加,主要有礼仪用具和装饰品两大类。礼仪用品最有代表性的是大汶口墓地所出的二件玉钺(原报告称铲),一件墨绿色,为女性墓所出,一件淡黄色,为男性墓所出,皆为扁平长方形。钺背下方有一从两面穿透之圆孔,孔内有螺旋状痕,通体磨光,器呈扁平长梯形,玉质晶莹滋润,刃部相当规整,磨制精致,无使用痕迹,显然是礼仪用具。相当于大汶口文化的胶县三里河一期文化,还出土有未经使用的玉凿和玉镞形器,虽为生产工具形式,但不具备实用性质。大汶口文化出土的玉饰品大致可分头饰——笄,颈饰——玉管、石管,手腕饰——臂环、玉镯和指环。出土情况表明,不仅女性佩戴,男性也佩戴。由于当时玉的材料难得和制作不易,装饰品中以石代玉较玉质为多。出玉质装饰品的多为大墓,伴出的陶、骨、牙、角、石器等殉葬品也较多。属于大汶口文化的茌平尚庄、邹县野店、安丘景芝镇和五连等遗址,出土了内圆外方的玉镯(类似臂环)以及模拟花朵,琢制成单环、双连环、四连环花朵形玉串饰,这是大汶口文化独具特色的一项装饰品。此外,值得重视的是,三里河一期文化还出土一件玉牙璧(亦称玉璇玑形佩饰,见图二九①),这是这一品种时代最早、出土地点明确的实例之一。山东藤县古遗址调查中,在岗上村采集到一件属于大汶口文化的玉人面佩饰,它以简练的线条,勾画出人的面部,是迄今已知出土的时代较早的一件玉人面形器(见图二九②),在我国原始雕塑史上占有一定的位置。通观大汶口文化玉器,到了中、晚期数量相当丰富,有些种类、形状和良渚玉器相若,表明两者之间有较多的接触和交往,只是大汶口文化环镯器较多见,且断面富于变化,玉臂环、指环呈偏心圆,好的部位不在圆心。大汶口文化玉器基本上不见玦和璜,反之,双连、三连、四连环玉串饰和玉牙璧,却为良渚文化所未见。①

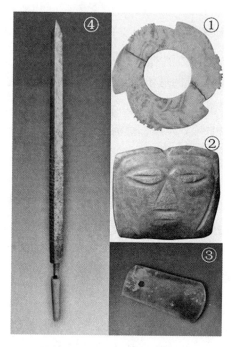

图二九　大汶口文化出土玉器

图二九①龙山文化玉璇玑,直径 8 厘米,呈灰青色,局部有褐色沁斑,旧说为观测天文,经夏鼐先生考订为装饰品,已有扉牙,山东滕县博物馆藏。图二九②大汶口文化玉人面形饰,高 3.2 厘米,宽 3.9 厘米,扁平体,略呈方形,轮廓清晰。背部中央有凸脊,脊上有横穿可供穿系,山东滕县博物馆藏。图二九③大汶口文化穿孔玉斧,长 19.8 厘米,青色,顶端平整,两侧斜直,两面磨光,靠近顶端有一圆孔,两面钻通。此件制作精致,是权力和王室的象征物,为部落首领所用。图二九④大汶口文化玉锥形器,长 35.5 厘米,宽 1.5 厘米,1987

① 云希正、牟永抗:《中国史前艺术的瑰宝》,《中国玉器全集》,河北美术出版社 2005 年版,第 651—652 页;山东考古研究所:《大汶口——新石器时代墓葬发掘报告》,文物出版社 1974 年版。

年江苏新沂花厅出土,长条方柱体,底端有2.1厘米圆柱形榫,方柱体分八节,饰两条平行凸横棱和带冠人面纹。榫上有7厘米圆管,管孔径对钻而成,管壁仅2厘米,钻孔技术精湛娴熟,南京博物馆藏。

就体系而言,大汶口文化玉器略显杂乱,数量也不是很多。大汶口文化普遍存在用龟甲随葬的习俗,以及著名的大汶口彩陶,显示出大汶口文化的成分中,有着黄河裴李岗文化以及仰韶文化东传的影响;而大汶口彩陶中常见的八角星太阳纹,却最早出现在洞庭湖流域。

身处中国东部平原之中最早的濒海大陆,大汶口文化在北辛文化的基础上,吸收了南下的、西来的和北上的多种文化基因之后,变得十分成熟和丰富,以至在整个黄淮地区、江淮地区和长江三角洲,无不体现出大汶口文化强大的影响力。

上文说到来自西方的太昊帝,曾经建都于豫东睢阳(陈),而北上的南方炎帝部落,后来取太昊氏、女娲氏和有巢氏而代之,先都于陈,后都于曲阜。

这大致上说明了大汶口文化接受各方文明的先后顺序:黄河中游的文明,先一步顺着黄河到达山东,然后是东北文明,南下与之汇合,最后是南方的炎帝部落,越过长江、汉水和淮河,来到黄河下游的南岸。

3. 黄炎、蚩尤大战

在距今6000—5000年内,随着农业和养殖业的发展,造船技术和航运业的进步,原始的长途商业贸易,部落和族团的合并,部落联盟和贵族集团的形成等诸多因素,促成了人们对权力和财富更高一级的追求。于是,玉器先是作为一种昂贵的装饰物,随后又作为一种富有和强大的身份象征,甚至作为与神沟通的媒介,开始成为人们疯狂追逐的对象。当强大的南方部落联盟迅速北上到达黄河中下游地区以后,南北文化的和平交流便开始演变为冲突。

在距今5600年左右,黄帝与炎帝的战争、黄帝与蚩尤的战争就发生在这一时期。大部分历史学家认为:炎帝与黄帝的战争,发生在一千多年以后,也就是距今4600年以前。显然,人们多半认为从黄帝至大禹,相隔只有500年时间,而实际上,二者相距大约1500年之久,这1500年,就是所谓的"五帝时代"。

在距今6000年前,东北平原的红山文化已经相当成熟;以炎帝代表的南方文明实力雄厚,相当发达,积极东进北上,并取代太昊部落成为地区霸主;而位于黄河中游文明的中原部落也十分强大。当南方部落联盟由南向北与中原部落联盟由西向东扩张相遇于黄河下游时,南北文化的和平交流演变为冲突。在距今 5600 年左右,黄炎大战爆发。

《山海经》载:"有人衣青衣,名曰黄帝女魃。蚩尤作兵伐黄帝,黄帝乃令应龙攻之冀州之野。应龙畜水,蚩尤请风伯雨师,纵大风雨。黄帝乃下天女曰魃,雨止,遂杀蚩尤。魃不得复上,所居不雨。"

黄、炎争夺华北,黄帝久战不敌,退守燕山、太行山一带。关键时刻炎帝部属蚩尤兵变拥立少昊,陈兵泗水,驱逐炎帝,并获得山东半岛的莱夷和牟夷的支持。无奈中炎帝求和于黄帝。黄炎共同与蚩尤作战仍然不能取胜。于是黄帝只好求助于西辽河平原的玄女之国,称女魃,玄女国派"神兵"相助,击鼓为号,用以互通信息,舞蹈作法,驱散风雨,大破蚩尤于逐鹿之野。蚩尤死后,黄帝挥师南下,一举荡平华北平原,乘势夺取河北、河南、山东,遂成天下共主。为了安抚炎帝与少昊氏东夷,黄帝令炎帝去帝号居淮南,少昊居山东,炎帝少昊分而治之,均受制于黄帝。

4. 天下共主

《易经》曰:"河出图,洛出书,圣人则之。"位于黄河与洛河交汇流域的河洛地区,古有"居天下之中"的说法。

双槐树遗址位于伊洛汇流入黄河处的河南巩义河洛镇,是迄今为止在黄河流域仰韶文化中晚期中华文明形成初期阶段发现的规格最高的具有都邑性质的中心聚落,专家称之为"河洛古国"。[①]

遗址残存面积 117 万平方米,被三重大型环壕围绕,构成严密的防御体系,发现最早瓮城结构的围墙、封闭式排状布局的大型中心居址,大型夯土基址、3 处严格规划的大型公共墓地、3 处夯土祭祀台遗址、人祭遗存等,出土了精美彩陶与丝绸制作工艺相关的骨针、石刀等。周边的青台、汪沟、秦王寨、伏羲台和洛阳的苏羊、土门等多个遗址,特别是西山、点军台、大河村仰韶文化城址组成的城址群对双槐树都邑形成拱卫之势,呈现出古国时代的王都气象,应为黄帝之都。

《山海经·大荒西经》载曰:"有轩辕之台,射者不敢西向射,畏轩辕之

---

① 《揭开 5000 年前河洛古国面纱》,《河南日报》2020 年 5 月 8 日。

台。"亦可见当时黄帝之威仪。

在双槐树遗址中心居址区内以九个陶罐摆放的"北斗九星"图案遗迹,郑州市文物考古研究院院长顾万发认为,"北斗九星遗迹有政治礼仪功能,主人借此神化自己,表达自己是呼应天上中心的地下王者,也表明当时人们已经具有相对成熟的'天象授时观',用以观察节气、指导农业"。表明古代中原先民对"北斗天象"的观测利用已非常精确,在聚落布局中高度重视礼仪化设计思维,已经有了较成熟"天地之中"的宇宙观。

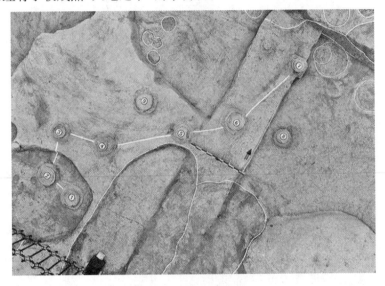

图三〇　北斗九星遗址图

河洛古国的中心居址区已有典型的瓮城建筑结构,可见居住者非同一般。这里发现有四排大型房址,房址之间有巷道相同,其中最大的一个房子面积达220平方米,即使放到今天看也属于豪宅。摆成北斗星形状的九个陶罐就是在这所房子前面的门廊发现的。

在北斗九星遗迹上端,北极附近——古人认为北极是天的中心,还有一具头首向南并朝着门道的完整麋鹿骨架。麋鹿在古人眼里是一种神奇的动物。古代有天子冬至祭天的传统,大部分鹿类在夏天脱角,只有麋鹿在冬至脱角,所以统治者把麋鹿脱角视为吉祥的象征,并把麋鹿与一年最重要的节气冬至关联。此外,道教有"三蹻"的说法,指龙虎鹿三神兽,它们是帮助神巫上天的桥。顾万发认为,麋鹿也应有鹿蹻的意思。

图三一　组成北斗九星的陶罐

　　可以想象这样一个 5000 多年前的画面：九个陶罐和麋鹿都埋在地下，当房子建成后，居住的主人日常活动时，就仿佛骑在麋鹿身上，向诸部落氏族表达自己才是呼应天上中心的地下王者。专家推测，这应该是一位有地位并且谙习巫术和天文的古国首领，以这种方式设计自己的居室实际是在神化自己。

　　北斗九星天文遗迹的发现，表明 5000 多年前的"北斗"崇拜是当时仰韶先民的最高信仰之一。其中一颗如今已看不到的星，专家推测可能是景星，即超新星。《河图》记载："黄帝治，景星见于北斗也。"也就是说，在北斗附近出现景星的时候是黄帝治理天下的繁盛时代。

　　用野猪獠牙雕刻的"牙雕蚕"是中国最早的骨质蚕雕艺术品，与青台遗址、汪沟村等周边同时期遗址出土的迄今最早丝绸实物一起，相互印证了 5000 多年前黄河中游地区的先民们已经从事养蚕缫丝。

　　双槐树遗址发现 3 处墓葬区 1700 多座墓葬，均呈排状分布。其中一个墓葬区被外壕、中壕围成一个独立区域，应是中国早期帝王陵寝兆域制度的雏形。更特别的是墓葬中殉葬品没有发现玉器，其他殉葬品很少，即使规模很大、等级很高依然如此，这在全国范围内都属于特例。这说明首领掌握军事权和祭祀权，但宗教色彩不浓郁。

　　河洛古国已体现出兼容并蓄的文化传统，表明中华文明从起源阶段就具备开放包容的特性。

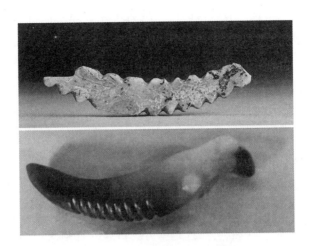

图三二　河洛古国蚕雕与商玉雕蚕比较

　　遗址的出土器物包含许多外来文化因子:如折腹鼎、背壶具备大汶口文化特征;陶器组合中出现的大量双腹器,如双腹盆、双腹豆、双腹碗,以及薄胎斜腹彩陶杯,属于屈家岭文化因素;还可以看到双墩文化靴形器、薛家岗文化折腹杯、崧泽文化折肩折腹壶、大溪文化杯等文化元素。

　　更值得一提的古代编年体史书《竹书纪年》有关黄帝时代"一百年,地裂,帝陟"的记载,唐代天文学家著作《开元占经》也记载"黄帝将亡则地裂",表明发生地震黄帝部落就迁都了。在双槐树遗址发现了多处地震引发的裂缝遗迹,具有明显的地层错位现象,北京大学相关专家现场确认,认为可能地震震级在6.0级以上。

五、中原王朝

1. 颛顼氏"绝地天通"

　　黄炎蚩尤大战之后,从距今5600—5300年,黄帝部落用了300年时间,来巩固对黄河流域和华北平原的统治,在北方与辽西玄女族结盟,在南方则一步步打击炎帝后裔共工氏。一直到少昊氏末年政衰,黄帝的曾孙颛顼氏遂取少昊氏而代之,入主山东。颛顼氏兴起于江、汉上游,后来北上越过秦岭,进入渭水河谷,这也曾是黄帝族的发源地之一。

　　传说帝颛顼王朝共历20余世,前后存续了350年。此说较之将颛顼仅视为一人一帝,而且传世只有一代的说法更为可靠。如今在河南东北部濮阳和山东西部聊城均有颛顼氏遗迹,这大概是颛顼部落活动的中心。

在帝颛顼中早期,基本上取代了少昊氏在山东的统治,从此整个华北尽归黄帝氏颛顼一族所有。颛顼氏将少昊家族迁移至西方监管起来,东方的少昊,后来竟然成为西方的帝和神。

颛顼氏为了稳定人心,任用一些故炎帝集团和少昊集团中的精英分子,担任重要职位,这些职位包括负责治水的河伯、修订历法和举持宗教事务的祝融,以及负责土木工程的共工或者是负责开垦土地的后土。但在颛顼氏后期,这些职位均已过渡到由颛顼族或者黄帝族自己人来担任。《山海经》记载了炎帝集团本身就有祝融和共工,这是南方炎帝族的官制,而帝颛顼后来也有了自己的祝融和共工。

据《山海经》记载,颛顼生称,称生老童,老童生重氏、黎氏,或者是"重黎氏"。这个重黎氏,后来就世代承袭祝融一职,故而称之为"北方祝融"。

在颛顼氏当政期间,其实力已远远超过当初的黄帝,于是实行宗教改革,去除了一度盛行于华北平原的原始东北巫教的不良影响,振兴农业,整肃纲纪,史称"绝地天通"。

颛顼帝重视历法和农耕,适时地开展各项农业生产。帝颛顼的后代,包括后来的帝舜有虞氏,帝禹夏后氏和后来移居南方的祝融部落,分别是传说中南方吴人、越人和楚人的祖先。

2. 凌家滩文化

凌家滩遗址,位于长江下游巢湖地区,该遗址存续年代在距今5600—5300年之间。从凌家滩贵族大墓使用玉器殓葬的规模,可以推测当时南方部落集团的强大和富有,也不难理解为什么南方的炎帝集团能够大规模势如破竹地向北扩张。

有人认为炎帝部落是神农氏的后代,炎帝部落起源于陕西,其实不然,史传神农氏在神农架"尝百草",在湖北随州教人种植"五谷",古称"神农氏"。炎帝一族在陕西、河南、安徽、河北和山东的出现,正是南方集团向北扩张的结果,只是当炎帝族败退时,又回到了湖南。

凌家滩遗址发掘只占很小面积,利用现代遥感技术探测,遗址总面积达160万平方米,而且有一座3000平方米的红陶土块广场,这表明早在5500年前中国已出现城市,使中国城市的历史向前推进了1000多年。同济大学董鉴泓教授认为,一个文明发源地是否达到城市标准有四大要素:固定居民点、防御性设施、手工业作坊和商业集市。而凌家滩既有大型宫殿、神庙等标志性建筑及布局整齐的房屋,墓地,又有护城壕沟、手工业作坊,集市和大批玉礼器。据考古专家描绘,远古时期的凌家滩是一座繁华热闹的城市,养殖业、畜牧业和手工业都已初具规模。

更值得一提的是所有史前文化遗址中,凌家滩出土玉器是非常耀眼的,玉器是城市发展到一定阶段贵族们象征权力的专用礼器,由此我们可以看到南方制玉艺术前所未有的辉煌。

从春秋早期的芮国大墓中,我们看到了玉器殓葬文化的传承——墓中有大量的琮与璜,这些都是古老的南方玉器,而不是北方玉器。而在牛河梁红山文化大墓中,我们又看到了东北贵族集团的阔绰,东北制玉的成本,远远高于南方,古代红山人有着极高的艺术天分,而且善于圆雕,这在当时的条件下极为难得。

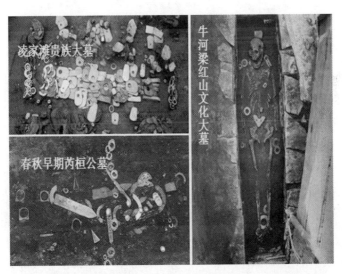

图三三　春秋芮国墓葬对红山文化和凌家滩文化玉器殓葬的传承

凌家滩古墓葬群,极有可能属于在同黄帝交战失败之后,退守南方的末代炎帝家族,这也是炎帝集团在长江以北和淮河以南地区的最后一个据点。

传说末代炎帝死后归葬于湖南株洲炎陵县鹿原坡,而他的儿子祝融葬在了南岳衡山。可是直到隋代以前,"南岳"指在安徽西部大别山区北侧的霍山,并非湖南的衡山。所以最后的炎帝,应葬于巢湖之南,太湖山的南坡,而非在洞庭湖之南。

凌家滩玉器种类有铲、斧、钻等用具类,钺、戈等礼仪类及环、璜、玦、璧、镯、鹰等装饰品类。尤其王用的河图洛书(包括玉版、龟筒)、王冠和神职贵族所用玉龙、玉人等令人惊艳不已。玉璜、玉玦、玉环、玉镯等装饰用玉器,[1]反映了一个地区和一个民族的文化特色,在整个长江中下游地区和太湖、巢湖、洞庭湖、鄱阳湖和洪泽湖地区,都流行着这一类玉器,这是以炎帝为首的南方部落集团的文化特色。

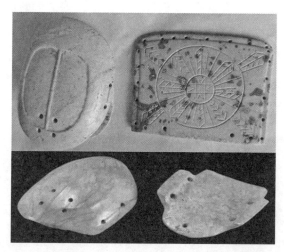

图三四　凌家滩文化出土主要是《洛书》的玉龟板和玉片

1985 年春在安徽省含山县凌家滩四号大型墓内,发现一件奇特的刻纹玉片,墓主是古淮夷族头人。玉片出土时夹在玉制的龟背甲和腹甲之间,原有穿孔似供系结玉片用。器长 11 厘米,宽 8.2 厘米,厚约 0.8 厘米,正面的三条侧边各有一条宽约 0.4 厘米的凹槽,表面围绕中心绘刻两个大小不等并相套的圆圈,其中较小的一个圆圈在内,有一个方形外加八角形的圆案在内外两个圆圈之间,有八条放射形直线将其分割成八等份,并于每一等份中各刻一组箭头。在外圈和玉片四个角之间,亦刻一组形如前述一样的箭头纹。各组箭头

---

① 安徽省文物考古研究所:《凌家滩——田野考古发掘报告之一》,北京文物出版社 2006年版,第 15 页。

形式大小相同,均箭头朝向外。玉片两侧的短边凹槽上各有五个小圆孔,在长边一侧即有一凹槽上穿九个圆孔,长边另一侧即无凹槽一侧上穿四个圆孔。

在古代天文学上,大圆圈往往代表宇宙、天球和季节的变化。如果将大圆圈与周天旋转和季节循环相联系,那么箭头的数量八和四就有了如下情况的实际意义。《周易·系辞》载:“易有太极,是生两仪,两仪生四象,四象生八卦。”这里所称的“太极”,古又称“太一”。它在天文历法的概念上,指的是天球上的北极,古人给它以至高无上的地位。“两仪”,是指天和地,又称阴阳,阳为天,阴为地。古籍中,曾出现“天圆地方”说,故玉片中的圆形圈象征天,而方形圈及形可能象征地。玉片正面作四方、八方、四个箭头和八个箭头等圆形,与《周易》所载四象、八卦及古籍所载天圆、地方的概念中有了关系,或就是相当于农历的四时八节。可见玉片圆形是古代天文地时的总括。

《周易》中的所谓“八卦”,在古代一般来说是有卦书、卦名和卦象。中国古代用卦名、卦书的表示图象和方法,迄今所知大约在西周时期才开始出现。但就八卦本身而言,在某些时代和地区并不一定非有卦名和卦书不可,如今天西南少数民族中所流行的八卦,只有八方,而无卦名和卦书。卦书在不同时期的图像也可能不同。因此,玉片上所刻画的图形,可能是先夏时期八卦的图像。

在上古传说中,《周易》和《洪范》来源于河图、洛书。传说伏羲时,有龙马从黄河出现,背负河图;夏禹时,有神龟从洛河出现,背负洛书。有人依据这种传说的图和书,画成八卦。河图、洛书,在两汉著作中只有文字记述而从未出现过图,直至宋代,才出现河图、洛书、太极等图形,而且众说不一,图像也有变化。因此,此三器可能就是古代的河图、洛书的具体图形物。

总之,玉片的八方图形与中心象征太阳的图形相配,符合中国古代原始八卦的理论;玉片四侧边分别穿钻着四、五、九、五个圆孔,与洛书“大一下行八卦之宫每四乃还中央”相合,根据古籍八卦原于河图、洛书的记载,玉片图形表示的内容应为原始八卦。出土时玉片与玉龟背腹甲叠合为一器,说明玉片与玉龟有密切的关系,也与传说中神龟从洛河背负洛书的情结有关。因此,它们有可能就是古代传说记载的与河图、洛书和八卦有关的具体图形表现。若此推测可信,则说明中国早在5000年前后,我们的祖先就有了河图、洛书和八卦的观念。远古没有文字,人们用钻孔、画圈刻图的办法计数以代替五行交替记载时节。因此,河图、洛书也就是历法。此玉龟、玉片的出土,证实了中国

5000 年前就有了历法存在,并以具体的图纹反映了我国先夏律历制度。

图三五　凌家滩文化出土玉人

凌家滩目前已出土六件玉人,三件坐姿,三件站姿。玉人都是双臂弯曲紧贴胸前做祈祷状,反映了凌家滩先人已告别精神世界的蒙昧期,有了强烈的原始宗教意识。玉人都戴圆冠,系斜条纹腰带,说明当时已有纺织技术,人们已穿上衣裤,戴上帽子。玉人双耳有耳孔,说明戴耳饰,手臂上刻纹表示戴有手镯,玉人留八字胡,说明当时已有剃须工具,表现出玉人绅士风度和相当高的物质文明。凌家滩玉人都是长方形面孔,浓眉大眼,双眼皮,蒜头鼻,大嘴,身材比例匀称,面部表现出蒙古人种的明显特征,与现在的中国人一脉相承,也有力地证明了 5000 年来中国大地上人种一直未变,文化传承未变,中国文明历史绵延数千年不衰。

江淮以及长江三角洲地区,历来受着大汶口文化和湖湘文化的影响,就是凌家滩文化本身,也包含着红山文化和大汶口文化的因素。距今 5600 年左右,这里还存在着太湖崧泽文化、南京北阴阳营文化和潜山薛家岗文化。这些地方的文化都带着浓重的凌家滩玉璜文化特色,故而均可视为凌家滩文化在这一地区的流行。

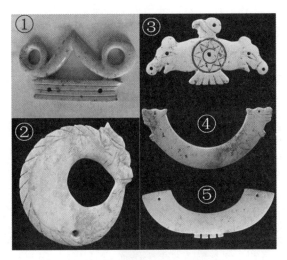

图三六　凌家滩文化出土玉器

图三六①凌家滩文化玉冠形器，高3.6厘米，长6.6厘米，器物中透雕"人"字直角三角形，人字相卷两圆，现藏安徽省文物考古研究所。图三六②玉龙长4.4厘米，短径3.9厘米，玉质灰白色，龙体卷曲，首尾相连。龙吻部突出，头顶有角，阴线刻出嘴、鼻、脸表现褶皱和龙须、鳞片，通体抛光温润，造型简练，风格粗犷，江淮地区首次发现，非常珍贵。此造型在商代玉龙中常见，极可能是商代玉龙造型先导。图三六③玉鹰长8.4厘米，宽3.5厘米，玉质灰白色，鹰首侧视，双翼展翅，神采飞扬，头嘴琢磨而成，两翅各雕有一猪首，腹刻一图，内刻八角星纹。八角星纹代表古代二十八宿鸟宿的井宿，八角星外的圆圈及羽毛纹，表示太阳及四射的光芒。玉鹰可能是凌家滩用以拜星求雨的神玉，也属礼仪用玉性质。鸟是东夷人的图腾，表明与东夷文化应有直接关系。玉鹰展翅作猪首展开反映先民原始宇宙观和宗教崇拜的虔诚。图三六④、图三六⑤，凌家滩文化出土大批丰富多彩的玉璜，有半璧形、桥形及弧形等，有的两端琢成龙凤和虎等神兽动物形状，有的在外弧边琢出牙齿，还有的刻成牙状或伞状，其中虎首璜和龙凤璜最具考古价值。虎首璜是一种兵符，是调兵和结盟的信物，与玉戈等兵器的出土，说明当时战争行为中已有军事结盟现象的存在。龙凤璜则显示了中国龙凤文化的源头，这种合婚的信物，表明先民已实行族外婚，也表明龙凤文化起源于巢湖地区。

在凌家滩，炎帝的子孙共工氏部落的头领们还习惯于将玉斧、玉锛、玉铲和玉凿等木工工具大批地带进坟墓，这表现出炎帝集团对劳动者和生产技术的高度重视。但时隔300年，在良渚大虞，我们看到的却是贵族们的享乐，所有的玉制或者石制的劳动工具已经与他们毫不相干，而源源不断的财富却让他们享受不尽。很明显，一个在战争中取得胜利的集团和族群，对另一个曾经拥有先进技术和文化，但却在战争中失败集团和族群的奴役。

在安徽潜山薛家岗遗址，人们发现了中国最早的玉琮形器、镂雕的玉璜形器和一种圆筒形的玉镯，这些玉器有着明显的凌家滩文化特色，但是又吸收了山东大汶口文化的成分。这预示着在凌家滩遗址中从未出现过的玉琮，可能产生于大汶口文化晚期北方民族向南方移动和扩张的过程之中。在大汶口文化晚期才大量出现的玉锥形器，本来是光素无纹的，但是当它传播到了良渚，不但被刻上了神徽，而且成为仅次于玉琮的法器。因此许多迹象表明，大虞良渚文化虽然是新石器晚期南方玉器文化的辉煌，但是它们的主人，却并不属于原来的南方统治者炎帝集团，而属于五帝时代奉命南下讨伐共工氏的黄帝家族的后代。

3. 帝喾当政

传说颛顼解决东夷少昊氏贵族集团后立即南渡淮河，消灭在淮南和长江一线的炎帝族残余，即南方的共工氏部落。

帝颛顼一族出自黄帝的儿子昌意，而黄帝另一个儿子玄嚣的后代，是为高辛氏。

高辛氏原在山东曹县一带为辛侯，名俊，曾担任帝颛顼晚期南下攻击共工氏的前锋。因为战功显赫，高辛氏竟逐步掌握了颛顼部落的兵权，在最后一任颛顼帝死后，高辛氏夺取了帝位，是为帝喾。

帝喾部落都于西亳，在河南偃师。他原来的名字有个夋字，他是商朝王室的远祖。

帝喾之时，命颛顼氏裔孙重黎氏祝融率部南下，追剿南方共工氏，共工氏退居长江以南，固守长江天险。据说重黎氏因为作战不力，被帝喾于庚寅日诛杀。但也可能怕重黎功高盖主，威胁帝位借故杀之。

重黎被杀，在北方集团内部引起了极大震动，毕竟重黎氏世袭祝融一职，至少已有一、二百年，根基十分牢固。帝喾为平息非议，任命重黎之弟吴回继续担任祝融一职，令其率兵南下，追杀共工。

祝融氏重黎之弟吴回很有可能是黄帝集团南下打过长江去的第一人，而此时距离黄帝与蚩尤之战已经过去了大约 300 余年。显然，吴回的战功超过了他的哥哥重黎，就连帝喾本人也不能与之相提并论。但残酷的战争亦使吴回遭到重创，《山海经》记载吴回在战争中失去了右臂，共工氏余部逃到了浙江。吴回跟踪追击来到了江南，决定从此安家于太湖之滨不再北返。南宋罗泌《路史》说帝喾封吴回于太湖之地。今江苏之地古称为"吴"，盖始于帝颛顼之裔孙吴回也，吴回遂成为天下吴姓的始祖。

六、良渚大虞

1. 吴回重氏建国

吴回氏、重氏祝融部族集团吸收凌家滩文化文明成果在长江流域建立虞，定都良渚，国号大虞，历时千年，是中华大地第一个王朝。

中国的东方，一直信奉太昊的祭司重氏句芒为神。句芒名"重"，出身于少昊氏，世代神职。句芒是春神、东方之神和农神。东夷重氏家族是山东半岛最古老的家族，他们是山东土著，或者是最早从陕西地区沿着黄河向东迁徙而来的移民。在整个五帝时期，山东重氏家族的身份格外引人注目。在良渚玉器上，我们随时可以看到对句芒神的崇拜。

距今 6000 年前左右，炎帝北上，并先后占据豫东淮阳以及山东曲阜，少昊以及重氏从此依附于炎帝，特别是重氏，依旧担任神职。炎黄大战以后，蚩尤被杀，少昊与重氏又为黄帝所用，且与炎帝并称为诸侯。及至少昊氏末，帝颛顼入主山东，取代了少昊氏，但重氏依旧留下来担任"司天"之职。

帝舜有虞氏的家族，传说中的祖先分别为高阳（颛顼）、穷蝉、敬康、句望（句芒）、蟜牛、瞽叟。句芒名重，他是少昊氏的"重"还是颛顼氏的"重"，几千年来不得而知。如果重氏句芒是帝颛顼之孙，老童的儿子重或者重黎是同一人，则帝舜一族也是重黎的后代，且帝舜又名"重华"。

良渚人的始祖吴回是重黎之弟，在帝喾时继任祝融一职，他同样属于重氏祝融家族。苏州在太湖平原的核心，古称"姑苏"，或者"姑胥"，显然这是舜的父名或者族名"瞽叟"在传说中的演变。

2. 良渚大城

良渚建国享国时间约为距今 5250—4150 年,存在时间 1100 年左右,根据战国古籍《鹖冠子》记载说"成鸠氏之国,泰上成鸠之道,一族用之万八千岁,有天下兵强,世不可夺",①就是说当时良渚集团武力强大,天下无敌。良渚虞国空间分布为环太湖流域,中心面积约 3.65 万平方千米,以良渚城为中心。现考古存在有良渚古城、良渚水坝、反山河瑶山遗址。其中良渚古城由宫殿区(40 公顷)、内城(280 公顷)、外城(约 350 公顷)呈向心式三重布局组成。内城和外城布局跟中原地区城市建造一脉相承,由此推测良渚文明与中原有着千丝万缕的联系。

城墙是氏族社会和文明社会区别的一个重要标志。良渚遗址修建于大约5000 年前,这个遗址是在沼泽上修建的。为了防止水边山洪对王城的侵害,在修建之前先动员人力修了一个长 3.5 千米、宽度 10 多米的巨型水坝或水利工程。据水利专家研究,水坝除防洪外,因为有高低坝,可根据不同水位蓄水灌溉,更是一个水利工程。后在城中心又修建一个 630 米长、450 米宽、高 10多米的大型土台,土方量大约 200 多万立方米,都是用草包从别地运来的,这个高台是高等级建筑,面积在 200—900 平方米不等。

围绕高台又建有长 1900 米,宽 1700 米,面积大约 300 万平方米的大型城址——莫角山遗址。城墙墙基宽是 40—60 米。由于在沼泽上,先要从别处运来石块,再运来黄土才能修建。而且内城外还有一个更大规模的城址,工程量初步估算 1200 万立方米,水利系统规划和影响的范围超过 100 平方公里,需动用 1万个劳动力 10 年以上才能完成。能组织这么大规模的工程仅仅一个部落联盟是不可想象的,应该是相当广阔地方的人力,必须由国家王朝才能完成。

除了高等级的宫殿外,高等级的墓葬也在祭坛上修建。一个墓里上百件随葬品,尤其是制作精良的玉琮玉璧等与宗教相关的玉器和精制的玉钺等武器,甚至有的短钺上下还有玉质装饰,显然是军事指挥权的象征,也表明权力构成已经相当严密。

大虞良渚古国神权至上,而且神权已经加持王权,形成了一整套等级制度,初步形成王朝,进入文明古国阶段。

---

① 黄怀信:《鹖冠子汇集校注》,中华书局 2004 年版,第 35 页。

3. 良渚玉器

良渚统治阶层的墓葬随葬品中尤其引人注目的是大量玉器,这些玉器种类繁多、数量巨大,仅出土或传世的大件琮璧玉器已有上千件,各类玉器达万件之多。

玉琮是良渚文化玉器中发现数量最多、形制最多、纹饰最具特色的玉器,其他地区只有少量发现,其上也无良渚文化特有的人面纹或兽面纹。良渚玉琮一般有四种类型:

高型玉琮,这种高度大于宽度,一般超过 20 厘米,最高可达 50 厘米,上端略大,下端稍窄。纹饰是较为简单的人面纹、兽面纹,多在额头部凸起两道宽带纹,其上有细阴线刻的直线,鼻、嘴用凸起小方块代表,眼则为极简的小圆环和两个小眼角。个别琮上有动物纹。

矮宽型玉琮,高度小于宽度,整体大而厚重,以浙江反山玉琮为代表。分上下两节,上节饰人面,下节兽面纹。也有的则刻有完整神人兽面纹。上节人面纹表现一位神人的头部,顶戴华冠,两臂提出架于颈两侧,无身体,下节是一头巨型兽首形象,两前肢距于兽头之下。

薄壁型玉琮,形式镯,微矮,素面或饰兽面,四壁中间向外凸起使玉琮的截面近似于八方形。

小型玉琮也是细方形,边宽约 2 厘米,高 5—10 厘米,也是上大下小,外表分二节或多节,有一上下贯穿孔,这种可能是穿系后挂身上饰物。

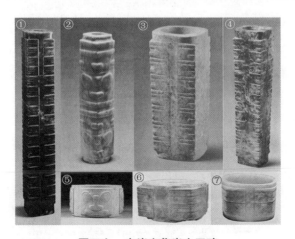

图三七　良渚文化出土玉琮

图三七①高 38.2 厘米,首都博物馆藏。图三七②玉琮形管高 6.8 厘米,厚 0.3.厘米,上海市文物管委会藏。图三七③高 19.7 厘米,分为七节二十八组简化人面纹。图三七④高 39.3 厘米,此为良渚文化高型玉琮典型器,上海博物馆藏。图三七⑤高 4.5 厘米,射径 7.9 厘米,浙江省文物考古研究所藏,也是矮宽型玉琮典型器。图三七⑥高 8.8 厘米,射径 4.9 厘米,器呈扁矮方柱体,俯视如玉璧,转角四节八组简化兽面纹,上部头戴丰茂羽冠人面。俨然一面目庄重男子骑于巨兽,出土时放在墓主人头骨左下方,现藏于浙江省文物考古研究所。图三七⑦高 5 厘米,射径 7.1 厘米,上大下小,内圆外方,上节带冠人面纹,下节兽面纹,人面和兽面两侧各刻一只飞鸟,每一组人兽面纹饰列四只飞鸟,全器四组十六只飞鸟,所有刻线细如毫发,堪称良渚文化珍品,现藏上海市文物管理委员会。

良渚玉器种类有斧、铲、凿、纺纶等用具类,璜、镯、玦、管、珠、带钩、佩、觽、串饰等装饰品类,钺、璧、琮、冠形器、锥形器、三叉形器等礼仪器类达 60 种之多。①

图三八 良渚文化出土玉冠状器

① 刘斌、王宁远、陈明辉:《良渚大古城考古的历程最新进展和展望》,《自然与文化遗产研究》2020 年第 3 期。

　　图三八①玉冠状饰，高 5.8 厘米，宽 7.7 厘米，呈乳白色，正面中段刻神人兽面，上部为戴羽冠神人，下部兽面，两侧角各刻位立云端，引颈回首鸟纹图案，浙江文物考古所藏。图三八②玉冠状饰高 5.2 厘米，上宽 10.4 厘米，下宽 6.4 厘米。冠顶高耸，两侧微翘，如冠形，透雕与阴线细刻相结合技法，正反两面雕琢相同的神人兽像，浙江文物考古研究所藏。图三八③玉冠状饰，高 3.4 厘米，上宽 6.4 厘米，上宽下窄，呈侧梯形，兽面纹居中，重圈为眼，椭圆形眼睑，鼻翼外张，獠牙外伸，除眼部外，整面满雕以卷云纹为主图案，线条繁而不乱，左右对称，构图严谨。图三八④神人兽面纹玉饰牌长 8.3 厘米，宽 6.2 厘米，整体平面呈倒三角形，底角圆钝呈弧形，正面以浅浮雕和阴刻神人和兽面的组合图像。上端为神人头像，下端为凸面兽面纹，器背有斜钻四对小孔。该器制作精致，构图巧妙，亦为精品。浙江文物考古所藏。图三八⑤玉璜长 21.3 厘米，宽 8.4 厘米，半璧形，正面呈弧形，上端平齐，中间有一凹弧形缺口，正面刻有兽面纹，两角有一对鸟纹，上端两个透孔可挂系，故宫博物院藏。图三八⑥玉三叉形器，高 5.05 厘米，宽 6.8 厘米，器呈白色，左右叉齐平，中叉略低，三叉上端刻羽状纹与卷云纹，中部刻兽面图案，浙江文物考古所藏。

　　一座大墓出土玉器就数以百计，这种随葬大量玉器的现象承袭了凌家滩文化的"玉殓葬"。玉器上雕刻的"兽面纹"和人兽结合的"神徽"等纹样，突破了先前玉器光素无华的传统风格，从而极大提高了玉制品的艺术水平。其表现手法有圆雕、半圆雕、浅浮雕、透雕和细如发丝的繁密阴线刻等。在构图上着重表现头部时，突出刻画眼睛、鼻子和嘴巴等器官，而舍弃头颅外形，在许多时候甚至连嘴巴也省略掉，只留眼睛和鼻子。同时也很少表现物体的躯干和四肢，只有某些鸟、鱼、龟、蝉等圆雕除外。在制作上，良渚人将阴线刻和浮雕两种技法巧妙结合，出现了由主体纹、装饰纹和地纹三重组合的装饰章法。这种特有的装饰章法，一直到商周时代青铜器的制作，仍然经常沿用。在良渚玉器的浮雕作品中，多是口露獠牙的猛兽面像，头部戴有插羽披茅的华盖状冠冕。在华冠的居中部位，以阴线手法刻出常人的脸孔，连同以阴线表现的四肢，组成了一躯完整的人形。浮雕表现的兽，狰狞中显露出无比的威严，而纤细繁密的阴线人形，则是兽神的幽灵，具有若隐若现的神秘感。每幅画面的宽度只有 3 厘米，在构图上将虚实有别的神人和兽面两种形象，和谐巧妙地设置在这方寸之内，就其技巧而言，堪称世界史前艺术宝库中微雕艺术的瑰宝。微雕的艺术效果是将玉件的有限体积,加以无限制的扩大、夸张,突破视觉空间,造成神人兽面像至高无上的精神境界,产生世人对它顶礼膜拜的心理作用。只有原始宗教发展到相当成熟的时候,才会出现这样的作品,从而表现出统一而强烈的宗教崇拜意识更是震撼人心。

大量同类玉礼器的存在说明该地区存在一个同宗、同盟、同礼制、同意识的多层金字塔式社会结构的邦国集团。在出土玉器中黄河流域的玉锥形器成为仅次于玉琮的法器,说明良渚文化虽师承凌家滩文化,却不属于炎帝集团,而是南下讨伐共工氏的黄帝一族后代。

4. 大虞社会形态

大虞国阶层分化已非常严重,即使一个阶层,贫富差异也很大,从墓葬而言,氏族显贵大都是人工堆筑的土墩墓,土墩墓原为祭坛,以方形边沟规划出神圣空间,用于祭祀活动。用祭坛建造土墩墓,以此埋葬首领或王室成员,借助神威保证首领权威,其他只是挖浅坑埋葬,即使贵族也只是选择较高的土丘,非土墩墓基本无殉葬品。土墩墓距离均等,东西成行,虽然总体格局均属王室贵族。这些墓葬随葬品差距也很大,有的土墩墓随葬品多达几百件,甚至上千件,还有杀人殉葬,有的则仅有几件。寺墩遗址清理的 3 座墓,自西向东排成一行,特别 M3 为 20 岁左右的男性,出土随葬玉器 120 件左右,其中玉璧、琮大型重礼器多达 50 多件。玉璧放置尸身上下,玉琮环绕死者四周,成为明显的"玉殓墓"。反山墓地居中的 M20,不但墓圹宽大,随葬品也极为丰富,仅玉器一项就有 511 件,而相邻的 M19,不仅墓圹狭小,各类随葬品只有 37件。这不仅仅说明贫富差异,也说明私有制不仅形成,而且运行成熟。

在草鞋山遗址 M198 墓葬,墓圹中合葬一男二女,墓主男性居中,头上、脚下各随葬一女性,这两个女性应该是墓主的妻妾,不仅说明良渚已是父系氏族,而且说明一夫多妻制的存在。"事实上,一夫多妻制显然是奴隶制度的产物,只有占据特殊地位的人物才能办到。"[①]

在张陵山遗址 M4 墓葬中,不仅有墓圹,墓底下还有木板痕迹。在墓主足后有三个人的头骨与陶器置于一处,中部与北部则是两个儿童颅骨,北部的头骨顶骨朝上,显然是陪葬的人牲,应是墓主生前的奴隶。

---

① 恩格斯:《家庭·私有制和国家的起源》,人民出版社 1954 年版,第 58 页。

从琮、璧、钺三种玉制重要礼器看,一般出之规模较大、随葬品丰富的墓葬,出土玉琮的墓主人皆为男性,而且与璧同出。只有出土玉琮的男性墓葬才有陪葬人殉。

属于礼仪方面的用器,青浦福泉山发现一件长达34厘米的锥形器,相同器形在新沂花厅大汶口文化墓地中也有发现。在这些锥形器方柱体上,有若干组简化的带冠人面纹,从纹饰上看,锥形器尖端朝上,带榫口的朝下,有的榫口处外套圆形玉管,或插在其他器物上。上海金山亭林良渚文化墓葬中所出土锥形器握于死者手中,凡此种种都说明此种锥形器不同于佩戴的锥形饰,应是原始宗教祭祀用器。

近年在武进寺墩、青浦福泉山、余杭反山、瑶山相继发现,带有特权性质的玉钺和相关玉质配件,一柄玉钺包括有钺身、木质柲,柲的柄首——玉瑞,柲的柄尾——玉镦。从玉钺和相关玉质配件出土位置测知,大体一柄玉钺长度在60—80厘米之间,持有玉的墓主人往往把玉镦握在手中,钺身在左肩,玉瑞在其上端,显示着墓主人生前拥有神权、财权和军事统帅权。余杭反山、瑶山良渚文化墓地出土玉器中发现了似人似兽的神人形象和人与兽集于一体的形象,这在玉钺、玉琮、锥形器、玉冠状饰的图案中都有相同的反映,也可以说是良渚部族崇拜的神徽。这些图案的寓意,不少学者认为是起贯通天地和保护人世的功用。

礼器是礼制的物质表现形式,其在祭祀、朝聘、宴享等活动使用时用以"名贵贱、辨等列",也是"器以藏礼",用以区别贵族内部等级。良渚文化中的玉礼器发挥着青铜礼器的功能,更多使用宗教祭祀,象征墓主拥有神权、财富和军事统治权,说明当时等级和阶层非常分明。良渚文化墓葬中只有贵族大墓才随葬玉器,随葬玉礼器众多者,还发现有头盖骨,说明有奴隶殉葬。由此可见良渚文化宗教气氛之浓厚,神权大于王权或掌握王权,也说明礼制和贵族名分制度的形成以及奴隶制社会的雏形。

5. 大虞国力

大虞国经济以农耕生产为主,渔猎为辅。从地理环境看,该分布区土地肥沃,气候温和湿润,水源充足,非常适宜种植栽培水稻。据考古发现水稻种植已经十分普遍,在无锡鼋墩、吴兴钱山漾、澄湖古井和杭州水板等遗址中都有稻谷出土。伴随栽培植物尚有蚕豆、花生、芝麻、甜瓜等。在一些遗址中出土大量农业生产工具,有肩石锛、石斧和钺,安上木柄可以砍伐,刀类附上柄可作镰刀,这两种收割工具的普遍发现,说明种植业的发达。破土器、石犁和耕田器在当时都是最先进的。石犁呈扁平等腰三角形,已配备木质犁架,中间圆孔,可以安置在犁床上,采取人力或畜力牵引,后面一人扶犁,亦可挖沟修渠。石犁和破土器大大提高翻土效率,节省劳力,为大面积种植创造了条件。耕田器则为扁平长方形,圆弧刃,两侧双翼上翘,背部中央有一榫头,便于装上木柄,形式几乎等同于今天的铁制耕田器。可用作水稻的中耕除草,说明当时的水稻种植已经有行距间隔,农民已有丰富的田间管理经验。

随着农业的发达,一些专门手工业迅速兴起,从钱山漾出土的麻布、丝带、绢片等纺织品看,麻布为芒麻,织物密度每寸 40—60 根;绢片为家蚕丝,每寸密度 120 根;丝带 10 股,单纱 3 根,30 根编成。由此可见已有相当高的桑蚕养殖经验和纺织技术水平。这里出土的玉带钩置于墓主人尸骨下半部,型制和制作都很精巧,一端有一横穿的圆孔,一端有弯钩状的扁方孔,可以穿绳系带,十分适用。表明大虞良渚贵族已普遍穿着丝绸缝制的袍服,可把中国玉带钩出现的历史推早二三千年。余杭瑶山发现的玉梃纺轮,非常规整精致,梃杆顶端钻有小孔,可以穿绳悬吊,便于手搓捻动,从而明确当时的安装和使用方法,这是探讨原始纺织工艺不可多得的实物例证。

良渚文化遗存下来众多的精美玉器实物,其高难度的加工技术,在当时条件下如何完成,令人难以想象。如在不到一厘米的地纹内,刻五六道细线;又如地纹、主题纹、辅助纹样三层纹饰的合理布局,十分娴熟的运用减地、浅浮雕、透雕方法,加工出各种精美绝伦的艺术杰作;加工大件玉器也有惊人之举,有的长筒形玉琮高达三四十厘米,宽扁型玉琮重达 6.5 公斤,这都说明良渚制玉工艺有着空前的发展和突破。

大虞国支柱产业是农业、丝织业、渔业和盐业。贵族集团以神的名义发布历法,建立了最早的戍边制度和屯垦制度。良渚手工业异常发达,除玉器、丝织品外,陶器、漆器等也非常精美,这里出土的玉柄象牙梳媲美商代妇好墓玉梳,嵌玉漆杯较春秋战国毫不逊色。良渚原始商业贸易活跃,集市和商业码头均已出现。良渚都城余杭就是杭州市前身,杭州之"杭"就指古代方舟,近海码头更便于沿海贸易,海滨盐场也是重要的经济收入。

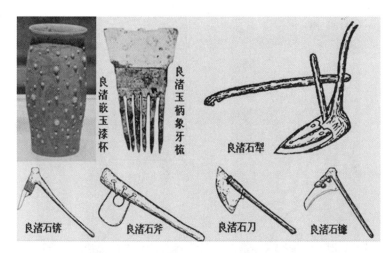

图三九　良渚文化生产工具及精美器物

大虞国盛期,势力远达苏北及山东边界。

在距今 4200—5300 年前,中国最富饶和最文明的地方不在中原黄河流域,而在长江下游,大虞古国具有超大的都城,高度发达的农业、手工业、商业贸易,军力强大、装备精良,社会分工明确,阶层分化严重,巫神权力至上并加持王权,奴隶殉葬出现,王位由家族内部继承,具备初步意义上的国家。

重氏家族在太湖的统治,历时千年,这其中可能发生过多次家族内部的争斗以及政权的更迭,特别是在重黎和吴回这两个同根而生的新、老祝融家族之间的更迭,甚至哥哥重黎的后代,一度从弟弟吴回的后代那里夺取了政权。

在中原地区,帝喾后,尧继位,长子挚放逐西方故少昊氏之地。而在良渚内部,重黎吴回祝融家族争斗纷起,政权时时更迭,有虞氏舜在家族继承中屡受打击。帝舜有虞氏家族属良渚贵族重黎一脉。苏州古称"姑苏"或"姑胥",明显是由舜父名瞽叟演变而来。舜弟"象"继父职位,为逃避迫害,舜率有虞氏一支向北方逃亡。有虞氏祖传高超的制陶技术,其部落臣属中原部落后舜曾担任陶正负责制陶,再任虞官管理山林,逐步进入帝尧集团权力核心,并被招为尧的女婿。

晚期的良渚,其政治中心转移至太湖北部的常州。这个时代的良渚玉琮,尺寸越做越大,节数越来越多,最多时竟然达到二十余节。大玉琮上的刻绘亦简化为神的眼睛,层层重叠,神性越来越大。

图四〇　良渚文化墓葬玉器出土状况及大琮

图四〇①为江苏武进寺墩三号墓玉器出土情况,玉琮环绕着墓主人,数量多达四十余只。图四〇②为中国历史博物馆藏大玉琮,高 49.2 厘米。图四〇③安徽省肥东县张集乡刘岗村出土大玉琮,15 节,高 41 厘米,这是目前超过40 厘米的大玉琮中,唯一有明确出土记录的一只。图四〇④是大英博物馆藏的一只大玉琮,高 49.5 厘米。

良渚大虞时代正值中原帝喾、帝尧、帝舜期间。如果夏王朝诞生于 4000年前,那么良渚古国却在夏之前,只是被中原部族联盟所灭。

6. 大虞国家王朝时代

笔者之所以认为大虞良渚已达到国家王朝时代,是基于生产力水平,经济关系状况及阶层、等级、制度,以及考古、传承各个方面比对而得出的结论。在大虞良渚文化遗址中,玉器有钺、璧、琮、璜、玦、璋、圭、镯、环、冠、柱、带钩、管,以及龙、虎、鹿、蚕、鸟、鱼、蛙、龟等。除了一部分生产工具外,已有严格的祭祀、礼仪、王权用的玉器。在拥有大批玉殓器的王陵中,钺、琮、璧的同出,正是军权、神权、政权三权合一的写实。玉钺有 80 厘米的木柄,柄上镶有大量玉粒组成的图案,柄前端末端均有玉饰(玉镦、玉镈),钺上有徽铭,置于手边,示为生前权杖,曰为容斧,斧者王也。

更令人感叹至极的是大批琮、璧、钺、冠、杖等玉器上,几乎都有质构、布局、形式、花纹、表现手法、雕刻技巧大同小异或完全相同的微雕族铭、族徽，分作豨纹、凤纹、豨凤纹、龙纹、虎纹、蛙纹等，以豨纹、凤纹、豨凤纹为主，这应是历史上著名的封氏、阳鸟（凤）氏、防风氏和凿齿氏等古氏族文化遗存。而这些族国铭徽、线纹细如发丝，最细的仅有 0.07 毫米，在指甲盖这么大的徽铭上用刻纹和浅浮雕两种方法雕刻出如此复杂，而又大体相同形象，又是何等高超绝伦的艺术水平，又需要多少人力才能够完成。

可以肯定，生产如此大量技术精湛的高度社会化、标志化、规格化的玉器，从玉材的选择、储运、研制使用，没有专业化的琢玉劳动储备、严密的社会分工、集中指挥、分层管理、秩序化体系是不可能的，这说明玉器不仅是良渚时代的文明标志，而且已经有了政教合一的国家政权、军权和宗教中心，大虞古国跃然存在。

仅从良渚玉器来看有以下几点值得仔细研究：

一是玉钺、玉斧、玉杖、玉冠、玉玺，为代表至高无上的地位和权力，象征军权和王权。

二是以琮、璧、璜、璋、环等，为祭祀天地人神器、重器，有严格的等级和使用规格，尤其玉琮象征神权。

三是以玉佩及执玉为社会等级象征。

四是以玉为财富象征，以玉制生产工具、兵器、祭器、礼器、佩器等为社会物质文化主体。

这时的良渚古国有高大围墙的宫殿、水坝，农业进入犁耕时代，家畜饲养相当繁荣，手工业水平达到前所未有的阶段，形成高端手工业，社会形态上私有制早已产生，社会阶级分化严重，宗教、祭祀和军权、王权融合一体，形成高度一致的宗教信仰和管控体系。

与同时期的红山文化、石家河文化、凌家滩文化及大汶口文化均有不可比性，或者同时期只有良渚古国才达到国家王朝阶段。

只是到了龙山文化时代，各方面的文明通过彼此交流，在大约 4200 年前后向中原交汇，融为一体，出现中原龙山文化文明一枝独秀，夏商文化崛起，中原黄河文明中心形成。

我们循着古玉器的发展史，从黄帝至禹 1500 多年的上古史，基本上是东夷史，也就是说中国史前文明的摇篮在东方。这段东夷史由两个部分构成,一部分是位于黄河下游地区的东夷史,一部分是位于浙江省至江苏一带的东南夷史。东南夷,实为东夷重氏祝融一族在南方长江下游地区的分支,它们虽然偏居江南,但却是山东重氏家族的正统,从这里衍生出强大的有虞氏,以及后来吴回的后代,包括南方楚人的祖先在内的"祝融八姓"。

七、中原二头盟主

1.进入龙山文化时代

大约在距今4500年左右,良渚文明之光已经接近于熄灭,而山东半岛进入了以黑陶文化为特征的龙山文化时代。山东龙山文化在华夏文明史上占据着极为重要的位置。1931年最早发现于章丘城子崖,分布于山东、江苏和河北沿海及辽东半岛一带,年代距今约4500—4000年。

黄河中游的龙山文化,包括河南龙山文化、陕西龙山文化和山西陶寺类型龙山文化,均有玉器发现,这几支文化与山东龙山文化不属于同一文化系统,但处于大致相同的发展阶段。

华夏文明从山东起步,但却发源于苏、浙地区的良渚文明,而这一切似乎都与有虞氏的北上有关。

图四一　山东龙山文化的蛋壳黑陶

　　不仅山东,龙山文化在黄河流域也遍地开花。中原地区的龙山文化专指黄河中游两岸冀、豫、晋、陕四省境内的龙山文化。据古史传说,黄炎二帝所代表的部落在此区域活动,华夏各族初期在此繁衍生息。由于经济生活不同和地域区别,物质文化面貌有所差别,形成了不同的文化类型。其中有豫东和皖北的王油坊类型,豫中地区的王湾类型,冀南和豫北的后岗类型,豫西和晋陕交界的三里桥类型,晋南的陶寺类型和关中的客省庄类型。这些不同类型的文化,时间也有些许差异,但大致处在同一时代,在社会性质和经济生活上也大致处在同等程度上。

　　中原龙山文化的埋葬习俗,一般在居址附近很少发现,人们把死者葬在离村落较远的专门墓地,这一点不同于良渚文化,多数有墓坑,少数大中型有木质葬具(棺、椁),墓与墓之间排列整齐,葬式以仰身直肢为主,头向南或东南。

　　晋南陶寺墓地一处 700 多座墓葬中大型墓 9 座,中型墓 80 多座,小型墓 600 多座。大型墓墓穴较大,呈方形,长 3 米宽 2 米左右,墓主均为男性,使用木棺,棺内铺垫朱砂。随葬品多达 1000—2000 件,有彩绘蟠龙陶盘,彩绘木案、几、盘、俎、豆、成套彩绘陶器,玉、石钺、瑗,成组的石斧、锛、磬、镞、刀、整猪骨架等。中型墓稍小,分布大型墓附近,亦多为男性。大墓两侧为女性,多有木葬具,随葬品不及大墓丰富。小型墓墓坑很小,多数无木质葬具,有的仅用帘箔卷尸,大都无随葬品。这说明两点,一是社会已进入父系社会,二是内部贫富差别很大,社会分化严重。①

　　汤阴白营遗址的房基下填土中,房基墙内、外都发现小孩瓮棺,安阳后岗遗址 15 座房基下也有儿童埋葬,有的甚至有 4 个儿童,这极不正常,应是奠基人祭。在客省庄 6 个灰坑之中有凌乱人骨架,《沣西发掘报告》载 H96 有三具,1 号人骨散乱,2 号人骨缺失,3 号人骨呈大字形。② 邯郸涧沟一个 1.8 米深坑在一层红烧土下有十具人架,无次序叠压,有的头骨上有被砍的痕迹,在另一个圆坑中有男女老幼五具人架,或身首异处,或挣扎无状,甚至有的被剥皮③。这些人祭或者是奴隶,或者是外族俘虏,这也说明龙山文化时期应处于

　　① 《山西襄汾陶寺遗址发掘简报》,《考古》1980 年第 1 期;《1978—1983 年山西襄汾陶寺遗址发掘简报》,《考古》1983 年第 1 期。
　　② 中国科学院考古研究所:《沣西发掘报告》,文物出版社 1962 年版。
　　③ 北京大学:《1957 年邯郸发掘报告》,《考古》1959 年第 4 期。

奴隶制社会时期。

龙山文化区域是我国北方旱作农业起源中心。进入龙山文化时期，农业更为发达，农业生产工具更为先进，石铲、蚌锄、骨锄、三角形犁、斧、锛、刀、铲及石镰、蚌镰等大量应用，提高了土地开垦能力，扩大了种植面积，粮食收获大幅度提高。在陕西华县梓里遗址不到 300 平方米的发掘范围内，发现储藏粮食的窖穴 16 个，而河南小潘沟遗址达 10 个。农业的发达，不仅满足人们需要，还推动了家畜饲养的兴旺。从出土家畜遗骸来看，有猪、狗、牛、羊等，以猪数量最多。在洛阳小潘沟和矬李遗址中出土不少斝、鬶、爵、杯等酒器，这也反映了农业发展的水平，因为只有粮食充裕时才有可能用余粮酿酒。与此同时，制玉、制骨、制石、制陶业也都相当发达。

地球科学和环境考古研究表明，距今 4200—4000 年，中华大地进入温暖期，气温上升，黄淮地区的济、汶、泗、淮"四渎"之水经常性泛滥，这使得北方王朝饱受洪水之累。传说帝尧在位之时，洪水肆虐长达 60 余年之久，尧王朝因此已虚弱不堪。就是在这个时候，在太湖良渚集团内部权力之争中落败的南方部落首领之一有虞氏重华前来投奔，参与中原部落联盟。

传说帝舜生于浙江省余姚市姚墟，又有说帝舜生于山东之诸城之诸冯，千百年来，未有定论。盖有虞氏帝舜乃是一族，而非一人，帝舜的遗迹在江南、华北和山西均有出现，这证明了帝舜一族自南向北又向西迁徙的过程，这个过程长达数百年之久，故历史上最少曾有过十几位甚至是几十位的"帝舜"。传说中帝舜从少年到青年时代屡次遭到其弟象的谋害，这说明了帝舜一族自南向北迁的原因，乃是一再受到家族内部的排挤。在帝舜的事迹中，有生于诸冯，迁于负夏，渔于雷泽，陶于河滨，耕于历山等种种传闻，而舜的后代名"虞阏"者周时为陶正，负责周王室制陶工作，可见有虞氏有着祖传高超的制陶技术。那么这些黑陶很有可能与有虞氏北迁有关，有虞氏在北朝的地位最初并不高，传说帝舜最初曾做过帝尧时代的陶正，或者是管理山林的虞官。龙山文化黑陶多为贵族专用陶器，且用作礼器，故有虞氏可能是在北方以为王家制陶而起家，他们慢慢地进入了帝尧集团的权力核心。

2. 良渚逃亡之路

良渚由于有虞氏的出走日渐衰微，开始走向没落。

　　江苏新沂花厅遗址出土了大量的良渚玉器，从而出现了良渚文化与大汶口文化交叉共存的现象，考古学者们称之为罕见的"文化两合"。

　　江苏北部新沂县花厅墓葬中近年引人注目地发现了大型锥形器，以及精美的玉瑗、玉环、珠、管组成的玉串饰和刻有神人兽面纹的玉琮，这批玉器与太湖流域良渚文化玉器特征大致相同，反映了南北文化的交流和融合。新沂花厅是已知发现有良渚文化因素最北的遗址，又是和大汶口文化的连接点，因此，这里的发现更显得重要。与此相联系的是，中国历史博物馆藏有一件长方形玉琮，19 节，高达 49.2 厘米，可称琮王。其型制与良渚玉琮几无区别，唯在玉琮一端射部刻有"⚓"，与大汶口文化晚期莒县凌阳河陶文相似，因此这件玉琮归属，具有大汶口和良渚文化两重性。大汶口文化玉器玉材可能来自山东当地，山东泰山、邹县和莱阳都产玉，就地取材比较容易做到。[①]

　　新沂市的北面与山东省郯城县为邻，东为江苏东海县，西为江苏邳州市。这个地方之所以引人注目，是因为传说中大禹的父亲或者是祖先死于这附近的东海羽山。在这里，帝尧命令祝融杀死大禹的父亲或祖先崇伯鲧，而罪名是治水不力。传说崇伯鲧最终死于祝融氏的"吴刀"，可能是崇伯鲧随之进入祝融氏势力范围，而此时的大虞良渚已不敢开罪于尧王朝，但无疑死于吴人之手，账肯定记到大虞良渚名下。

　　强大的大虞祝融先后为自己制造了两个死敌，最终成了掘墓之人：第一是被迫出走北方的有虞氏，第二便是崇伯鲧的后代夏后氏。两族都是帝颛顼后裔，与太湖祝融氏最少也是同宗同源。

　　有虞氏舜进入帝尧核心后，开始建言攻伐良渚，特别是帝尧准备选择舜接替大位受到"三苗"的反对，更坚定了有虞氏灭亡良渚之心。而同时夏后氏更与良渚有"刻骨"（一说杀父）之仇。

　　有虞氏后来与夏后氏结为同盟，他们先是为帝尧治水、从而获得了极大的信任权力，然后又南下攻击长江中下游一线以及太湖地区的"三苗"人。

　　如《山海经》所记载，三苗人并不是南方炎帝族人，他们其实是早已定居于南方的黄帝子孙。传说帝舜和帝禹最后均死于南方，一个死在苍梧之野，一

---

① 《1989 年江苏新沂花厅遗址的发掘》，《文物》1990 年第 2 期。

个死在会稽山,传说二人都是在"南巡"的途中染病而亡,但真实的原因很有可能是死于同三苗人作战。而"三苗"之强大,亦可想而知。

三苗到底是一些什么人?南方之强大者,莫过于在良渚的祝融家族,只不过他们最后受到北方王朝的讨伐,就不能也不会被冠以南方之神祝融的名义,而只能像当初的蚩尤一样,被称之为蛮夷。作为战胜方,中原王朝当然成为正统。

良渚终在中原王朝的挤压下逃亡。广东韶关马坝石峡遗址、广东省封开县甚至远至南方沿海的汕尾市也有正宗良渚玉琮出土,而在江西鄱阳湖流域也出土了来自良渚的玉琮,这就为良渚人或者三苗人的逃亡,用玉石划出了明确的路线。而这个路线,准确地与传说中的三苗人最后逃亡路线相吻合。

封开县素有"两广门户"之称,在封开县西北境,就是广西苍梧县和梧州市,这证明帝舜南征三苗,并非死于湖南永州市的九嶷山或者苍梧山,而是死于广西的苍梧之野。良渚玉琮在南海出现,也印证了一部分三苗人最后逃入南海以捕鱼为生的记载。传说三苗人曾占据着从鄱阳湖至洞庭湖之间的广大地方,这说明了良渚人在退出太湖地区之后,曾在长江流域一带停留,他们一度或者随时准备复国,但最终还是不能抵挡夏后氏所带领的水军攻击,从来说北方人不习水战,可偏偏夏后氏所率领的部队,是一支治水长达十余年的专业水军。在石峡文化地区,现在仍居住着大量的苗族和瑶族,而一些地方的苗族古歌,到现在仍在传唱着他们的祖先本来定居在太湖。

我们发现在良渚古国灭亡以后,玉琮文化在长江中下游地区、泛珠江流域以及南方沿海地区的传播,不久之后便迅速走向消亡,但只有位于中国西南部的四川盆地是一个例外,成都金沙遗址出土一只玉琮已被考古专家们确定为来自良渚的玉琮,它的年代竟然比这个遗址本身还要早 1000 多年。

3. 三星堆和金沙文化

金沙遗址位于四川成都市城西苏坡乡金沙村,面积超过 5 平方千米,该文化所处年代约为公元前 1250—前 650 年,在公元前 1000 年时较为繁荣。金沙遗址出土的玉器种类繁多,且十分精美,其中最大的一件就是高 22 厘米的十节玉琮,颜色呈翡翠绿,雕工极其精细,表面有细若发丝的微刻花纹和人形图案,造型风格与良渚文化完全一致。经专家鉴定,此玉琮肯定来自良渚,其历史比金沙遗址本身早1000余年。

大虞良渚在公元前2150年已经灭国,而金沙文化在1000年后,那么,这件玉琮如何从良渚来到此处呢? 也就是说这件玉琮在金沙遗址之前又首先在何处呢? 答案是距金沙50公里的四川省又一处史前文化遗址——三星堆。

三星堆文化被认为受良渚文化的影响,已成定论,更有实物为证,但影响路径颇有争议,学界认为良渚位于宁绍平原,多山脉阻挡,向西发展非常困难,在当时自然交通条件下,自身影响范围不足以直接辐射长江上游。但如果是被迫或者逃亡呢?

玉琮文化是良渚的标志性器物,而我们却惊奇地发现,玉琮文化在四川的传播,几乎是连续而不间断的。自金沙遗址出土的玉琮,从良渚"原装"的玉琮到夏代玉琮、商代玉琮以及周代的玉琮,品种齐全,应有尽有。

图四二　三星堆和金沙出土的玉琮

图四二①出土于成都金沙遗址,这只玉琮被考古专家们确定来自良渚,它的年代比这个遗址本身还要早1000多年。图四二②—⑥均出土于金沙遗址,但是这些玉琮却是用四川本地的玉料制作的。图四二⑦出土于三星堆遗址,这只玉琮带着明显的西部风格。

我们发现在良渚古国灭亡以后，玉琮文化在长江中下游地区、泛珠江流域以及南方沿海地区的传播，不久之后便迅速走向消亡，但只有位于中国西南部的四川盆地是一个例外，原因大概由于这本是一个富有的、藏在高山峻岭之中的不易为外部入侵的盆地。

古蜀人亦自称是黄帝的子孙，帝颛顼一族最早起源于四川，周人的祖先后稷死后亦埋葬于成都平原，且更有大禹出生于汶山北川县的传说。从而宝墩文化时期一直到三星堆文化一期，四川盆地考古发掘并未发现有特别的玉器出土，更遑论金器和青铜器了。

图四二①的这只良渚玉琮，它的出现最少有三种可能性：

第一，良渚贵族逃亡时带到古蜀国，原在三星堆，后至金沙。

第二，周人祖先在战乱迁徙中夹带至此。如此，则周人祖先亦应来自良渚。

第三，帝尧或者帝舜下令"放驩兜于崇山"，把鲧家族的一支驩兜族，流放到湘西北张家界的大山之中。《山海经》明确记载"驩兜"一族出于崇伯鲧，并且炎融（犬戎）以及苗民的一部分亦出自崇伯鲧。驩兜族最后的去向极有可能与史前巴蜀文明有关，传说史前巴蜀地区的开拓者是"丛帝"或称"蚕丛"，即有崇氏，四川盆地古称蜀州，又称崇州，故崇即是蜀也。也就是先夏文化的一支创造了三星堆文化。

中国古代"三苗"人的族源十分复杂，有学者说"苗人"就是指南方种水稻民族的总称。良渚人的扩张，其势力由浙北波及江苏全境以及安徽、湖南和湖北，那么水稻的种植技术，随之也向上述地方扩散，故所谓苗人，即南方之人也。在北方统治者看来，良渚人是苗，他们是黄帝族，颛顼之后，祝融氏；鲧也是苗，黄帝族，颛顼之后，有崇氏。及至帝舜之时，舜的祖先有虞氏本来无疑也出身于苗，帝尧的儿子丹朱在舜的打压之下逃往南方，竟然受到了一部分苗民的拥戴，于是堂堂的北方王族从此也沦落为苗，而北上的有虞氏一旦吃上了黄河的小米，从此就不再是苗了。据说最后一代的帝尧逃往河北省北部，从此末代的尧和他的追随者们，又变成为北方的"狄"。

综观已经出土的三星堆文物，不外乎四类：

第一类是很明显受到良渚文化影响的器物，比如玉琮、玉璧、玉璜、玉环等玉器，说明良渚文化与三星堆文化有很深的渊源和影响。

　　第二类是大量明显受中原文化影响的玉器、青铜器。型制接近中原的青铜尊，具有中原文化特点的凤尾和饕餮纹，中原祭祀常见的玉璋、玉圭、玉戈，用于烧煮食物的三脚陶盉，以及丝绸制品残留物等器物，都具有全部或部分中原文化元素。

　　而且，三星堆遗址和吴城遗址的青铜器使用的是同一来源的金属原料。

　　玉器是祭祀用品，祭祀活动反映部族的信仰和精神世界，从而揭示他们所认识的人与天地、神明、祖先的关系，而这些观念的趋同既说明受影响的源流和程度，也反映出华夏文明已经开始形成向心力了。

　　玉璋是三星堆发现最多的玉器。玉璋是山东海隅类玉器，夏代盛行，是中原王朝具有国家象征意义的重要礼器，也是社会等级与权力的代表。《周礼》中曾载璋为六瑞之一，但什么样的器物是璋，学术界屡有分歧，称呼也很混乱。有牙璋、刀形端刃器、耜形端刃器、骨铲形玉器等多种说法，目前，学者们多称这类器物为璋。关于璋的用途，也有祭天、拜日、祈年、兵符等多种观点。而三星堆二号坑出土的一件玉璋上刻画一个图案，是在两个山峰的外侧各插有一件璋，璋的刃口向上，柄部向下，说明玉璋在当时祭祀活动中是祭祀山川的礼器。二号坑还出土了一件双手执握玉璋作祭拜状的小铜人像，则为我们生动地显示古蜀祭祀活动中玉璋的使用方法。璧与璋是三星堆文化祭仪中最重要的礼器，"天山之祭"，是古蜀人通灵、通神、通天的主要方式。

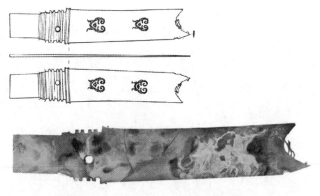

图四三　三星堆文化出土玉璋及图案

中国考古学会理事长王巍认为，三星堆新出土由玉琮、玉璧、玉戈和牙璋演变成的仪仗用具和青铜尊、青铜罍、铜铃等,都是中原地区的风格。这些风格的遗物,基本上是在夏王朝后期都城二里头遗址形成,有相当一部分被商王朝所继承。这意味着三星堆先民接受了夏商王朝的强烈影响,也清楚表明,以三星堆为代表的古蜀文明和中原夏商王朝有非常密切的关系。

第三类是很多非本地产的象牙海贝。而早在公元前 2000 年前就有一条从四川—云南—缅甸—印度—阿富汗—欧洲的繁忙古商道,这说明三星堆广汉古蜀国是一个贸易非常发达的大城邦。贸易发达而促使的各类物资交流必然引发文化、思想、艺术、人文、风俗、习惯及科学技术的交流,从而呈现出这种多元文化特点不足为奇。

三星堆文物包含诸多外来文化因素,如以铜牌饰、铜铃、陶盉、玉璋及玉戈等为代表的器物所体现的夏文化因素;以青铜尊、罍为代表的器物所体现的商文化因素;以玉琮、玉锥形器为代表的器物所体现的良渚文化因素;等等,这不仅为典籍中关于夏与蜀有共同先世的记载提供了佐证,亦深刻揭示了其与中原商文化、长江中下游良渚等文化相互渗透融合之史实。三星堆先民在接纳来自中原和其他地区文明成果的同时,亦将自身的精神信仰、生活传统和审美趣味与之相结合,从而创造性地发展出了独具特色的古蜀青铜文明。三星堆是本土文明接纳外来文明尔后融汇创新的成功范例。

第四类是独特器物。主要是青铜人像、青铜神树、黄金面具和黄金杖。

图四四　四川广汉三星堆博物馆青铜纵目面具

图四五　三星堆青铜神树

三星堆遗址出土玉器中最多、祭仪中最重要的礼器是玉璋、玉璧,璧以礼天,璋以祭山;而金沙遗址出土玉器中最重要、最多的则是玉琮。

从2001年金沙遗址被发现至今,金沙遗址已经发掘出各类珍贵文物数千件,其中最具典型意义和代表性的是"四鸟绕日金饰",即"太阳神鸟"。这件圆环形金箔外径12.5厘米,内径5.29厘米,厚度仅0.02厘米,重量有20克。它的外廓呈圆形,图案分内外两层,内层为12条弧形齿状芒饰,外层由4只首尾相接的飞鸟构成。"太阳神鸟"金饰图案已经被国家文物局用作"中国文化遗产标志",并被"神舟六号"载入太空。

4. 齐家文化的渊源

齐家文化遗址因1924年在甘肃广河齐家坪首先发现而得名。其年代距今约4000—3900年左右,齐家文化遗址分布在甘肃、青海省境内的黄河及其支流沿岸阶地上。这些玉器出现在一个非常敏感的历史时期,因为其年代正好处在新石器晚期与青铜时代的交叉点上,这是通常人们所说的夏代的初期,

图四六　金沙遗址出土玉器"太阳神鸟"

那么又是什么人创造了齐家文化呢?

我们看到这些玉琮与金沙遗址和三星堆遗址出土的玉琮有某些相似之处,是古代蜀地的玉琮北传甘肃,还是齐家文化玉琮南传至成都平原? 可以肯定的是在甘肃、青海地区并没有发现向北"嫡传"的良渚玉琮,而只是一些"再传"的玉琮,在四川的成都平原和延安的芦山峁都有出土。

据《尚书》记载,除了"放驩兜于崇山"之外,虞舜时期还搞了一个"窜三苗于三危"计划。传说帝尧晚年欲"禅让"其位于帝舜,却遭到了三苗之君的强烈反对,要知道有虞氏帝舜本来就是被南方瞽叟(姑苏)集团排挤出局的人,好不容易有了翻身机会,却再一次遭到三苗人阻挠,这也许埋下了良渚灭亡的种子。太湖的"苗人"被击溃以后,大量被俘的良渚人被迁徙到了西方"三危"之地,其余三苗则退入鄱阳湖和洞庭湖,最后又陆续退入南岭。良渚玉琮在南海出现,也印证了一部分三苗人最后逃入南海以捕鱼为生的记载。

《史记》载:"舜归而言于帝(尧),请流共工于幽陵,以变北狄;放驩兜于崇山,以变南蛮;迁三苗于三危,以变西戎;殛鲧于羽山,以变东夷;四罪而天下咸服。""三苗"战败后大量被俘的良渚人被迁徙到了西方"三危"之地。"三危"传说在甘肃、宁夏或者青海。这也是齐家文化出土玉琮的原因,也反过来证实所谓三苗人其实大部分就是良渚人或者太湖人。他们中有很多人被虞舜集团流放到了西部边陲三危之地,除此之外,我们根本无法解释玉琮文化在中国东南部消失之后不久,又突然出现在中国西北部。

　　毫无疑问,齐家文化最早的源头在良渚。齐家文化在中国西部出现应与"迁三苗于三危"这一事件相关,只是这些"三苗"人可能是良渚的平民阶层,而不是贵族。良渚贵族本是来自北方的征服者和统治者,与良渚大多数平民族源不同。良渚文化传统的琮、璧、璜一类的玉器,在齐家文化玉器中得到了充分的体现,但良渚神像式图腾却不见了。因为作为罪人流放的"三苗"人不能、不愿,也不被允许使用从前统治者所专用的家族标志。

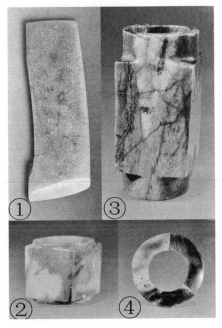

图四七　从齐家文化出土玉器可以看到良渚文化的影子

　　图四七①齐家文化玉锛,长 11 厘米,宽 3.8 厘米,玉料呈青色,单面刃,刃比器身宽,器形不甚规整。图四七②齐家文化玉琮,此件仍保留着良渚文化外方内圆的形体,分高矮两种,但人面兽面纹饰均不复存在,浙江省博物馆藏。图四七③齐家文化玉琮,高 18 厘米,射径 6 厘米,陕西省博物馆藏。图四七④齐家文化三璜共体式瑗,外径 21 厘米,甘肃齐家文化遗址出土。

　　齐家文化琮、璧、璜等礼仪用玉较为发达,生产工具中的斧、锛、凿、铲,采用硬度较高的玉料制作。除了少数极品,齐家文化玉琮都是光素无纹的,这可以节省它的制作成本,也可能因为当时的三苗人到了西北以后不再强大和富裕。据了解有大约七成的齐家玉器是用和田玉,而大约三成齐家玉器是用甘肃当地玉料。

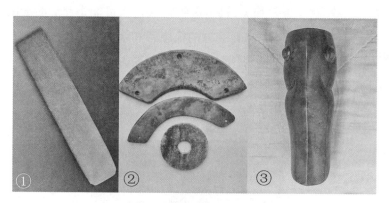

图四八　齐家文化出土玉器

图四八①齐家文化玉斧,长25.5厘米,宽5.3厘米,由青色玉料制成,质地较纯,光素无纹,琢磨平整光滑,两面刃,边棱硬直,1957年甘肃省武威市出土,甘肃省博物馆藏。图四八②齐家文化玉璧、玉璜。上面玉璜长28厘米,宽8厘米,两头和中间各穿一孔;中间玉璜长25厘米,宽5厘米,两头各穿一孔;下面玉璧径11厘米。从发掘报告看玉璧数量不多,有圆形、椭圆形、方形三种"孔径大小不等"。玉璜在齐家文化科学发掘记载也不多,穿孔从一面穿透而成,并呈进口大出口小的穿孔痕,大多数均光素无纹,沁色较浅,包浆很厚,宝光感强。图四八③齐家文化玉鱼,长15.8厘米,孔径4.8厘米,双眼突出,浑身朴素无纹,打磨光滑。

三危之民,这些原来的苗民以及后来的羌和戎,很有可能最早开发利用了从新疆至敦煌、玉门、兰州和西安的玉石之路,于是大量和田玉,沿着渭水上游进入关中,又从关中流入在晋南以及中原河洛地区,从夏代至商代,这些西部美玉又称作"秦玉",它们成为当时西方部落向中原统治者进贡的贡品。

八、夏 王 朝

1. 探源夏后氏

中国史前史最大的谜团,在于夏后氏究竟在何时何地兴起。考古学者们在今豫西、晋南一带传说中的夏人活动地区进行了长达30多年的考古发掘和调查，目前学者一致认为，中原地区确实存在夏文化遗存，这其中夏代之前以及夏后期的遗址遗物都很丰富，但是唯独能证明夏的遗址和玉器少之又少。传说夏代存续了400余年，从时间上说，良渚晚期与夏代已经很近，但良渚有着1100年连续发展的历史，且良渚偏安于江南一隅，故而良渚必然不是夏。西北齐家文化玉器继承的是良渚的血脉，且在时间上已经与夏代初年相合，然而强大到让中原各部族臣服、融合一起的夏王朝不可能偏居西北边陲而遥控指挥中原。

司马迁在《史记》中记载"昔三代之居，皆在河洛之间"，大家对河南偃师二里头夏代遗址毫无争议，但二里头文化明显属于夏后期都城。

中国的史学界对夏朝的起源疑窦丛生，由于没有文字证明，我们只能从遗址遗物中寻找蛛丝马迹。史前遗址显示夏代之前和夏朝后期都很完备，但夏朝早期遗留却不足以证明其身世和血脉。我们只有从夏代玉器中寻找"家传"。

二里头出土玉器主要有两类，一是玉礼仪兵器，如玉圭、玉璋、玉钺、玉戚、玉刀、玉戈、玉璇玑等；二是管、珠、镯形器、柄形饰等。① 这些玉器中既没有红山文化代表器玉猪龙、勾云形玉佩、马蹄形器，也没有南方玉文化的璜、璧类，只有两件玉琮残片，而且一件又改作他用，说明它肯定不是红山基因，而且不仅与良渚无关，并且对良渚相当抵触。

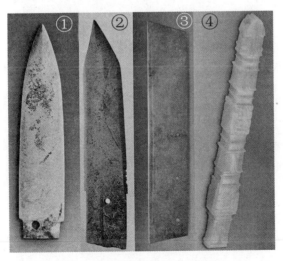

图四九　二里头文化出土兵礼器

---

① 中国社会科学考古研究院：《二里头（1999—2006）》，文物出版社2014年版，第28页。

图四九①夏二里头文化玉戈,长21.9厘米,呈鸡骨白,长援,援两侧双面刃,双刃向前聚成锋,内有一穿孔。图四九②二里头玉戈长43厘米,青白色,体扁长,援部两边有刃,尖锋,援内之间有阴刻纹,有扉牙列两边,内呈长方形,有一圆孔。图四九③二里头玉刻纹刀,体呈扁长梯形,刃长于背,有等距圆孔五个,两端各饰两组直斜交叉网络纹。图四九④二里头人面纹柄形器,长17.1厘米,乳白色,长条形,分粗、中、细不等节,以阴线和双钩线纹饰一"臣"字目,宽嘴人面纹。二里头文化曾发现多件柄形器,皆光素无纹,唯此件有十组纹饰,且非常精美。该饰纹是首次在殷商普遍使用的双勾纹和"臣"之目,现藏社科院考古研究所。

夏代玉器最显著的特点一是由兵器转化而来的大件礼仪玉器很多;二是这些玉刀、玉戚、玉璋、玉钺等玉兵和玉礼兵上都装饰有扉牙,并呈兽首状。玉兵加饰扉牙无疑添加制作成本和难度,但肯定非常必要。它体现王权至高无上而不是神的权威,强调满足王权带来的恐惧感而不是神权的神秘感,其承上启下作用显而易见。

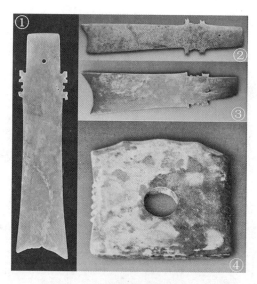

图五〇 二里头文化出土玉璋、玉钺

图五〇①二里头玉牙璋,长54厘米,宽14.4厘米,凹弧斜端刃,方首,首部有小圆穿,两侧出对称栏(扉牙)。图五〇②该玉牙璋,1974年出土,通长49.6厘米,宽5.9—9厘米,浅绿色,杂有白斑。凹弧斜端刃,方首,两侧出对称

扉牙，现藏于中国社会科学院考古研究所。图五〇③该玉璋通长54厘米，最高14.4厘米，1980年偃师二里头遗址出土，青灰色，整体似窄长铲，两侧外侈，近刃部长边穿一孔，嵌白色圆片，柄部有一圆穿，两侧有扉牙。中国社会科学院考古研究所藏。图五〇④二里头玉钺，长13厘米，呈扁平状，上方下略呈弧形，两侧有扉牙六对，中有一穿孔，全器朴素无纹饰。

夏代这些玉礼仪兵器的"祖型"大都来自山东半岛，这也说明山东龙山文化与夏代二里头玉器之间，还存在一个明显缺环——夏代早期玉器。

玉兵或者玉礼兵在二里头文化或者夏代中、晚期文化遗址中大量出现，证明自良渚古国灭亡之后，诸神统治中国的时代一去不复返了。在良渚晚期，玉琮的尺寸最大时高达半米，这种对神权的极度强调和依赖，反过来预示着神的统治即将走向崩溃。

在5000年前，人们普遍相信是北方的天神在扭转着天枢（即北斗星），掌握着日月星辰运转以及季节变换。但随着历法知识在民众中普及，神对历法的垄断作用日益消退，这预告着神统治中国的时代即将过去，而王权主宰中国的时代即将到来。"普天之下，莫非王土，率土之滨，莫非王臣"，此言出自《诗经》，但传说它是首次出自帝舜之口，这样的理念和形态，奠定了华夏民族国家体制的基础。

在良渚时代，巫神的首领一手执钺，一手执琮，在反山和瑶山的良渚贵族大墓中每一墓均只有一柄玉钺陪葬，而琮的数量几乎不限，这反映出神权在当时的良渚是至高无上的，而玉钺只是神的一种陪衬。值得注意的是在二里头遗址，到目前为止人们只找到两枚玉琮的残片，其中一枚，又显然是将玉琮解体而改作别的用途。这说明夏后氏一族并不喜欢玉琮，玉琮是祝融的法器，而祝融是夏后氏仇敌——祝融氏曾杀害了夏人祖先崇伯鲧，而传说夏朝灭亡时，祝融之神又放火烧毁了夏的都城。

大量的玉兵，显示了王的威严而不是神的威严。在夏代玉器中，最显著的特点是在玉钺、玉戚、玉刀、玉戈和玉璋上面都装饰着扉牙，这种装饰形式一直沿用到了商代和周代。直到今天，没有人能对这种扉牙的作用做出合理解释，扉牙明显增加了玉器制作难度，但它无疑又是必要的，尤其是在刀具和刑具上，这些狰狞扉牙增加了人们对它的恐惧感，而王权却似乎能从中得到极大满足。

2. 溯源山东龙山文化

山东龙山文化存续于距今 4500—4000 年之间,无论是从地域上讲还是从年代上讲,似乎只有山东龙山文化玉器才能向我们证明夏民族最初的形成以及她后来向西方的迁徙。

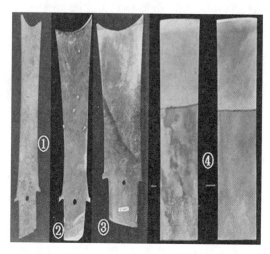

图五一　山东龙山文化出土玉(石)璋和玉圭

图五一①是一柄石牙璋,长 33.5 厘米,宽 4.5 厘米,厚 0.6 厘米,现藏于山东日照五莲县博物馆。图五一②是一柄玉牙璋,长 27.5 厘米,刃宽 7.2 厘米,厚 0.5 厘米,现藏于山东海阳市博物馆。图五一③的玉牙璋长 32.5 厘米,宽 7.6 厘米,现藏于山东临沂市博物馆。图五一④是山东日照市出土的兽面纹平首玉圭,长 17.8 厘米,宽 6.4 厘米,厚 0.8 厘米。它是二里头平首玉圭的祖型。

据说目前山东龙山文化存世的,并且有明确出土记录的牙璋仅此 3 件。牙璋流行于夏商周三代,其出土地遍及全中国。但是,只有这三件牙璋的年代最为古老,可谓是中国出土牙璋之祖。却一无例外地出土于山东省的东部,或者说出土于古东海(今黄海)之滨。对照二里头出土的牙璋我们可以发现龙山时代的牙璋并没有扉牙,这正是它们作为比夏代牙璋更加古老的标志,也证明了夏代玉器文明起源于山东半岛的南翼。大禹的祖先鲧就是死于这一地域,而他的后代则四散逃亡。一部分人向北逃到了与山东半岛隔海相望的大连(辽东半岛),一部分人向西南逃回了曾经的老家四川,更有一部分人一路向西逃到了陕西榆林神木的石峁。

300年后,全新的夏民族终于在陕北与内蒙古接壤的河套平原上崛起。于距今4000年前建立起黄河流域有史以来最为强大的方国,雄居黄土高原之巅号令天下。

3.海隅文化玉器

分析夏民族的起源,我们可以从夏典型器中看出这几样东西的渊源,之所以称山东龙山文化某些玉器为"海隅文化玉器",认定夏民族起源于山东之海隅,是因为包括长条形玉刀、玉牙璋和玉牙璧在内的玉器,它们最早都是从渔民日常所用之工具中进化出来的。

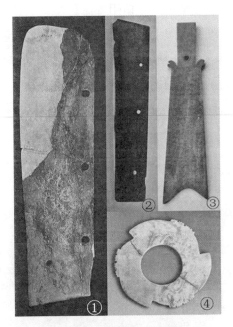

图五二　海隅文化标准器

图五二①龙山文化玉四孔刀,长48厘米,宽13厘米,1969年山东日照市出土,玉质青绿色,质地不纯,周身有褐浸,刀长方形双面刃,通体磨制光滑,单面穿四孔,近刀背处三孔,孔径1.8厘米,尾端中部一孔,山东博物馆藏。图五二②龙山文化玉三孔刀,长36.4厘米,宽8厘米,通体漆黑光洁,刀体狭长,两面刃,上面有三孔单面钻成,此刀玉质纯净,工艺古朴,从形制、做工看与陕西神木石峁所出墨玉刀几近相同。图五二③龙山文化玉璋,长21厘米,宽6.7

厘米，尚未有扉牙，这也是早期玉璋的特征。图五二④龙山文化玉璇玑，径8厘米，呈青灰色，体扁平，外像三个形状相同，向同一方向旋转的扉牙。1978年山东省藤县出土，山东省藤县博物馆藏。

长条形弧刃或者是直刃玉刀，是剖鱼工具，用它剖鱼或者去鱼鳞都很方便。

玉牙璧（玉璇玑）更是山东龙山文化玉器的代表作品，它们都起源于山东半岛，最后又都风行于夏、商、周三代。牙璧的这种特殊形状，曾被看作古代的天文仪器，或者是织机上的零件。玉牙璧其实是一只三刃刀片，这是渔民们在织渔网或者修补渔网时用来割断网绳的工具，此物有两到四个钩形刃，不为其他，只是为了轮番使用，以增加刀片使用寿命。

牙璋的锋刃在其端头弧线上，这是原始剖蚌刀造型，它端头弧刃可以用来切断蚌类的闭壳肌，从而打开紧闭的蚌壳。有专家认为，璋的原型器是河姆渡和马家浜文化出土的工具骨制锄，所以称作骨铲形玉器。实则不然，后来骨铲形玉器和石刀形玉器的命名者，日本京都大学名誉教授林巳奈夫先生又自我否定了这一学说。

夏代礼器很多，唯有玉刀、玉牙璋和玉牙璧始终保留着渔民文化特色，也就是山东海隅民族的特色。

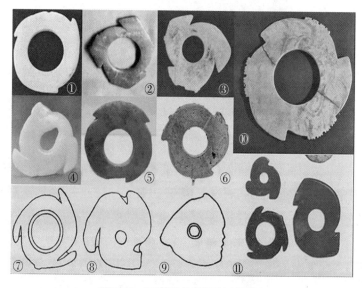

图五三　玉牙璧（玉璇玑）的渊源

图五三①出土于山东省海阳市司马台遗址,直径14.4厘米,孔径11.4厘米,厚1.05厘米。图五三②出土于山东临朐市西朱封村遗址,外径10.8厘米,内径6厘米。图五三③出土于山东日照市五莲县丹土遗址,外径22.5厘米,内径17.2厘米。图五三④出土于大连市长海县吴家村遗址,直径6.5厘米,厚0.5厘米。图五三⑤⑥⑦⑧⑨均出土于山东胶州市三里河遗址。图⑦和图⑪均出土于大连市甘井子区四平山遗址。图五三⑩出土于山东滕州市里庄遗址。

从图五三⑦和⑧中,我们不难看出所谓的玉牙璧其实是一只三刃刀片,这是渔民们在织渔网或者修补渔网时用来割断网绳的工具。

图五三⑪的三件玉牙璧,虽然均出土于大连四平山,但是东西却在日本。20世纪初日本人占领辽东半岛,为证明大和民族根在中国,为侵占中国寻找借口。1978年,中国考古工作者在大连市长海县吴家村遗址采集到一只岫岩玉做的牙璧(见图五三④),欣喜若狂,想不到还有劫后之余。直到长达67年以后,日本人才公布了当年在四平山遗址的考古报告,于是图五三⑪的三件牙璧,才得以重见天日。

辽宁大连辽东半岛与山东半岛隔海相望,而长海县其实是一个群岛,所以,这么多的牙璧在辽东半岛出土,更进一步证明了它们本来就是渔民用具。图⑩的这件牙璧,出土于山东内陆的滕州市,但是它早已不是渔民用品了,而是一件标准的礼器。它的钩和刃都不见了,但却"长"出了扉牙,这些扉牙原本不该这么细这么尖,因为最初的这些扉牙只不过是为了增加握持刀片的摩擦力而已。

辽东半岛出现了大量的龙山文化遗物,这包括著名的龙山黑陶和玉器。辽东的黑陶无疑来自山东,因为两地的海上交通十分方便。

对于玉牙璧的起源人们却一直争论不休,有的说起源于山东传至辽东,有的说起源于辽东再传至山东。其实这些都不重要,重要的是我们要认识到此物与渤海以及黄海的渔民有关。

帝尧和帝舜曾将大量的政敌流放,这其中的一件便是"流共工于幽州",古幽州之地包括河北省北部和辽东半岛,所以山东的玉器、陶器自然会流入辽东。

扉牙是夏代玉器的重要特征之一,这些扉牙在最初只是刻在牙璧上,然而到了夏代中晚期无论是戚、钺、刀、璧、戈以及牙璋上竟然都有了扉牙。

五莲县的五莲山是一座东夷时代的神山,日照市就在东南侧。五莲山的山名可能是一种讹传,它的真名应该叫作"五连山",也就五峰相连日出之山。在大汶口文化陶器以及良渚玉器上,我们常常可以见到神鸟负日出五峰的图案,这足以证明五连山在东夷先民心目中的地位。几乎所有在后来中原地区出现的玉器或礼器,我们都可以在五莲山或者日照地区发现祖型。这包括玉钺、玉牙璋、玉圭、玉刀、玉筒式镯、玉牙壁(玉璇玑)和龙山玉琮。

　　山东日照两城镇龙山文化遗址中曾经发现成坑的半成品玉材,说明玉料来源较为充裕,制玉领域进一步扩大,与生产工具有关或仿照实用的生产工具样式制作的玉斧、玉锛、玉铲、玉刀、玉凿等显著增多。两城镇所出玉兽面纹圭的主题花纹,以阴刻的旋转曲线,围绕目纹展开,勾画出一幅极为狰狞的面孔,这类纹饰无疑影响了其后商周时代青铜礼器的装饰纹样。

图五四　龙山文化玉鹰纹兽面纹圭

　　龙山文化玉鹰纹兽面纹圭,长 25.2 厘米,宽 6.2 厘米,玉黄褐色,圭角残缺,一面阴刻展翅立鹰,一面阴刻两组直线纹,下部对穿一空,孔内有台痕,此圭上兽面纹与山东日照两城镇玉圭及山东日照安尧王城龙山文化遗址出土陶片上的兽面纹风格近似,当为同时代物品。

　　图五五①是中国古代帝王专用的冕冠,我们可以从中看到笄在其中所起的固定作用。图五五②是仰韶文化玉笄,长 25.7 厘米,出土于陕西省武功县游凤新石器时代遗址,现藏于西北大学文博学院博物馆。很显然它是用来固定头发或冠状物,这种笄最早流行于黄河中部地区。图五五③④⑤是出土于山东省临

图五五　从古代帝王冕冠中可见笄的作用及山东龙山文化出土玉器

胸县西朱封村龙山文化大墓中的遗物,这包括一只玉刀和两只玉簪(笄)。

玉簪上三个侧视人像,与陕西石峁玉人头像相似,手法精炼,在如此细小的簪头上琢饰如此细小的三个人头,体现了当时玉工们高度精深的概括能力和精湛的技术水平。

图五六　龙山文化出土的玉笄

玉笄通长 23 厘米,由两部分组合而成。笄首长 9 厘米,宽 4.5 厘米,厚 0.4 厘米。玉质乳白色,局部有褐斑。正视呈扁平扇形,对称透雕纹饰,镂孔间有阴刻线纹,类似良渚文化冠状器。其顶部两侧卷翘的冠冕状,中部和下部居中分别以椭圆形、折角形、卷云形镂孔显示眉、目、鼻、口的形象,左右两端雕镂出翼状耳,并用四颗圆形绿松石饰件镶嵌在玉件两面的左右耳垂部位。玉件正反两面,在鼻下磨出长方形凹面,凹槽两侧各有一圆形小孔,当用于穿绳以捆缚固定嵌件。笄长 19.5 厘米。玉质呈墨绿色。通体有三组竹节状旋纹,断面略呈扁圆形,一端尖锐,另一端有深槽,用以嵌插笄首。两组不同质色玉琢饰的器物,形态各异,上组玉器嵌入下部呈竹节状锥头饰顶,浑如一体。此透雕笄首为中国新石器时代玉器所仅见,体现出极高的琢玉工艺水平。

玉簪的簪首是一片极为精美的兽面纹透雕,上部扇面形饰全器均用精确对称的镂雕琢制,玲珑剔透,纹饰繁复,它是黄河文明与东海文明的结合体。临朐县出土的玉笄是山东龙山文化玉器中的极品,甚至超出商周玉笄的精美程度。若非出自科学发掘,很难相信其为距今四五千年前的龙山文化,很可能断定为战国时代,也就是说达到战国时代水平的镂空技术,可见其玉雕水平之高。此物足可以证明龙山文化是中国古老文明的重要发祥地之一,也说明龙山时代山东地区的统治者来自中原,数百年后,他们又在这里创造了新的东夷文明。山东半岛特殊的地理位置,各种地方区域文明在这里汇合、成长以及升华。在龙山时代早期、中期、晚期和夏代早期,有虞氏、夏后氏先后带着全新的东方文明重返中原,从而奠定了中原华夏文明的基础。

4. 有虞氏踪迹

陕北出土的玉器中,最重要的是延安芦山峁的发现,种类有琮、钺、璧、镯和刀等多种。它们虽然是当地的征集品,缺乏地层学依据,但在附近曾调查到龙山文化的陶片。这里发现的玉琮(图五七①)分上下两节,并琢有兽面纹,具有浓郁的良渚文化玉琮风格,仍然保留着早期琮的形态。同时还发现了良渚文化特有一种被称为斜把破土器的石器工具。

图五七①玉琮高 4 厘米,外径 7.1 厘米,内径 6.4 厘米,翠绿色,四角琢成 3.1 厘米三角状,中间直线刻直纹,上下分饰兽面纹,具有良渚文化玉琮的特征,格外值得重视。图五七②玉琮高 4.4 厘米,外径 7 厘米,玉琮近孔白色,表面刻有直线纹,角部饰象征兽面的图形纹饰。此琮已裂成四块,裂处均钻两个

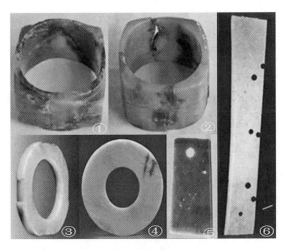

图五七　陕西延安芦山峁出土玉器

圆孔系结,反映了先民对玉的极端珍爱。图五七③玉琮形器,通径 6.2 厘米,浅绿色,全器对称琢有四处缺口,缺口壁上刻有长方形简化图案,有称之玉牙璧,此类始见于山东大汶口文化,常见于黄河中下游龙山文化,殷商周仍见遗制。图五七④玉璧通径 16.9 厘米,孔径 6.7 厘米,浅绿色间有黄白色条纹和斑点,制作规整。图五七⑤玉钺长 10.1 厘米,上宽 4.4 厘米,下宽 5 厘米,墨绿色,略呈长方形,下端刃部两面磨制,上端有一大孔,孔径 1.1 厘米,右下一小孔。图五七⑥长孔玉刀长 54.6 厘米,宽 10 厘米,玉质青灰色,长方形,双面磨制,刀背平直,此器制作时可能改工,器身中有四孔,背脊处三孔呈半圆形,造型规整,通体磨光,细腻温润。上述 6 件均出土于芦山峁遗址,现藏于延安市文物研究所。

　　龙山时代早期,陕西省延安市碾庄芦山峁遗址出土的玉器是年代最早的中原玉礼器。

　　在所有北方龙山时代玉琮中,唯有芦山峁遗址出土的玉琮仍然保留着良渚时代的兽面纹图案,带有明显的良渚文化因素,但是它们的刻绘方法却不同于真正的良渚文化玉琮,在神像的刻绘上略有差异。芦山峁遗址出土的玉琮,它的形制最接近于良渚玉琮。① 同时,亦有相当数量的玉器,与甘肃、青海的

————————————————

　　① 《延安市发现的古代玉器》,《文物》1984 年第 2 期。

齐家文化玉器有着共同的特征。

对比芦山峁和齐家文化,齐家文化玉琮上没有刻纹,更没有良渚神像,而在芦山峁玉琮上可以看到对良渚神像的继承,这才说明芦山峁人的族属是最早开拓中原玉器文明的有虞氏。有虞氏出身于良渚,正是有虞氏将玉琮文化从良渚带出了太湖,然后沿山东、河北、山西,一直传播到陕西的中北部。当有虞氏的祖先逐渐强大起来之后,他们又从陕西延安向东渡过黄河来到晋南,于是晋南成为有虞氏帝舜部的龙兴之地。

"五帝"之中的帝舜绝非一人一代,而是一个至少延续了数百年的方国,在有虞氏来到中原地区以前,中原之地的玉器一直乏善可陈,正是有虞氏的到来才带来了中原玉器的发展,而后为中原地区后来成为夏商周的政治中心打下基础。

龙山时代山西芮城清凉寺遗址也属于中原龙山文化早期的遗存。出土有玉琮、玉牙璧等。山西芮城位于豫西、晋南以及陕西东南部的结合之地,所以在这里出土的玉器亦带着明显的西部玉器特色。

图五八　山西芮城清凉寺遗址出土的玉琮、玉牙璧、玉璧

延安素有"三秦锁钥、五路襟喉"之誉,有虞氏镇守延安,一为帝尧集团守卫边疆,二为防止河套东部夏后氏南下,三为阻止和监视甘肃、宁夏"三苗"人东窜。

传说在有虞氏的极盛时期,其活动的中心在晋南,我们可以从这里看到有虞氏的文化特色。延安芦山峁遗址、山西襄汾陶寺遗址、山西芮城清凉寺遗址,均分布于黄河出吕梁至三门峡一线的两侧,它们相隔很近,均出土了龙山式玉琮还有玉牙璧,这就是有虞氏玉器文化的特征。

无论延安芦山峁玉器,还是齐家文化玉器中,甚至陶寺文化玉器中都没发现玉璋。这可能有以下三种情况：一是延安芦山峁文化、齐家文化甚至陶寺文化与夏民族早期在中国西北的活动无关。二是尽管有虞氏时代的玉器亦受到早期山东龙山文化的影响，但有虞氏可能从未到过山东东部的沿海地区。三是玉牙璋本身的出现较晚，它是在有虞氏的后期出现的，地点在山东半岛的东南翼，这不是有虞氏的活动范围。

山西和陕西的有虞氏，曾经和中晚期的帝尧平行发展，而帝尧的势力范围，在山东省的中部、西部，河南的东部以及河北，因为躲避洪水，尧王朝曾多次迁徙。尧部落甚至也曾迁到晋南地区，这就为尧舜的"禅让"或者有虞氏最终取代帝尧创造了条件。

5. 英雄时代

龙山时代陶寺遗址被称为中原龙山文化最大的城址，学者们公认它的年代早于河南二里头文化，也有人说这里是"夏墟"。山西襄汾陶寺类型遗址，分布在山西西南部汾水流域，相当于黄河中游龙山文化晚期，在陶寺遗址中型墓中出土了玉钺、玉斧、石钺多件，它们大部分钝刃，无使用痕迹，已非生产工具范畴，似用于军旅。可以设想，当时的军事首领用这些玉兵举行军事仪式，祈求征伐的胜利。这些玉兵是其权威的信物，后来逐渐演化成王权的象征。陶寺遗址还发现数件玉（石）琮，这些玉（石）琮大都素面或饰横槽数道，它们有的和玉（石）璧伴出，与江南沿海良渚文化玉琮型制有差异，用途也并非一致。可以说，它的琮发源于良渚，但已不是良渚制式，而更加接近于山东龙山文化的型制。从这里出土的玉牙璧和玉兽面佩饰来看，它们都带有山东龙山文化色彩。这里出土了中国现存最早的尖首圭，对后来商周玉文化产生了很大影响。

陶寺文化亦应是有虞氏文化遗存，只不过年代稍晚。在陶寺文化遗址中亦出现大量玉琮，但已不见良渚神像。因为此时有虞氏已经十分强大，已不甘于做一方诸侯，而是天下共主了。为了扩大地盘，有虞氏南下渭水进入关中，又东渡黄河进入山西，与北方夏后氏互通款曲。在步步紧逼下，为帝尧的"禅让"创造了条件。有虞氏在陕西南部和晋南的统治一直延续到夏代，虽然最后也禅让于夏后氏，却受到夏后氏优待。直到夏时太康失国，少康逃到有虞，有虞之君虞思将两个女儿嫁给少康，并帮助其复国。

考古发现陶寺遗址在公元前2300年左右，之后陶寺都邑经历了二三百年的辉煌。其所在的公元前三千纪后半段,即考古学上的龙山时代晚期,被称作中国历史上的"英雄时代"。这也正是陶寺古国"大出风头"的时代。其都城规模巨大,内涵富于"王气"而傲视群雄,使同时代的众多古国相形见绌。

这个时代,在黄河和长江流域,最显著的人文景观应当就是一座座拔地而起的城圈了。散布于黄河两岸的一座座土城,就是生活在这里的人们适应黄土和黄河的产物,是这一地区迈向文明时代处理人地关系和人际关系的杰作。直立性和吸湿性强的黄土,使得版筑成为可能。高大的夯土城墙和筑于高台上的宫室建筑等,昭示着社会的复杂化,成为中国历史上最早的文明纪念碑。这一颇具中国特色的土木工程建筑方法,在现在的黄河流域农村还时有所见。①

陶寺大城初建小城,只是一座长约1000米、宽580米、面积58万平方米的城,到公元前2100年前后,才扩建成长4800米、宽1500米、面积280万平方米的巨型城址。大城内发现一平面呈大半圆形特殊遗迹,复原显示该半圆形夯土有意留出四道缝隙分别是春分、夏至、秋分、冬至时太阳照射位置,大家一致认为这是观测天象和祭祀的场所。②《尚书·尧典》中关于尧"观象授时"的记载可见。

陶寺都邑城墙圈围起的面积达280万平方米,城墙周长约7千米。有人测算过,人走路的速度一般是每小时4—7千米,那么一队守城士兵快速绕陶寺城巡查一周,就需要一小时的时间。城墙宽一般在8米左右,高可阻人。绵延达7千米的城墙是多少人,怎么样夯筑起来的?城里又会容纳多少人?巨大的用工量显示的社会动员力,庞大的城区中生活的人口数,让人脑洞大开,浮想联翩。

陶寺遗址城址规模巨大,功能分区明显,社会分化严重,出土有象征等级身份的军事权力钺,城内统治者已拥有"王"权,疑为二头联盟执政之王城。

陶寺遗址是中原龙山文化中玉器出土最多的,出土玉器分为礼仪类、用具类和装饰品三类,礼仪类有钺、圭、琮、璧等,用具类有锛、镞、凿等,装饰品类有环、璜、镯、指环、项饰、管珠、兽面等。但多质朴无纹,特别是兵礼仪玉器只钺一种,戈、刀、戚阙如,而且同一种器物如琮、梳、瑗等往往石玉并用,不加选择。

---

① 中国社会科学考古研究所:《襄汾陶寺1978—1985年考古发掘报告》,文物出版社2015年版,第9页。

② 许宏:《何以中国》,生活·读书·新知三联书店2016年版,第1—6页。

值得介绍的陶寺基地 1423 号墓出土，现藏中国社会科学院考古研究所的玉璧（图五九中上 2），直径 12.5 厘米，孔径 6.2 厘米，厚度只有 0.3 厘米。玉质白褐相间杂有莹青色斑纹，局部半透明，器呈圆形，制作精细。在各地史前玉器中如此之薄的璧极为罕见。环形玉璧磨薄现象也是陶寺玉器的特色之一，这也说明玉器的开料和磨制技巧已达到较高水准。陶寺基地 22 号墓出土，现藏于中国社会科学院考古研究所的兽面形玉饰（图五九下左角），长 6.4 厘米，宽 3.4 厘米，厚 0.2 厘米。玉质白色，温润细腻，头上有三凸形冠，其下钩状"飞髦"，眼睛为镂空形，鼻翼突出于上颌以下，充满神秘色彩。所谓三凸形冠，实即羽冠，亦即鸟冠，可在湖北石家河文化、山东龙山文化的兽面形、人面形玉器中找到相似实例。陶寺出土的琮与常见的四角琮不同，它外周以四道坚槽分割成对称、距离不等的八角形，外圆弧面各饰三道线槽，磨制光洁。铲呈平面梯形，器身上端钻孔，下端两面稍加琢磨成纯刃。陶寺遗址出土玉器与神木石峁相比数量偏少，种类单一，但是中原龙山文化玉器中最有研究价值的。

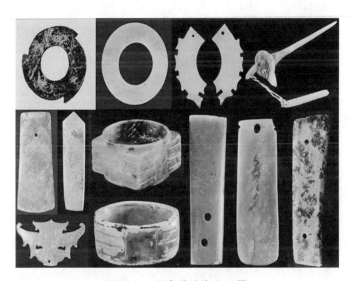

图五九　陶寺遗址出土玉器

6. 暴力革命

陶寺文化存在了大约 400 年，可分为早期（公元前 2300—前 2100 年）、中期（公元前 2100—前 2000 年）、晚期（公元前 2000—前 1900 年）三个阶段。

公元前 2000 年左右，陶寺都邑社会底层造反发生了"暴力革命"。

何以排除了外来族群的侵略,而推断这场"革命"是陶寺社会底层对上层的"暴力革命"呢?

宫殿区被普通手工业者所占据。一条废料大沟里堆积叠压 30 多个青年男性人头骨,头骨多被砍切,或只留面部或连着颈椎骨,40 多具散乱的人骨与兽骨混杂在一起。

图六〇　陶寺社会底层革命发掘证据之一

大沟的底部有一具三十多岁的女性颈部扭折,嘴大张呈惊恐状,两腿叉开,阴部竟被插入一根牛角。

图六一　陶寺社会底层革命发掘证据之二

墓室破坏后还有意识地散放 5 个人的头盖骨,这绝非盗墓行为,而是有意冒渎。

"扰坑"直捣贵族大墓甚或"王墓"墓坑中央棺室,扰坑内随意抛弃着人头骨、碎骨和玉器等随葬品。这与安阳殷墟西北冈王陵的遭遇颇为类似,而并不像后世的盗坑。两三座贵族墓扰坑中出土的石磬残片,居然能拼合为一件完整器,说明这些墓同时被掘又一并回填,毁墓行为属于"大兵团作战"。因此,有理由推测这里曾发生过大规模人为毁坏建筑的集体行为。掘墓者似乎只为报复而毁墓虐尸,并不全力搜求宝物,同时一些小墓里偶尔随葬有与死者身份并不相称的个把高级用品,让人联想到这可能就是"革命者"顺手牵羊的战利品。

考古学家认为,延绵数百年的"陶寺文化"是连续发展的,报复者与生前显赫的被报复者,应当属于同一群团。显然,这场来自群团内部的血雨腥风,摧毁了它的贵族秩序和精英文化。

陶寺"暴力革命"应当是迄今所知第一个底层造反的实例。

"革命"虽然削去了陶寺社会金字塔的塔尖,但这个社会仍延续了百年,只是这之后社会上层仓皇出逃,陶寺不可避免地走向衰落,虽然社会相对平等,但不可避免地退出历史舞台,中国历史上的"英雄时代"黯然谢幕,龙山文化时代的顶峰成为绝唱。

图六二　神木石峁城门、壁画及城墙镶嵌玉器

7. 早夏之都

神木石峁遗址位于陕西神木高家堡石峁村山峁上,这是一处面积超过 4 平方千米的超大型史前石城遗址。这个遗址的年代在距今 4300—4000 年之间,是龙山文化晚期至夏代初期的大型遗址。它位于黄河中段以及黄土高原的最北方,与内蒙古草原接壤。中国北方民谚常说"黄河百害,唯利一套"。讲的是黄河河套地区不仅良田万顷,并且没有水害,故石峁遗址出现于此地,绝非偶然。那么在陕西省榆林市神木石峁遗址我们发现了什么呢? 不仅有雄伟的石城,巍峨的城门,美轮美奂的宫殿和彩绘,还有大量玉器出土。

神木石峁遗址 1976 年调查发掘,遗址出土与征集玉器 127 件。据介绍,征集所得出土于"文化大革命"期间,当时有两大筐,件数不下四五百件,都是质料精美者,绝大多数好的被当作玉料,卖给了农副公司,幸存之器都是未被相中的下等料而已。

图六三　神木石峁出土玉器

神木石峁遗址共出土与征集玉器 127 件。礼器则有璧、圭、牙璋;仪仗类则有钺、戚、戈和多孔刀;装饰和艺术品类有璜、玉璇玑、人头像及蚕、蝗虫、螳螂、虎头等。据放射性碳素断代均在夏代纪年范围。值得一提的是出土牙璋最多达 28 件,制作精细,型制宏大,多数都在 30 厘米,最大者长 49 厘米,宽 7.8 厘米,厚 1 厘米。年代稍晚于山东龙山文化而早于河南二里头文化。圭 9

件,作方首或两角略成弧形,即"镇圭"和"腕圭"。最大者长 35 厘米,宽 7.5 厘米,厚仅 0.2 厘米。璜 10 件,扇面形,约圆的三分之一,两端各穿一孔,而且有的璜也长有扉牙。[①]

令人激动的是这些玉器我们都似曾相识:玉牙壁(即玉璇玑)和玉牙璋最早出现于山东半岛,但很明显石峁的玉牙璋其年代稍晚于山东海隅出现的牙璋,而又早于河南偃师二里头出土的牙璋。玉戈,人们一直以为在二里头出土的玉戈才是中国最早的,岂料更早的玉戈出土于石峁。玉戚,这种以前不知是商代还是夏代才有的玉器出现在石峁,明确地证实了玉戚是夏代初期才开始有的玉器。

多少年来,人们一直推论夏民族起源于中原河洛地区,但是石峁的玉器却足以否定这样的推论,如果说二里头遗址是夏代中晚期的遗址,那么早期只有石峁才出土了真正夏代初期的玉器。

艺术品中值得一提的是人头像。双面平雕,头束高髻,团脸,鹰钩鼻,半张口,下唇稍长,线刻大眼,耳轮偏后,手法古拙朴素,粗犷传神,尤似今日陕北黄土高坡壮年男子之相貌。

图六四　神木新华遗址祭祀坑出土玉器

① 神木石峁文化研究会:《石峁玉器》,文物出版社 2018 年版,第 10 页。

在神木石峁遗址附近,新华遗址留下了 36 件玉器,考古学者发现这是同一个民族留下的两个遗址。这些玉器全部集中出土于一片墓地中心部位的一个祭祀坑,玉器原本是 32 件,其中有 4 件玉器是被故意对剖成两块,故一共是36 块。36 块玉器出土时全部以刃口朝下插在坑底,方向一致十分整齐地排成六排,但每一排放置的玉器数量并不相等。这是一种奇特的以玉祀神的风俗,墓地中并没有玉器出土,而全部出土于祭祀坑。也许,神木人初到陕北,一时并没有解决玉料来源问题,故而采用如此节省的方式。

神木石峁遗址还可以解惑许多史前历史,《山海经》记载"洪水滔天。鲧窃帝之息壤以堙洪水,不待帝命。帝令祝融杀鲧于羽郊"。此帝应为天帝。黄帝、颛顼可称"天帝",尧是"众帝",鲧应为尧之前时代人。而且治罪也不是治水不力,而是"不待帝命"。因此,崇伯鲧是黄帝的后代,却不是帝颛顼的儿子,而出身于颛顼一族;禹不是鲧的儿子,年龄相差至少 300 年,应为鲧的后代。

古籍描述鲧治水时,洪水泛滥,严重威胁到人类生命安全。鲧也数次被推举为治水负责人,采取筑堤防水,治水失败。《尚书·尧典》云:"九载,绩用弗成。"又云:"'咨!四岳,汤汤洪水方割,荡荡怀山襄陵,浩浩滔天。下民其咨,有能俾乂?'佥曰:'於!鲧哉。'"《史记·五帝本纪》亦载:"尧又曰:'嗟,四岳,汤汤洪水滔天,浩浩怀山襄陵,下民其忧,有能使治者?'皆曰鲧可。尧曰:'鲧负命毁族,不可。'岳曰:'异哉,试不可用而已。'尧于是听岳用鲧。九岁,功用不成。"在此情况下,根据《淮南子·修务训》和其他诸古籍载,尧"殛鲧于羽山"。

鲧的"罪"只在于其治水方法不符合实际,并无道德上的罪。鲧治水失败,被杀身死的原因,并不仅在于治水失败。根据《山海经·海内经》将其归罪于"窃帝之息壤以堙洪水,不待帝命"。尤其是在神话中,禹这位大英雄居然是鲧之复生。

在上古文明中,国家神庙是最主要的社会组织机构,国家公共工程由国家庙会具体安排,并经过公共祭礼活动决定。尧派鲧治水的内在意义,不仅是在表达由鲧来负责公共治水工程的协调和安排,亦在表达他负责相关祭礼活动,负责祈祷祭祀以安定洪水。

尧杀鲧更有可能是当时社会普遍存在的献巫之礼,即负责治水的祭司鲧的任务失败,因此被牺牲而献给神,以祈祷增强治水的力量,克服水患。从甲骨文留下的记录可知,献巫之后人们又反过来祭祀他。有关鲧的神话恰好也表达,被杀死的鲧成为神兽,"入羽渊三岁不腐,而自鲧腹生禹"。《山海经·海内经》郭璞注引《开筮》云:"鲧死三岁不腐。"《天问》曰:"焉有虬龙,负熊以游?"《左传·昭公七年》载:"昔尧殛鲧于羽山,其神化为黄熊,以入于羽渊,实为夏郊,三代祀之。"唐代陆德明《左传释文》:"熊一作能,三足鳖也。"《尔雅·释鱼》:"鳖三足,能。"可见,鲧并不是被判罪而被否定,反而是受恭敬的治水神。根据神话,鲧在水下界化生成禹以通天,同时把自己治水的神力传给他化生的儿子。《礼记·祭法》:"鲧鄣洪水而殛死,禹能修鲧之功。"据《山海经·海内经》载,尧帝特命火神祝融杀鲧,水火为相对相克元素,平衡为吉,此则更加突出了献巫礼的内在意义。

　　有关鲧的故事,文献所留下的碎片记录,最初应该是源自当时神庙的档案,虽然使用了祈神、念咒的神秘语言,但却隐显当时的社会活动,即因年年面对洪水对农田造成的破坏,既需要安排治水设施,更需要组织大型祭祀活动,同时也引起神庙之间神权的互斗。在这种情况下,负责水神的祭司鲧被推举出来领导治水,他以传统的筑城堤的方法来治水失败,因此被献祭,被杀死后却又成为人们的崇拜对象。[1]

　　《山海经》和民间传说都有颛顼氏"死而复生"的神话:鲧死后数百年,北风骤起,天降大雨,遍地涌泉,"偏枯"之鱼,死而复生。在历经帝喾、帝尧两个王朝之后,帝颛顼的"儿子"鲧在大洪水中"复生"了。

　　鲧被杀之后,他的后代逃往陕北河套,300年后,也就是帝舜时期,后夏氏在神木石峁建立起最初的"夏"方国,这就是神木石峁竟然出土大量的"类山东玉器"的原因。

　　传说大禹生于石纽,石纽即石峁也,石峁亦即禹所"积石之山",大禹正是出生于这样一座北方石城,而大禹的"儿子"夏后启,亦从石中出生。

　　帝舜之时又逢天降大水,鲧的"儿子"大禹时隔数百年之后再次"复生"了,这就是北方之神颛顼死而复生的故事。

---

① 郭静云、郭立新:《中国洪水与治水故事:范型神话或历史传说》,《先秦·先秦史》2021年第2期。

图六五　夏民族迁徙路线示意图

梳理中原史前玉文化脉络,距今4500年前,中原地区基本上无甚可观的玉文化,有虞氏既是良渚文化向中原地区传播的第一个南方部落,也是山东龙山文化向中原传播的第一个东方部落,在良渚中后期,向北迁移至江苏、山东、河北、山西、陕西,然后复又折返于山西,并在山西建立了她的大本营,从而奠定了中原文明与礼制的基础。当有虞氏逐渐强大后又从延安东渡黄河来到晋南。

对比夏后氏与有虞氏玉器,玉琮与兵玉礼是其极重要区别。夏后氏玉器起源海隅,多玉兵器及玉兵仪礼器,在山东半岛,在神木峁、新砦和二里头均无玉琮。有虞氏起源于良渚,向北迁移至江苏、山东、山西、陕西,途中吸收大汶口和早期龙山文化因素。延安芦山峁遗址、山西襄汾陶寺遗址、山西芮城清凉寺遗址,均分布于黄河沿线两侧附近,均出土有虞氏玉器文化特征的龙山式玉琮和玉牙壁。特别延安芦山峁遗址出土的玉器是年代最早的中原玉礼器,也只有这里的玉琮依然保留有良渚文化的兽面纹,而刻绘方法却不同。由此可见,有虞氏绝非一人一代,而是一个部落,并建立有延续数百年的方国。

夏后氏起源于山东半岛东南部的海滨,距今4300年前,有崇氏鲧的部落在山东因治水获罪,崇伯鲧被当时的帝尧指使南方祝融部杀害,于是有崇氏余部开始了向西北的逃亡。神木石峁靠近内蒙古鄂尔多斯,那里十分接近东北红山文化的势力范围，但是在神木竟然没有出现一片红山文化玉器，这十分让人惊讶。神木石峁出土的玉器大部分是源于山东半岛龙山时代的玉器，并且这些玉器中的玉戈、玉戚、玉牙璋和玉柄形器等填补了山东龙山文化玉器与河南偃师二里头文化之间的空白，否则二里头文化玉器几乎成为无本之木。如此则夏民族的来历由此而变得十分的清晰：距今 4300 年以前，他们先是山东人，为禹族或者崇族，后经河北省北部、山西省北部向西迁移至陕北。距今4000 年前，夏部落在吸收了北方草原民族的营养之后变得强大起来，于是由原来西迁的路线重返山东。

大禹治水的故事，其实是华夏民族数百年来十几甚至几十代人治水事迹的总和。

发吕梁、凿龙门，这是传说中大禹治水的路线。但我们仔细研究地图，可以发现这正是大禹集团从神木出发，顺黄河南下折转由东进入洛阳和偃师的路线。而大禹完成了治水，也完成了对南北各部族的联络，特别是与涂山氏的联姻，形成了南北呼应的局面。这也为受有虞氏"禅让"奠定了基础。

无论在山东半岛、陕西神木以及偃师二里头，我们都极少看到有玉琮的出土，这就是夏后氏玉器与有虞氏玉器的重大区别。有虞氏玉器最初来源于南方，随后又吸收了大汶口文化晚期以及早期龙山文化的因素。夏后氏玉器则起源于海隅，多兵玉器及玉兵礼仪仗，这是夏后氏以强大武力统一中国的写照。周民族的祖先亦有可能出自良渚，后稷（弃）的经历告诉我们周的祖先将良渚玉器文化溯长江向西传播到了四川盆地，然后又北上越过秦岭到达渭水流域。传说尧部落起先受封于山东定陶，这与帝喾的统治中心不远。帝喾和帝颛顼均采取了东和少昊、南伐共工的战略，但是从帝尧开始，却发动了对东夷的战争，以及越过长江打击共工氏的战争。尧命后羿族射"十日"、杀"凿齿"等东夷诸族的传说，正是尧部落对东夷族大开杀戒的证明，因为东夷是崇拜太阳的民族，并且几乎所有东夷人都有"凿齿"的习惯。战争和洪水使尧的国力每况愈下，为了躲避洪水尧不得不向西和向北多次迁移。曾在晋南地区和有虞氏并行发展，最终建立二头联盟共同执政体制，并最终为尧舜"禅让"创造条件。传说帝舜囚禁或者流放了最后的尧帝，这是因为尧的西迁使先一步到达山西的有虞氏感到了威胁。于是尧部落只好逃往河北省北部的唐县，史称帝尧之"北教八狄"，于是尧的这一族最终沦落为北方的狄人。

8. 战乱终结者

到公元前 1900 年前后,群雄竞起的龙山时代进入尾声,光灿一时的各区域文化相继销声匿迹,新砦大邑走向兴盛,步入台前,开始傲视中原。70 万平方米的设防聚落规模,在当时中原独一无二,后期发展到面积 100 万平方米的封闭空间,给数百年中原地区城邑林立的斗争史画上了一个句号。可以说新砦是战乱状态的终结者,也应该是夏中早期都城之一。

在属于新砦类遗存的巩义市花地嘴遗址祭祀坑出土有钺、铲、璋、琮等玉器,令人瞩目的是有一件打磨光滑、通高 30 厘米的墨玉璋,这是中原腹地年代最早的玉璋,已有扉牙但未呈兽首状,形制特征介于龙山海岱式与二里头式之间,晚于神木石峁遗址。

这件墨玉璋黑色泛绿,打磨光滑,通高 30 厘米,出土时首端向上,略向西南倾斜,其北侧有一人骨架,坑内数层填土褐、白相间,显然系有意而为。①

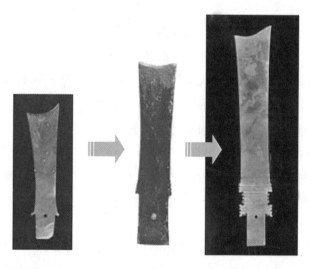

图六六　海岱龙山玉璋—新砦墨玉璋—二里头石璋

璋(或牙璋)属于祭祀用玉器,由器身、柄部以及二者之间的阑组成,器身前端一般有微斜而内凹的刃。前文说过有人认为它是铲(或耜)形松土工具的仿制品,笔者认为它是剖蚌刀演变而来,也是海岱玉器标准器之一。值得注意的是,在龙山时代中原并无使用大型玉器的传统,而其后的二里头都邑则出

---

① 许宏:《何以中国》,生活·读书·新知三联书店 2016 年版,第 103—105 页。

现了成组的大型玉礼器,花地嘴的这件玉璋,是中原腹地目前发现时代最早的璋,可称作中原地区大型玉礼器群的"哨兵"。

前文说过,玉璋最早见于山东龙山文化早期海岱地区,之后在神木石峁发现,在二里头文化出现前夜的龙山时代,这类大型有刃玉器如璋、钺、刀等向西传播,直至黄河上游。进入二里头时代,玉璋又从中原地区向长江中上游,甚至岭南、四川一带扩散。

玉璋形制及其流变虽然复杂,但简而言之可以大体分为三类。第一类就是海隅文化玉璋,器形简单、长度较短、无纹饰、无扉齿,始见于山东龙山时代,可称为海隅式。第二类长度可达50厘米左右,器形和纹饰趋于复杂,一般有多组扉齿呈张嘴兽头状,刻有细线纹,始见于二里头文化时期,或可称为二里头式。香港中文大学的邓聪教授直呼其为"龙牙璋"。第三类就是这种介于二者之间的新砦或神木石峁类。花地嘴牙璋已有多组扉齿但尚未呈兽首状,与神木石峁形状相近,但晚于神木石峁,形制特征也是显然介于海隅式和二里头式之间。从这件牙璋上,也可以窥见"新砦类遗存"渊源的蛛丝马迹。已有学者指出花地嘴玉璋的这些风格有可能来自东方。[①]

在中国文明起源问题上,南北方模式是不同的,南方稻作区域环境较好,资源丰富,社会安定,手工业发展较早,等级分化明显,中间阶级数量多,在社会较为稳定的状态下,社会更宗教化。而北方资源禀赋不如南方,社会分化不如南方明显,是一种金字塔型社会,动荡不稳,战争、暴力现象尤为突出,政治、军事紧紧围绕生存而世俗化。中原地区融合南北,广泛吸收,形成宗教不发达,工商业不发达,以血缘家法为主的家长制特征成为中华文明的主流基因,由此形成统一王朝,影响至今。

9. 大禹治水

说到夏,肯定先说禹。说到禹,总绕不开大禹治水。《史记·五帝本纪》关于尧帝时代载曰:"肇十有二州,决川。"又有:"四岳举鲧治洪水,尧以为不可,岳强请试之,试之而无功,故百姓不便。"舜承位后巡视全国,得知鲧治理无效,处罚了鲧,任用其子禹继续治水。禹不仅治水成功,还让人民在低洼处种植稻谷,促进粮食增产。

---

① 顾万发、张松林:《论花地嘴所出墨玉璋》,《商都文明》2007年第4期。

在禹州当地,一直流传着这样一个故事。远古时期,禹州一带洪水泛滥,皆因水中的一种怪兽蛟龙作祟,蛟龙在水中兴风作浪,鼓动水势,冲垮人们所筑的堤防,淹没土地和村庄,致使无数百姓家破人亡,流离失所。后来,是大禹在众神的帮助下,将九条蛟龙一一制服并把其中的一条禁锢在一口八角井中,从此人们把这口井称为禹王锁蛟井,并在井上塑像立庙,以此世代感谢禹王的恩德。

蛟龙是个传说,但治水确是真实存在的。洪水肆虐的远古时代,河流泛滥,生灵涂炭,治水关系人类生死存亡。历史上的帝王多得很,伟大如禹者肯定很少。民间给他一个人王与天神兼有的名字:禹王大帝,念白了就是玉皇大帝,在中国固有宗教中是天上最尊贵的神。①

2020年,考古专家在海外发现西周遂公盨,上有铭文"天命禹敷土,堕山浚川"等,记述大禹治水,划定九州,大禹由此而成民众之王,这是大禹治水传说最早的文物例证。

依照《史记》舜在摄政不久诛鲧。舜摄政十一年后践天子位,又三十九年崩,崩时已荐禹十七年,禹治水成功后才可能被荐,而治水十三年,据此推算,禹治水始于舜为天子第九年。

禹作为一个罪臣后代,可能离开故国陕西有崇氏,到母家四川成都的蜀山氏,很有可能受到岷江年年泛滥,筑堤难以解决的启发,才有了导川的治水大思路。

倘若《尚书·禹贡篇》可据,他依据九山导九川,分天下为九州,禹的最大功绩在于治河。当时成为水患的是黄河。《禹贡》之导,不仅在于引导,更有沿河道察勘之意。禹之所以成功,就在于浚九河以疏导山势,较之一味筑堤当然好很多。

我们从《诗经》上可以看到禹在渭河两岸及龙门附近的手笔。丰水由南向北流,而《诗经》上却说:"丰水东注,维禹之绩。"就是说丰水能够东流入田灌溉,是大禹的功劳或遗迹。《诗经》又说:"奕奕梁山,维禹甸之。"甸或分划为田,梁山附近原不可耕,由于禹的沟渠可以变成良田耕种了。

甸者,天子之田也。禹规定,从天子之都,五百里为甸服,一千里为侯服,

---

① 黎东方:《细说先秦》,中国工人出版社2009年版,第37页。

一千五百里为绥服,两千里为要服,两千里之外为荒服。甸服以内对天子贡纳实物;侯服之内群后受天子令,担任王事;绥服之内以求平静;要服以内尊重王化;荒服的地方,便是王化不及之区域了。

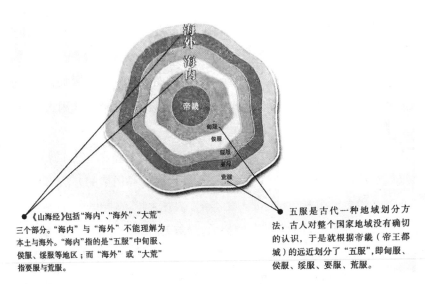

《山海经》包括"海内"、"海外"、"大荒"三个部分。"海内"与"海外"不能理解为本土与海外。"海内"指的是"五服"中甸服、侯服、绥服等地区;而"海外"或"大荒"指要服与荒服。

五服是古代一种地域划分方法,古人对整个国家地域没有确切的认识,于是就根据帝畿(帝王都城)的远近划分了"五服",即甸服、侯服、绥服、要服、荒服。

图六七 《山海经》中关于海内海外及五服划分图

甸服:帝畿→ 一百里(缴纳带藁秸的谷物)→ 一百里(缴纳禾穗)→ 一百里(缴纳去掉藁芒的禾穗)→ 一百里(缴纳带壳的谷子)→ 一百里(缴纳无壳的米);

侯服:一百里(卿大夫封地)→一百里(男爵封地)→三百里(诸侯封地);

绥服:三百里(施行文教)→二百里(振兴武力);

要服:三百里(无人居住地)→二百里(流放罪人的地方);

荒服:三百里(蛮荒地带)→二百里(流放罪人的地方)。

四川省汶川县,几千年来当地的羌族百姓将大禹视为自己的祖先,矗立于岷山之畔的大禹铜像,悬胆方口,头戴四面斜坡平天冠,束发带依稀可见。直到今天,汶川羌族人的生活当中依旧保留着各式各样与大禹相关的文化习俗,而大禹精神已深深融入羌族人们的血液当中。在羌族婚丧嫁娶传统中,有一项不可或缺的仪式,叫作踏禹步。相传,禹步是由大禹走路的姿势演变而来,传说大禹在治水的过程中因过度操劳,患上了腿疾无法像正常人一样行走。为怀念这位伟大的祖先,羌族人将大禹行走的跛步演变成如今的禹步,以世代秉承先祖大禹的治水精神。每年的农历六月初六,羌族人还会在大禹祭坛举行盛大的祭祀活动,纪念先祖大禹的诞辰,人们会在大禹神像前踏着禹步,跳着莎朗,缅怀先祖大禹的盖世功德世代崇祭。

大禹治水十三年,三过家门而不入,在事功方面可谓千古一人。所以人们谈立功则说"功不在禹下",就是以禹的功绩比拟,足以恩泽万世。禹由于治水受到爱戴,舜也向天神保荐为自己的继承人。舜死后天下诸侯,各部族、氏族的君长都朝拜禹而不去朝拜舜子商均。禹自然成为中原大盟长,天神之子,民间称之为神,叫作禹王大帝。尧舜禅让尚有异说,而舜禹受让因大禹治水顺理成章,从无异议。

大禹治水的背景是,曾经从尧舜以来发生了多场持久重复的浩大洪水。在此过程中,尧舜都尽力组织治水之工,最后大禹放弃用堵的办法治水而改用疏的办法,"尽力乎沟洫";《史记·夏本纪》表达:他"劳身焦思,居外十三年,过家门不敢入",通过艰辛而持久的努力,最终治服洪水,恢复灌溉及田地,安排农田;在此基础上考察测量土地,划分"九州",打败三苗,重新建国。后由其子启继承,建立了基于父子传承关系的夏王室。

关于夏王国的政权体制,郭店楚墓出土《唐虞之道》有言:"唐虞之道,禅而不传。尧舜之王,利天下而弗利也。禅而不传,圣之盛也。"《孟子·万章上》亦言:"孔子曰:'唐、虞禅,夏后、殷、周继。'"这些文献均描述,从夏王国开始,政权已固定基于父子继承关系。

欧美学界不仅普遍将大禹治水视为无历史根据的神话,也从根本上否定夏王国存在的可能性。如艾兰(Sarah Allan)认为,商以前的历史都是商代神话在后世系统化的结果和衍化形式,夏与商之间有一种神话性对应关系,所谓"夏"只是商的镜像和倒影,代表了神话性祖先的"很久以前",只有到周时才把它变成历史。若依艾兰观点推论,夏商王室应该有相似的起源神话,但文献记载却并不是这样。文献清楚地表达商王室由玄鸟神生,商并无类似于夏的治水神话,这说明夏和商建国故事之间有实质性的差异,不能将夏视为商或周之神史的镜像。①

---

① 郭静云、郭立新:《中国洪水与治水故事:范型神话或历史传说》,《先秦·先秦史》2021年第2期。

10. 夏朝传承

但从禹到启建立夏朝，就有异说了。但我们相信，作为禹之大功之人，并无私授传子之意。他先后保荐皋陶与益二人，皋陶先他而去。益佐政时间较短，所以禹死后大家把感激禹报答到其子身上，不去朝拜益，而去拜启。启并无大功，继承天子全靠禹的遗泽，难免人心不服。但反对启的不是益，而是有扈氏。启以"威侮五行，怠弃三正"之名，就是说有扈氏忽略历法、藐视天神，大战于甘，灭了此国。天下诸侯听到这个消息便再没有不敢不朝的了。

启传子太康，太康荒政失国，东夷有穷氏羿代之，传说后羿射日，因为无文字记载，日者帝也，后羿射的不是太阳，而是夏朝。后羿也不修德爱民，信任寒浞，寒浞弑君篡位。太康其弟仲康之子少康在有虞氏部族的帮助下灭寒浞父子，再造夏朝。直到夏桀时期成汤革命，诸侯离叛，夏桀被流放于南巢。

夏共有十七位君主，471 年历史，其中 40 年为后羿和寒浞所占。夏后氏居天子 431 年。夏朝历史虽不凭借直接史料，而是间接史料，但绝非无稽之谈。《左传》有记，《诗经》及《齐侯镈》等金文，发掘遗址及玉器确定夏朝之实有，当无可置疑。

关于文字问题，后文将专章说起。今湖南衡山之上，有翻刻的岣嵝碑文，昔人以为夏文，但从字体和结构不应是甲骨文之前。然从甲骨文之完备精细成形，夏应该有文字，但未曾发现有铭的夏代器物。传曰夏禹铸造九鼎，铭文于鼎，后被沉入泗水，后人多次打捞，均未所获。《史记》记夏的后代有夏后氏、有扈氏、有男氏、斟鄩氏、彤城氏、褒氏等。秦时夏后氏因后字犯忌改为夏侯氏。汉时姓夏侯甚多，曹操亦为夏侯氏，司马氏篡魏大杀夏侯氏，之后分为夏氏、侯氏两个姓氏。《史记·匈奴列传》还记载有匈奴为夏后氏之苗裔。

新石器时代的文化地域大至已经明白，基本上列国（方国）城市林立，而战国时代的领土国家都是在新石器时代以来的文化地域团体基础上建立起来的。

夏王朝、商王朝、周王朝是天下的王朝，这是一种错觉，实际上这个"天下"是新石器时代多个文化地域的集合体，点布在虞夏商周四代的政权地图上的数千座城市，构成行政控制和财富分配的分级系统，而城邑的分级体系大体上与氏族和宗教分级分层相吻合。夏王朝、商王朝、周王朝统治的疆土基本上只能算一个地域而已，虽然也有通过陪都之类的方式把统治区域延伸扩传到其他文化地域，但都是一个王朝统治的文化区域，虞王朝更是江南的一个文化地域。

虞夏商周四代都是有一个区域占据优势地位,但绝不是唯一国家,其他国家自然存在。比如三星堆所属的古蜀国,就是这样一个在商代与中原王朝并存且独立的古国,而且是一个未曾间断的,自成系统的文明体系。它与商王朝是青铜原料等物资供需关系,而不是隶属或朝贡关系。

在夏商周统治的范围,有很多附属小国,而战国时代的国家体制就是大国将吞并的小国设为郡县,并在中央政权的领导下派遣官员管理,这和虞夏商周时期的国家体制有着本质区别。

我们传统观念中的夏商周王朝管理都是统治天下的王朝,而这一"天下"等同于公元前 221 年秦始皇所统一的领域。导致这个观念形成的原因在于汉王朝继承了秦朝的天下,而《史记》又记载了这个天下,记载中的夏商周成了这样天下的王朝。

九、商的前半期和盘庚迁殷

夏桀时,公元前 1751 年,成汤领导的贵族革命获得成功,成汤是在夏的基础上进行革命,之后称商朝,共有 31 位君王,629 年。

汤是高辛氏帝喾十五代孙,在陶唐氏帝尧和有虞氏帝舜时,高辛氏都是一个部族方国。帝喾子契迁居于商,商在陕西省商县,而帝喾时在亳,即河南偃师。从契到汤共十四代,史书载四次迁都,王国维先生根据甲骨文与《楚辞》《易经》相互印证,说是八迁。迁徙频繁,与其说避免河患,不如说游牧需要。实际上夏都从禹到桀迁都也不下十次,只是都城时间长短而已。

成汤对夏桀的战争,是一场革命,汤的军队是吊民伐罪之师,到处大受欢迎。桀武力很强大,成汤与桀正式作战之前,先剪除党羽之国,一共作战十一次。汤之伐桀,先战于山西安邑鸣条,后战于山东定陶三艘,后逐于安徽巢县南巢。伊尹助汤伐桀,后一直辅助到汤的儿子外丙、中壬,之后太丁的儿子太甲。太甲是汤长子太丁之子,继位后不贤,伊尹囚于桐宫,自己摄政。三年后太甲改邪归正,伊尹迎他复辟,自己退休。史载商朝有五治五乱,实际上治少乱多,太甲是五治之一。《史记》曰:"自中丁以来,废适而更立诸弟子,弟子或争相代立,比九世乱,于是诸侯莫朝。"

商代自成汤建国至帝辛覆亡,历经 17 世 31 王。商代的世系及商代晚期

(盘庚至帝辛)的文化面貌(考古学上称为殷墟文化),已为甲骨文与殷墟考古资料所证实,并为多数学者所公认。

20世纪50年代以来,考古学家在河南郑州二里冈遗址发现了早于殷墟文化的二里冈文化;在河南偃师二里头遗址发现了早于二里冈文化的二里头文化。这两大发现,突破了商代文明的时空界限,意义重大。但也因缺乏文字的证实,学术界对这两种考古学文化的历史年代问题存在不同意见,大致认可:二里冈文化早、晚期为商代中期,二里头文化三、四期为商代早期。

高度发展的商代青铜器与商代文明早已举世瞩目;商代玉器于近20年也显露头角。有学者认为,良渚文化玉器是我国古玉器发展史上的第一个高峰,而商代晚期玉器则是古玉发展史上的第二个高峰。可见其地位之重要。

以二里头文化三、四期为代表的商代早期玉器,主要出土于河南偃师二里头遗址,共约四五十件,多数是墓葬的随葬品,少数为采集品。器类比"陶寺类型"增多,工艺也更加精细,如这一时期的双线浅浮雕纹样和兽面铜牌饰件上的绿松石镶嵌工艺,都是首创的。北京玉器厂高级技师对琢玉工艺高度评价指出,"(玉器)无论从造型、纹样和做工等方面来说,可以肯定当时琢玉技艺已达到相当精巧细致的程度"。

此期玉器大体有礼器、仪仗、工具、武器与装饰品五类。

礼器有圭、牙璋两种。圭作长条形,精致的琢刻菱形雷纹带花纹,素面的只是抛光。两件牙璋,出土于同座墓中,长柄凹刃,双重阑,有对称的齿牙。

仪仗类有戈、戚、钺、多孔刀四种。戈的援部均作长条三角形,有上下阑,长方形内或短内,其上都有一穿。戚(原报告称"钺")有圆形、长方形凹刃、长方形弧刃和梯形四种形式,两侧都有对称的齿牙(四对或六对)。一件梯形戚,双面刃,上部并列三孔,两侧有齿牙两对,甚少见。钺仅一见,呈梯形,有上下二穿,下面的一穿镶以绿松石。这是商代玉器中最早的一件嵌松石制品。多孔刀发现三件,其中一件长条梯形,近背处七孔并列,两侧有六对齿牙,两端则饰以对称的菱形花纹,集刀、戚的形制于一体,琢磨精细,是一件难得的珍品。

工具类有刀和铲。铲作长条形,端刃,近顶端有穿。

武器类仅镞一种,有两种形式:一种呈圆柱形;另一种呈三角形,有短铤,形似铜镞。有可能是实用物。

装饰品类有柄形饰、璜、尖状饰、长条形饰和管形饰等数种,而以柄形饰为数最多,其中一件为白玉质,通体琢兽面纹和花瓣形纹各五组,两者相互间隔,中间用横线隔开。兽面运用双线浅浮雕手法琢成,精细醒目,可与殷墟玉器的兽面纹媲美。①

商克夏而立,都城就在夏城而建,所以商早期称之后夏也就不奇怪了。

以二里冈文化早、晚期为代表的商代中期玉器,主要出土于郑州商城遗址与墓葬中,大约有40多件。器类与琢玉工艺都较商代早期玉器少而逊色。这一反常现象,令人困惑。究其原因,可能有二:一是没有发掘到此期的大墓;二是当时的贵族存在重铜器轻玉器的倾向。从二里冈时期铜器远胜二里头文化铜器分析,后者可能是主要原因。

郑州出土的二里冈期玉器有礼器、仪仗、工具、装饰品四类。

礼器类有璧和牙璋各一件。璧,褐色素面,为商代所习见。牙璋,系采集,首端内凹呈弧形,双重阑,一穿,长方形内,形与二里头四期的牙璋雷同。长达66厘米。

仪仗器仅戈一种,数量不多,形体都较大,主要有两种形式:一种为长条三角形援,援上一穿,有上下阑,长方形内或后缘的角被切去,磨制都较精;一种援后无阑,一穿,后缘琢成齿牙状。形制较特殊。

工具类有铲和凿,数量都很少。铲有两种形式:一种呈长方形,上有一穿,两面分别琢以连珠纹和横行阴线,工艺较精细,似非实用器;另一种呈长条形,有穿,形似"圭",亦非实用器。凿均为长条形,小巧别致,其中一件长仅4.9厘米,像是玩赏品。

装饰品类有笄、柄形饰、璜、长方形饰和柿蒂形饰等,多为商代习见之物,唯一件柿蒂形饰属首见。此件四角漫圆,一面平,另一面微鼓,中部琢"十"字形凹槽,将面平分为四,中心有孔,可佩戴。

玉器中有仪仗类的戈,工具类的雕刀以及装饰品类的柄形饰、玉蝉等。其

---

① 中国社会科学院考古研究所二里头工作队:《1981年河南偃师二里头墓葬发掘简报》,《考古》1984年第1期。

中的一件大型玉戈,中脊和边刃都磨制得很精细,长达94厘米,显示出高水平的"开料"技术,堪称商代中期玉器中的精品。①

这一时期的玉器在河南偃师县尸乡沟、辉县琉璃阁、新郑望京楼、许昌大路陈村、山西夏县东下冯和北京平谷刘家河也有少量发现。而以望京楼的较为重要。

湖北黄陂盘龙城发现的一座年代相当于二里冈晚期的小城垣、一座宫殿基址和十多座墓葬,出土了20多件玉器和为数较多的青铜器、陶器等遗物,也引起了考古学家的高度关注。

商王朝自盘庚迁殷后,商朝不再迁居。以游牧为主的部落生活,改为以农业为主的部落生活,政治上畿领产生并日益扩大。考古学家将这一历史时期定为商代晚期或商代后期。殷王"行汤之政",对内加强王室统治,发展生产,对外,特别在武丁时四方用兵,扩大统治区域和文化影响,使王朝的国力空前强大。这一时期的琢玉工艺与青铜冶铸技术一样,都有惊人的发展,特别是殷王都(殷墟)玉器,更是精品迭出,蔚为大观。

契至成汤八迁,成汤以后到盘庚迁殷五迁。盘庚说:"先王有服,恪谨天命,滋扰不常宁,不常厥邑,于今王邦。"从此后,商朝不再迁都,直到纣父帝乙迁于殷墟附近朝歌。所以周朝称商为殷商,而商朝自己都一直自称为商。

殷墟是殷代的王都遗址,位于今河南省安阳市西北郊,洹河由西向东流贯全境,它的范围大约有30平方公里。作为殷墟文化的一个重要组成部分——玉器,自1976年妇好墓发掘之后,因大量珍贵玉器的出土,引起学术界的兴趣与重视。

在殷墟,玉器绝大多数出土于殷代的大、中型墓中,小型墓和居住遗址极少发现。大部分应是墓主生前使用之物,是墓主身份、地位的标志之一,极少数是方国贡品。

殷墟究竟出土过多少玉器,已难以考查,就发掘品而言,截至1990年,大约有2000多件。应当指出的是,由于古今盗掘,十墓九空,被劫、被毁的玉器当更多。据《逸周书·世俘解》称:"商王纣取天智玉琰五,环身厚以自焚,凡

---

① 中国社会科学院考古研究所河南二队:《1983年秋季河南偃师发掘简报》,《考古》1984年第10期;郑州市博物馆:《郑州商代遗址发掘简报》,《考古》1984年第4期。

厥有庶告,焚玉四千……凡武王俘商旧玉亿有百万。"清代王念孙《读书杂志》校为"凡武王俘商,得旧宝玉万四千"。王氏的校正,比较接近事实。王都之外,其他区域玉器也是蔚然大观。

笔者之所以把商分后前、后半期:

一是商的前期可谓居无定所,屡屡迁都,先后有十多次,到代夏后也有五迁,但自盘庚后不再迁都,生产生活方式有了质的改变。

二是由于定都定居,王畿形成和日益扩大,井田制度萌芽形成。游牧时代,人民自然没有米粮纳税,以农业为主生产了自然要纳税纳粮,所以孟子说:"殷人七十而助,惟助为公田。"这就是助法。

三是从出土玉器来看,商前半期主要出土的是圭、璋礼器及矛、戚、钺、刀等仪仗类,与夏出土玉器一脉相承,不少玉器的形制是直接从夏代同类器物的基础上发展而来,甚至称商早期玉器为后夏。这种现象一直延续到商代中期。自盘庚迁殷后,商代玉器艺术焕然一新,商代玉器走向饰纹玉器唱主角的时代,基本上把所有玉器都披上了华丽的装饰纹。商代玉器的装饰不限于局部,而是强调整体效果,强调内容和形式的统一,因材施形、因形施纹,从而将玉器装饰艺术刷新到一个高度。与此同时,玉器逐步摆脱"以玉为兵"时代,开始摆脱"以玉为礼"时代。佩饰类玉器作为王室控制和垄断的产物,兼具着供贵族阶层佩挂、装饰、赏玩、馈赠及礼仪等多种功能和作用。在器形方面,众多各种动物、人物形象的艺术品出现,拟人的比例协调,神态各异,表情生动;拟物的造型优美,形象逼真,都是难得的艺术珍品。造型生动、数量众多的配饰玉器出现一个前所未有的高潮。在河南商武丁之妻妇好墓出土计755件玉器中,装饰品玉器(或玩器)多达426件,占56.4%,这还不包括那些小型璧环之类可以赏玩之物。1989年江西省新干大洋洲商代遗址出土754件,佩饰类玉器占出土玉器总数的94.7%。山东滕州市前掌大商代晚期玉器中58.6%为佩饰装饰类玉器。[1] 由此可见,玉器从敬天祭地已经过渡到可资玩赏装饰及交际礼仪,宣告了神玉时代的终结,这当然也在玉器审美和服装史上是一种革命和进步,殷墟玉器从而成为高度发展的商代文明的重要标志之一。

---

[1] 中国社会科学院考古研究所:《殷商妇好墓》,文物出版社1980年版。

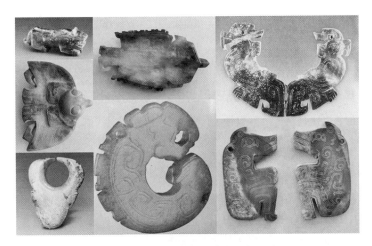

图六八 佩挂、赏玩性玉器

四是青铜器在商前期极少出土,中期才较多出现,在殷墟大量出土,说明在后商时期冶金与合金技术才达到十分高超水平,商的后半期已进入青铜时代。

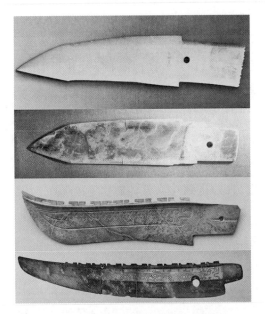

图六九 兵礼玉器

商的前半期多为兵礼玉器,且极少纹饰,从另一个方面证明了商是克夏建立,前期玉器制作夏的痕迹甚重。迁殷后,玉兵器大大减少,即使是玉兵器,也是做工精细,纹饰繁缛,美轮美奂。在器形方面,新出现了簋、盘、矛、大刀、锯、镰、杵、纺轮、刻刀、调色盘等。在表现手法上,具有象征性,装饰性,尤其一些立体人物、动物玉雕,着重刻画头、目、齿等重要器官,省略不重要的细部刻画,重要的细部刻用婉转的阳线表示。尤其在玉器纹饰上,商代早期只有简单的阴刻几何形图案,迁殷后,不仅阴刻、平雕普遍应用,浮雕、透雕、圆雕品也占比很大,达到鼎盛期工艺水平。

商朝后期,在上述统治构造的变化之中,同祖同族关系被作为王权的基底进一步得到强调,在各区域拥有统治根基的各氏族及宗族不得不聚居于王都,祭祀活动中以王权为中心的组织上的纽带由此得到了保证。更为重要的是甲骨文出土,中国真正进入有文字可记载的时代。

十、关于纪年

如果夏朝都城斟鄩是二里头遗址,商朝都城亳是偃师商城,周朝都城是洛阳城(成周),其位置都在洛河附近,符合《史记·封禅书》中"昔三代之居皆在河洛之间"的记述。

如果二里头文化属夏,河北省南部下七垣文化是同时期的先商文化,后来扩张至郑州附近,形成了邹衡教授所说的南关外型文化。汤王以郑州为据点,攻陷了夏王朝都城二里头遗址也就是文献中所说的斟鄩,然后把都城建在邻近的偃师商城,并将其命名为亳。而在同一时期,郑州商城作为商朝的王都而建成。①

《汉书·地理志》中,班固有如下注解:"偃师,尸乡,殷汤所都。"《书序》郑玄注有:"亳,今河南偃师县有汤亭。"由此可知,商王朝初代汤王亡夏后将都城亳建在偃师附近。因此偃师商城的小城才是符合上述记载的都城西亳。

中国最古老的正史《史记》的"表"中,记载着纪年,其中最古的纪年相当于公元前841年的共和元年以后。之前的年代没有确切记述。

关于商汤打败夏桀建商王朝的纪年等在《竹书纪年》中有如下记述:"汤灭夏,二十九王,用岁四百九十六年。"如果这段记述可信的话,商的灭亡年代

① [日]宫本一夫:《从神话到历史》,吴菲译,广西师范大学出版社2014年版,第327—331页。

上溯496年即为商王朝的创建年代。依照此可知商朝的建立年代应在公元前1607—前1519年间。

至于商朝的初始年代,从放射性碳素年代及以《竹书纪年》所载商王朝存续年代来看,大致在公元前1600年左右。偃师商城的小城部分创建于二里头文化四期之后,很可能是商汤已经灭夏桀,在夏朝都城斟鄩附近建立的都城亳。这个阶段正是考古学上的二里岗下层文化开始时期,相当于历史年代上商王朝开始的时期。具体年代大约是在公元前1600年前后。二里岗下层文化以后为商王朝阶段,其间五百五十年。

据《古本竹书纪年》载,"盘庚旬自奄迁于北蒙,曰殷。南去邺三十里。自盘庚迁殷,至纣之灭,二百七十三年更不徙都",以及《史记·项羽本纪》中"洹水南殷墟上"等记载,人们认为殷墟就是第十九代商王盘庚迁都后的殷。

关于周武王在牧野之战中打败商纣建立周王朝的纪年,在一件名为利簋、于1976年出土的青铜器的铭文中,与"克殷"的记载同时出现了关于木星的记载。根据《国语》中出现克殷木星的位置,从天文学的角度推算应是公元前1046年。

甲骨文是在殷墟发现的,商都迁至殷墟是商盘庚之后,甲骨文中共有五次关于月食的记录。把这些记录与天文学的年代对应后可知,最后两次月食发生于公元前1189—前1181年,这是祖庚治世时期。由此可以推算出武丁至纣王的年代大致为公元前1250—前1046年。进而上溯商王朝成立的年代,据放射性碳素年代断代大约为公元前1600年。据《竹书纪年》记载:"自禹至桀十七世,有王与无王,用岁四百七十一年。"也就是说夏王朝统治时间共计471年,那么夏王朝的初始大约就是在公元前2070年。

如果不谈历史记载,仅以发掘来看,夏商所代表的中原文化期应该依次为神木石峁、陶寺、王成岗、王湾三期、新砦(二里头一期)、二里头(二三四期)、殷商、二里岗下层文化一二三期、二里岗上层及洹北商城和殷墟文化一二三四期。

在夏代新砦及二里头文化在河南中部,而同时期在河南北部及河北南部同时期存在着后岗及先商文化。

二里头文化承接着曾经存在于黄河中游的龙山文化谱系,并且与王湾三期文化有直接关系,如果二里岗下层文化之前的二里头文化是夏王朝,那二里岗下层文化以后就是商王朝,所以有"一刀断夏商"之说。

二里头文化以鼎为主要烹煮具,二里岗文化则是以鬲为主要烹煮具。以鬲为基本烹煮具的是先商文化,二里岗文化直接承接着先商文化的谱系,但又吸收了二里头文化及邻接岳石文化的要素而不断发展成形。

十一、进入青铜时代

青铜时代是从新石器时代发展而来。中国考古学所说的青铜时代指二里头文化期以后的商周时代。

那么,中国的青铜器时代始于何时呢?

目前所知中国境内发现的最早的青铜器,是甘肃东乡林家马家窑文化遗址出土的铜刀,年代约公元前 3000 年。此后的铜制品多为器形简单的小件工具和装饰品等生活用具,锻、铸均有,红铜、黄铜、砷铜和锡铅青铜互见,而不见容器和兵器。制造工艺处于初级阶段,尚未熟练掌握合金比例,不懂得复合范铸造技术。

实际上在新石器时代后期就发现有不完整的青铜器存在,北京大学的严文明教授把这个时期称之为金石并用时期,但这个时期并未出现像二里头文化之后的青铜容器,仅限于刀子或锥子等简单工具或坠饰一类的装饰用品。

1980 年,在王城岗遗址小城之西灰坑中发现一青铜器残片,属王城岗龙山文化四期,只有 5—6 厘米,略呈圆弧状,薄壁,下部有转折。对比王城岗出土陶鬶形制,推测应为铜鬶的腹与袋足残片,经冶金史专家分析,应为锡铅青铜铸造。[1]

2000 年,新砦遗址发现残长 8 厘米的残片,应是鬶或盉类酒器流部残片,经检测系红铜铸造。[2]

在二里头文化一期,只发现了两件青铜刀残片,二期才出现刀、锥等工具

---

① 李先登:《王城岗遗址出土的青铜器残片及其他》,《文物》1984 年第 11 期。

② 北京大学震旦古代文明研究中心:《新密新砦:1999—2000 年田野考古发掘报告》,文物出版社 2008 年版。

以及青铜铃。

青铜器的兴起在二里头文化三期。除了刀、斧、凿等工具，青铜铃、牌饰、圆形器等种类十分丰富，而且出现了戈、钺、镞等青铜武器，首次出现称之为青铜彝器的礼器爵。到后期，又出现斝、盉等酒器，继而鼎开始用青铜铸造。酒器是二里头文化青铜铸造的特色，青铜爵的出现，说明中原地区青铜器已经成为一种身份标志作为礼仪制度和礼乐道具形成。

清乾隆年间，乾隆敕令编撰宫廷所藏铜器图录，其中《西清古鉴》著录了一件为"匜"的铜器，这件器物被图录的编撰者定名。稍懂文物的人都知道匜特指盥洗时舀水用的器具，形状像瓢，与这件有三个乳状足的器物完全不搭界。器物上还有两字铭文，被释为"子孙"，年代断为"周"，所以这件器物被称为"周子孙匜"。此后，著名收藏家、古文字学家容庚论证此器为商代器物，系真品。罗振玉、郭沫若、闻一多、贝塚茂树等不少学者还对铭文提出了各自的解释。①

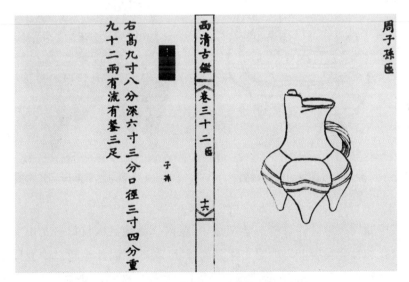

图七〇　《西清古鉴》中收录的"周子孙匜"

当代考古学家一看到它，顿时目瞪口呆，像见到老朋友一样，亲切之感油然而生。上仰的流，绳索状的把手，肥大的袋足，甚至袋足上的特有两周弦纹，

---

① 许宏：《何以中国》，生活·读书·新知三联书店2016年版，第96—99页。

与海岱地区龙山文化的陶鬶,简直就是孪生兄弟!

陶鬶,是海岱地区大汶口—龙山文化典型器,东起海滨,西至关中,北自辽东,南达岭南的数百处遗址都有发现,公元前 3500 年的大汶口文化应是它的祖源。后来三代青铜酒礼器的若干器形,都与其有着或远或近的关联。中原腹地一带龙山时代的王湾三期文化中,也有陶鬶的身影,它们既脱胎于海岱地区的原型,又具有当地的特点。《西清古鉴》上铜匜的形制,更近于海岱龙山文化的陶鬶。因此,邵望平研究员推论道:"所谓'周子孙匜'者,实则是山东龙山文化中一类陶鬶的铜质仿制品。铜鬶、陶鬶很可能是同时代的产物。即使铜鬶时代稍晚,亦不致相差数个世纪。①"

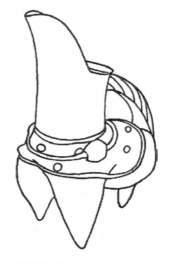

图七一　潍坊姚官庄龙山文化陶鬶　　　　临朐西朱封龙山文化陶鬶

在中原周边地区的诸考古学文化中,黄河下游地区大汶口—龙山文化系统在文化和社会发展上与中原文化并驾齐驱,某些方面甚至超过中原同期文化的发展水平。自仰韶文化晚期阶段以来,它的许多文化因素为中原系统的文化所吸收。不少学者都列举过该区系在物质文化、精神文化方面可能给予中原夏、商文化以影响的诸多因素,这是其他中原周边地区的考古学文化甚至前述的陶寺文化所无法企及的。从这个意义上讲,这一系统的文化最终融入

---

① 邵望平:《铜鬶的启示》,《文物》1980 年第 2 期。

了中原王朝文明之中,其自身也成为中原王朝文明的重要缔造者之一。①

二里头文化的青铜器生产把以往的位阶标志发展到了更高水平。并且标志着上层阶层地位的青铜礼器,仅见于二里头三四期遗址。也可以说,二里头文化二期阶段所显示的以二里头聚落为中心的阶层构造更加显著。铸造青铜礼器是在二里头遗址进行,说明二里头文化的首领在仪礼制度上也是一元化管理。可以说,二里头文化的首领统治已是王权。

然而到了二里头文化四期,在二里头遗址范围之外也开始出现青铜礼器。例如河南省荥阳市西史村及高村寺、河南省新郑望京楼、河南省洛宁、安徽省肥西等地都发现了爵、斝、铃等二里头文化的青铜器。这意味着到了二里头文化四期,青铜礼器阶层秩序的范围空间上得到扩展,也说明了二里头统治区域的扩大。以二里头遗址为中心,伊河、洛河流域以外的区域群体也被收归在青铜礼器所标志的阶层秩序之中,这种扩展也显示出范围更加广泛的统治发展状况。

大家基本认可二里头三四期是商,那么可以肯定的是商时上层阶层独占爵、斝等青铜酒器。到了二里岗文化时期的商王朝,在湖北武汉盘龙城及河北藁城台西遗址等相距遥远地区发现规范阶层的青铜彝器,说明商王朝继承了夏以来的社会文化体制规范,吸收了更为广泛的区域祭祀。在畿内,夏王朝直接统治包括其中,而畿外统治领域更进一步扩大。只是商王朝的青铜彝器中显示高位的是鼎、罍等器种,贵族下层仅有瓿等部分酒器。

从青铜器所用原材料来看,二里头文化青铜器原材料产于华北及黄河下游地区,而二里岗以后的商王朝除了上述地区外,还有四川长江上游的铜矿石,这一区域通过交换资源获得商王朝赠予的青铜彝器,这些来自商的青铜彝器与玉器一样成为区域首领必需的权威物,之后才终于获得制造青铜彝器的技术而模仿制造。江西省吴城遗址新干县大洋洲墓,长江上游非常著名的、独特的三星堆青铜器文化就是如此而来。这些周边区域是商王朝的物资供给源,而与商王朝的关系并非隶属或朝贡,而是实现自立区域内物流关系。在晚商期,面向畿外范围之外周边区域的首领,商王把青铜彝器作为权威物赠予他们,或是通过提供青铜礼器制作技术,以确保物资供给。也就是说,即便商朝

---

① 许宏:《连续中的断裂》,《文物》2001 年第 2 期。

统治权缩小,在与保持对等关系周边区域首领之间的交易中,也实现了确保资源需求。①

至此阶段,受商朝青铜器文化影响而诞生了华中型青铜器、吴城文化(新干县大洋洲墓)、城固青铜器。这种联结关系的扩展为后来周王朝及秦汉领域的扩大提供了前提。

---

① [日]宫本一夫:《从神话到历史》,吴菲译,广西师范大学出版社 2014 年版,第 375 页。

卷　中

史前神话传说:历史故事化遗存

上古神话是远古先民对自己历史的夸张记述,他们把抽象平淡的历史知识赋予情节,变成故事,便于记忆流传。因此上古神话传说并非空穴来风,而是具有不可替代的历史价值。只是时过境迁,被后人当成匪夷所思的神话。

在中国古籍中,历史神话化和神话历史化并存。文史典籍所载的史前神话传说大多是历史传说的故事化遗存,如果能够与考古资料恰当地印证,古史传说中的真实或将逐步显现,从而佐证中华文明的起源和传承。

关于人类的起源,东西方自古便有截然不同的神话传说。

西方多以古希腊神话为据。如开天辟地、神的产生和谱系以及人类的起源等基本上是神造世界、神造人类。而东方的中国,古代神话虽然不系统,也散见于先秦诸章。如盘古开天地、女娲造人等,但毕竟神的人化成分较多。比如对"火"的神话传说,古希腊认为普罗米修斯把天上的火盗来交给人类,从而触怒宙斯,把他钉在高加索山上,每天让恶鬼吃他的心脏,这是古希腊人对于原始人火的发明艰苦过程一种不自觉的艺术加工,而中国则有燧人氏钻木取火的故事传说,知道以树木为巢代替穴居,以"火食"代替茹毛饮血,这与人类文明进程的客观实际较为相符。

中国的上古时代,指现有文字记载出现以前的历史时代。中国一般指夏以前的时代。据考古发掘研究,在距今 7000 年前中华大地已出现了方国形式,与传说中所描述的天下万国、天下万邦的情景相吻合,该时期称为"古国时代"、方国时代或"上古时代"。

由于上古时代没有文字,主要凭借口耳相传的记忆,而增强记忆的方法就是把抽象平淡的历史知识赋予情节、变成故事,才能深入人心、传诸久远。因此,上古神话传说中大都不是空穴来风,只是时过境迁,这些传说被后人当成了匪夷所思的神话。

中华古文明没有留下完整神话系统的原因,主要是今天我们能看到的文献记录过于碎片化,难以复原成完整的故事。实际上中华古文明有着很多精致而蕴含深意的神话传说和故事,这些文史典籍所载的史前神话传说大多是历史传说的故事化遗存。《山海经》是我国唯一一部史前史书。从文史典籍中查找史实痕迹,虞夏商周四朝脉络清晰,跃然纸上,可以佐证中华文明的起源与传承。

一、"三皇五帝"时代

人类学研究表明,在文字发明之前,口耳相传的神话传说,是先民们对上古洪荒时代历史的夸张记述,只要加以科学分析,不难发现其中蕴含的可靠历史信息,如果能够与考古资料恰当的印证,那么古史传说中的真实成分将逐步显现。

神话是远古先民根据自己的想象,对自然事物,人类起源的虚构。而关于祖先的传说则是他们对自己历史的记述,可能神化,但存在相当的依据。因为它产生于历史,是先民口耳相传的故事,在没有文字记载的史前时代,具有无可替代的历史价值,反映远古历史的某个侧面。

"三皇五帝"实际上是上古时期出现的为人类做出早期贡献的部落联盟首领,后人追尊他们为"皇"或"帝"。

"三皇五帝"并不是真正的帝王,道教把他们奉为神灵。"三皇五帝"时代,又称"上古时代"或"神话时代"。

图七二 "三皇"肖像图

"三皇五帝"构成了神话传说时代的历史系统,关于他们的传说异彩纷呈、蔚为大观。因而"三皇""五帝"究竟对应哪些传说人物有各种说法,最为久远也最为模糊的"三皇",大抵是创世神话中的神人,史前人类的象征。关于它的说法竟有六种之多:(1)天皇、地皇、泰皇;(2)天皇、地皇、人皇;(3)伏羲、女娲、神农;(4)伏羲、神农、祝融;(5)伏羲、神农、共工;(6)燧人、伏羲、神农。基本对应考古学上的旧石器时代。①

值得思考和研究的不是三皇为何人,而是三皇所代表的时代究竟是什么样的时代。天皇地皇人皇只是后人所加称号,伏羲氏、神农氏却屡见于古籍。《易经》上存:"太皞伏羲氏。"《史记·五帝本纪》"神农氏世衰"却注明伏羲、

---

① 樊树志:《国史十六讲》,中华书局 2006 年版,第 9 页。

神农不是一个人名而是一个氏族。而且有的后裔在春秋时还有若干侯国,如太昊、伏羲氏是风姓,风姓之国有任、宿、须句,都是伏羲氏之后。神农后代姜姓之国,有齐国、申国、许国、吕国等。少昊氏是嬴姓,嬴姓之国有郯国、徐国、葛国等。

三皇时代,当时中国绝对不止三个氏族,而是其他几百几千个氏族并立,并且已经形成大小不等的同盟,而三皇是这几个更著名同盟的盟长而已。可以肯定的是中国人在三皇时代由采拾生活,进步到渔猎生活,进而到游牧生活。

神农氏尝百草以治病,不仅知医,而且善于稼穑,否则也称不了神农。所谓发明稼穑,知农事,也不过发明了种草的方法,主要是农业在当时太新鲜、太高端了,才被认为神奇,尊称之神农,且华夏子孙皆以神农氏为祖,但这远远到不了称"皇"称"帝"的时候。

战国诸子百家的著作中记录了先民关于有巢氏、燧人氏、伏羲氏、神农氏的传说。有巢氏在树木上建造巢穴,以躲避野兽的侵害;燧人氏钻木取火,教民熟食;伏羲氏用绳索结网,从事渔猎;神农氏制作耜,教民农耕。这些传说,反映了远古先民建房、熟食、渔猎、农耕的发展过程。传说中,伏羲和女娲是兄妹结婚而产生了人类,以后他们禁止兄妹通婚,反映了原始血缘婚姻向族外婚姻的过渡;伏羲发明了八卦——一种原始记事方式,反映了文字出现之前人类的智慧。

到了五帝时代,已经成为领袖的时代,也是几千上万个盟主拥立的大盟主。五帝就是这些部落联盟的杰出领袖,已经较为具体,但也有三种说法:"(1)黄帝、颛顼、帝喾、唐尧、虞舜;(2)太昊(伏羲)、炎帝(神农)、黄帝、少昊、颛顼;(3)少昊、颛顼、帝辛(帝昊)、唐尧、虞舜。"[1]"五帝"所处时代,对应考古学上的新石器时代和玉器时代。

炎帝、黄帝被中华民族尊为共同的"人文初祖",中国人自称"炎黄子孙"就是对共同祖先的尊崇。

炎帝,就是神农氏。他和他的部落发明了农业、医药、陶器。《易经》和《白虎通》说他用树木制造耕作的工具——耒耜,教导民众从事农耕,被认为

---

① 樊树志:《国史十六讲》,中华书局 2006 年版,第 10—12 页。

是发明农业的始祖。《史记》和《淮南子》记载了神农尝百草,以草药治病救人的故事。《太平御览》引用《周书》说,神农在发明农业的同时发明了陶器。由于生产工具的局限,当时的农业处在"刀耕火种"阶段,春耕开始前,防火烧荒,然后用木制的耒耜松土,播撒种子,任其自然生长。神农之所以称为炎帝,反映了原始农业和火有着密切的关系。炎帝的后裔中,有一支是烈山氏,其子名柱,会种植谷物、蔬菜,被后人尊奉为稷神——谷物神。炎帝后裔的另一支共工氏,其子后土,治理洪水成功,被后人尊奉为社神——土地神,此后社神、稷神称为农业社会最高神祇,西周以来受到人们普遍祭祀,以后又把"社稷"引申为天下、国家,具有至高无上的地位。

图七三　汉画像石·神农氏

稍晚于炎帝的黄帝,号有熊氏,似乎是以熊为图腾的部落。相传他率领民众作战时,指挥熊、罴等六种野兽参战,用文化人类学的视角来看,其实是指挥以六种野兽为图腾的部落参战。黄帝从北方到达黄河流域时,已经是拥有六个部落的巨大部落联盟了。黄帝的发明是多方面的,涉及衣食住行各个方面。他发掘首阳山的铜矿,加以冶炼,铸成铜鼎;并且铸造十二铜钟,和以五音,可以演奏音乐。他用树木制造船、车,用于运输;他发明缝纫,制作衣裳;他发明历法,派人到四境观察天象,确定春夏秋冬四季,按照四季的变化来播种百谷草木。

图七四　被所有氏族尊称为天子的黄帝像

　　显然黄帝时代比炎帝时代,在社会经济的各个方面都有了长足的进步。其中"垂衣裳而天下治""以衣裳别尊卑",尤其值得注意。它一方面表明当时已经懂得蚕桑之利,懂得利用蚕丝编织衣料。这可以从考古发现予以证实:吴县卓鞋山出土野生纤维为原料的织物残片——中国已发现的最古老的纺织品实物,属于距今大约6000年的马家浜文化时期;距今5000年的良渚文化出土实物表明,太湖流域一带的先民开始饲养家蚕并从事丝织业。距今5300年的黄河中游河洛古国出土中国最早的骨质蚕雕艺术品,与附近青台遗址出土最早丝绸实物实证了当时先民已经养蚕缲丝,丝帛文化、农桑文化成为中华文明的一个典型特征。另一方面,用服饰来区别等级,表明社会组织已经有了尊卑之别。人们把这些事实与铸造铜鼎以及由十二个编钟演奏显示权力威仪的音乐联系起来分析,国家雏形隐约可见。

　　据说黄帝的部落联盟有姬、祁、任等十二姓,姬姓是黄帝的嫡系,后来创建了周朝;祁姓有传说中的陶唐氏,即唐尧所属的部落;黄帝的后裔夏后氏,是夏朝的创立者,人们把黄帝尊奉为华夏民族的始祖,是名副其实的。

图七五　汉画像石·黄帝战蚩尤

黄帝留下了很多传说,特别是 5600 年前那场炎黄、蚩尤大战尤为精彩。

代表着黄河部落联盟的黄帝,曾与炎帝争夺华北,黄帝久战不敌。但蚩尤的分裂削弱了炎帝集团的实力,一战而胜炎帝于阪泉之野,而当蚩尤独自与黄帝作战时,黄帝仍然不能取胜。于是黄帝只好求助于北方的玄女,称女魃,这应当是红山部落派来助战的女大巫师和女军师,她布下皮鼓阵,用以互通消息,然后舞蹈做法,驱散风雨,在逐鹿决战中竟生擒了蚩尤。想来黄帝对北方女巫的实力又敬又畏,他没有让女魃北返,而是将她留了下来。但所到之处,连年大旱,被人们称作"旱魃",中原人民对她敬而远之。黄帝则乘势夺取河南、河北,又渡黄河占领山东,居淮北而都于彭城,树立蚩尤之旗,威吓天下,而炎帝则退居淮南,从此一蹶不振。于是黄帝就被所有的氏族尊为天子,天神之子。他自称或被称为黄帝,帝代表天神。

从距今 5600—5300 年,黄帝部落用了 300 年的时间,来巩固他对黄河流域和华北平原的统治,在北方与辽西玄女族(红山)结为同盟,在南方则一步步打击炎帝的后裔共工氏。

司马迁说黄帝版图东至海,西至甘肃崆峒山,南至江,北至察哈尔的釜山。从后来挖掘出土的陶器来看不为太虚,在甘肃河西陶尊上的夔纹与商周青铜器上的夔纹几无差别。当时黄帝时期尚不是一个国家,只是听从他号令或以黄帝部落为盟主的各个民族部落。黄帝时期前期作为游牧时期,司马迁说他"迁徙往来无常处",后来才定居起来。他设置左右大监二官,监理万国,当时中国即为中原地区,以黄帝为大同盟长,也是当时中国最大权力中枢,也是最高文化核心。

黄帝死后,由高阳氏的帝颛顼担任中原大同盟的盟长或盟主。高阳氏所在地为今日河南濮阳,其后裔在春秋时有楚国,就是从此分迁到南方去的。颛顼帝时"绝地天通",阶级阶层已经分化,形成了两个阶级。

帝颛顼后帝喾继为天子,都于西亳,现河南省偃师。后来名字"夋",王国维先生在甲骨文中考出个"夋"字,写成,他是商王朝的远祖,后文中将多次提到他,之后就是我们较为熟悉的帝尧、帝舜了。

尧在位七十载,我们所熟悉的就是定历与治水。他令羲仲、羲叔、和仲、和叔四人,到国境(大同盟之边境)东南西北四个极点去测量太阳的部位,东看春分,西看秋分,南看夏至,北看冬至,他把四大节气定后并确定了一年三百六十日稍弱,并用制闰的方法予以调整。在当时非常先进,也符合农业生产的实际情况。关于治水,他依从四岳推荐令崇伯鲧,治水失效。尧禅位舜后,陶唐氏作为一个部族国家,到夏代才灭亡。

图七六　舜受禅让图

舜即位先巡视东南西北四方诸侯,并定下天子每年巡狩一次,群后朝见一次,这等于把大同盟变成一个联邦式的国家,之后他把同盟分成十二个区域,每个区域设一个方伯,伯即是长,相当于十二个州长,这样的组织形式更接近于国家的状态。同时他又制定了相对一致的法律刑罚在同盟内运行,严厉处置了共工、灌兜、三苗、鲧,这就是《左传》和《史记》上所载的"四凶"。舜的朝廷中名臣甚多,《史记》载有名臣二十二人,包括禹、弃、稷、契、皋陶、垂、益、伯夷、夔、龙诸人,"八恺""八元"等十八"才子"等。

二、《史记·五帝本纪》

中国留存的文献资料中,《史记》有体系地综述了夏、商、周等上古王朝以前的阶段。《史记》是中国最早的正史,包括十二本纪、十表、八书、三十世家、七十列传,共一百三十卷。本纪部分记录着汉王朝之前历代王朝的历史。

其中商王朝的存在因甲骨文的发现才得到证实。商王朝之前的夏王朝,《史记》将其记述为《夏本纪》。关于夏王朝,在考古学的文化认识上首推二里头文化为代表。中国的考古学界和历史学界一致认为二里头遗址的宫殿区是夏王朝的国都。

《史记》中,记载于《夏本纪》之前的是《五帝本纪》。讲述黄帝、颛顼、帝喾、尧、舜五位王者以各自的雄才大略治理国家的历史。舜把王位禅让给治水有功的禹,而后禹建立了以世袭继承王权的第一个王朝——夏王朝。

本书的内容涉及正是史前时代到五帝时代以及夏商王朝的时代。

为了编纂《史记》,司马迁曾先后两次赴各地做实地调查。调查过程中,各地的老者们时常称颂黄帝及尧、舜的事迹。以现在的眼光来看,这样的调查大概相当于民间故事的搜集,但讲述者对于五帝存在的事实一定是确信不疑的。

另一方面,记录着古代王者言论的《尚书》却只记载了尧以后的历史。另外,在鲁国的《春秋》和春秋时代的国别史《国语》等史书中,有"五帝德""帝系姓"等记载。司马迁认为这些记载值得信赖,因此从中选取确实可靠的内容,加以编纂,写成了《五帝本纪》。

据《史记》记载,五帝自黄帝至舜皆为姬姓。第二代的颛顼为黄帝之孙,第三代的帝喾是黄帝的曾孙。接下来的尧是帝喾之子。如司马迁所述,《尚书》中只记载了尧以后的历史,而《史记》中关于尧、舜的记述非常详尽,远胜于之前的史书。另一方面,舜从第二代的颛顼算起,相当于第六代子孙。舜与尧虽有亲戚关系,却只是远亲。关于尧和舜的关系,并未记录着如之前时代的那种直接的父子关系或祖孙、曾祖曾孙关系。

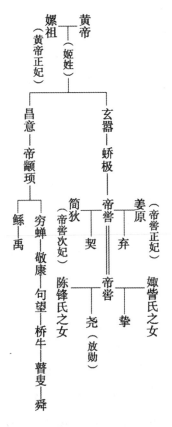

图七七 《史记》中的五帝血缘关系表

原本说来,这种亲缘关系是否确实尚有疑问,很多情况下,很可能是为政者为保持权威而在后世虚构的血缘关系。即使在这样的记载当中,舜也只是处在尧远亲的位置。在《史记》的记述中,舜为冀州人(今山西省)。

据《五帝本纪》记载,黄帝死后葬于桥山。这应当是司马迁从老者的讲述中得出的调查结果。《史记》的注释书,南朝宋的《史记集解》认为黄帝陵在上郡桥山,唐代的《史记索隐》和《史记正义》也沿用了上郡阳周县桥山的说法。其位置在今陕西省北部的桥山。

　　而这种说法的史实依据则缺乏可信度。从文献的新旧程度来看,明确可知的出处最早也是汉代以后的传说。从其地理位置靠近周朝王室的发源地这一点来看,不难推测这是为显示周朝王室正统性的传说。因为周朝王室与黄帝同样以姬为姓,一直强调着与黄帝同一血统的出身。①

　　黄帝陵位于陕西省北部的黄陵县,现在依然吸引着众多朝拜者。当然这座陵墓是根据后世传说建造的。

　　从《五帝本纪》中可以判断,黄帝是以今陕西省北部为据点的氏族,而舜的据点应在今山西省。整个五帝当年活跃的地点就是从黄河中游地区到渭河流域一带。

　　从《五帝本纪》的记述可知,五帝从黄帝到舜、禹为同一家系,皆为黄帝与妻子嫘祖的子孙。然而他们分别采用了不同的国号。司马迁认为这是为了彰显各自的德业。"故黄帝为有熊,帝颛顼为高阳,帝喾为高辛,帝尧为陶唐,帝舜为有虞。帝禹为夏后而别氏,姓姒氏。"黄帝至舜同为姬姓,禹建立夏朝之后,独立为姒氏。同时也写道:商的始祖姓子,周的始祖姓姬。

　　从中可以看出:黄河中游地区到渭河流域的各氏族有着拥有共同祖先的同族意识,而成立新王朝的夏自称是从中独立而出的家系。

　　也有人认为从黄帝、颛顼到帝喾、尧舜是从松散联盟到集权酋邦的过渡阶段。上古三代,周代首领称王,商称帝,夏称后。"后"的甲骨文就是一个挺着大肚子的女人形象,显然有母系社会的遗风余韵。

　　五帝同源,皆出自黄帝一宗。甚至包括商族始祖契和周族始祖弃。商朝一直有玄鸟生商的传说,说帝喾之次妃简狄在野外沐浴时,恰好一只燕子飞过,又恰好产下一枚鸟卵,她拾起吞下,怀孕生下商祖契。卵就是子,所以契以"子"为姓。周的始祖弃出生更为神奇,帝喾之元妃姜嫄,外出游玩,踩了大脚印,回来就怀孕了,生下孩子又担心帝喾怀疑,扔到荒郊野外,取名"弃"。弃善种菽麻,尧时主管农业,后世尊为"后稷",奉为农神。舜时随大禹治水,功勋显著,与法律始祖皋陶尊为"治水四贤"。

　　《五帝本纪》中代系分明,颛顼是黄帝之孙,帝喾是颛顼侄子,舜是黄帝八世孙,禹是黄帝之孙鲧之子。到了商汤亡夏之时,也要解决政权合法性问题,

　　① ［日］宫本一夫:《从神话到历史》,吴菲译,广西师范大学出版社 2014 年版,第 17—20 页。

必须往五帝家族上攀亲戚,于是找到了出身东夷的高辛氏,造出商族来源于高辛氏的传说,把始祖契给帝喾做了儿子。周更厉害,周武王灭商后,也怀着这个心态,先让弃和契做了兄弟,不但是帝喾的儿子,而且母亲是元妃,是嫡长子,周代商更加合情合理。

《史记》的《三皇本纪》记述着比五帝时代更早的三皇神话,但这不是司马迁本人所著,是唐代司马贞的补笔。据司马迁自述,他在编纂《史记》时选择内容认为确凿可信,不用不实传说。《三皇本纪》中"三皇"指伏羲、女娲和神农,伏羲和女娲蛇首人身,神农人身牛首,所以司马迁不把这样的神话当作历史来记录。但可以肯定的是神农和五帝都是以渭河流域至黄河中游地区为基础的华夏系神话。

图七八　汉代画像石　伏羲与女娲

另一方面,从伏羲、女娲的形象常见于汉代以后的画像石以及墓葬壁画之中的情况来看,他们作为民间信仰,在汉代之后拥有一定的地位。或许这是唐代将之记为"三皇"的原因。

汉代的画像石上常常刻绘有手执矩的伏羲和手执规的女娲。大多数石像中两者皆呈蛇身人首,自腰至尾相互交缠。古代传说中伏羲与女娲是一对夫妻,上述石像正是象征交媾的具象表达。

在中国西南的苗族与瑶族的传说中,伏羲与女娲氏是亲生兄妹,而后结为夫妻。这是一段关于洪水的传说。雷神发怒引发大洪水,众人皆死,唯有藏身于葫芦之中的兄妹俩得以生存,他们结为夫妻,成为人类再生的先祖。这与《旧约圣经》中描写的诺亚方舟的传说,以及亚当、夏娃的故事也略有相似。

这段传说的流传可以上溯至哪个时代尚不得而知,而汉代画像石上反映这段传说说明这在当时已经流传。但是从图像学的角度来看,伏羲与女娲同时出现于最早可上溯至西汉中期的壁画。蛇身人首的伏羲与女娲相互交缠的图像则最早出现于西汉末期至东汉时期。

如《三皇本纪》中所见,初期的伏羲和女娲氏是单独存在的神,后来才被看作夫妻并成为人类再生的神灵。

三、华夏氏族的初步形成

世界的初创是哪个时代的事呢?

战国初期,楚国的诗人屈原在诗作《天问》中,对世界如何诞生、宇宙如何形成提出了质问,然而屈原并未得到答案。或许在当时还没有这类创世神话。

在中国,最有名的开天辟地者当属盘古,即所谓的盘古神话。三国时代吴国的徐整著有《三五历记》,书中搜集了流传于南方少数民族之间的神话,把盘古归为开天辟地的汉族祖先。

盘古神话从内容上来看,要早于伏羲、女娲神话,但是这些内容的记述整理是在《三五历记》写成的三国时期。就算是自古流传下来的神话,也必须考虑到它的成书处于较晚的年代。

世界各地普遍存在大洪水灭世、创世神复活神话。通常是神(天)降大洪水惩罚人类,只有少量幸存者,重新繁衍人类成为现今人类始祖。在中国神话中就是女娲补天的神话传说。

《淮南子·览冥》曰:"往古之时,四极废,九州裂,天不兼覆,地不周载,火爁炎而不灭,水浩洋而不息,猛兽食颛民,鸷鸟攫老弱。于是女娲炼五色石以补苍天,断鳌足以立四极,杀黑龙以济冀州,积芦灰以止淫水。苍天补,四极正,淫水涸,冀州平,狡虫死,颛民生。"在中国传统宇宙观中,天生水,水属于天的范畴,天空破裂使天水全漏到地上,造成大洪水。女娲神母修补天空,控制天水降雨淹没大地,以救万物(包括人类)。

《淮南子·天文训》又补充说明,大洪水由共工所造成:"昔者共工与颛顼争为帝,怒而触不周之山,天柱折,地维绝。"

这一神话虽然只出现在《淮南子》《楚帛书》等战国、西汉文献中,显得比较零碎,但应是华夏民族洪水灭世和再生的范型神话,而且神话相对应的时代远早于夏朝。

女娲神曾经分天地、疏山川,但后来大洪水毁灭她原本创造的世界,又因此补天而停止大洪水,重新使天地复苏。

不论是伏羲、女娲神话,还是盘古神话,在司马迁编纂的《史记》中都没有记载。可以想见这些神话是在汉代以后人们开始关注宇宙及世界诞生的问题,或者说是出于对汉族祖先赋予正统性的必要而产生的。①

自古以来,人们总是习惯于将华夏民族与夏王朝联系在一起,并且认为夏朝就是夏族建立的,甚至一些人将整个五帝时代,一概称之为"前夏时代"。但这里面有很多的疑点,关于夏禹是西方羌人所生也许是可信的,因为禹的祖先帝颛顼本身起源于西方,帝颛顼既然可以从西方长江、汉水之源来到山东,并且取代东方少昊氏的统治,那么他的后代比如鲧、禹等人当然也可以来到山东。

中国史前史或者上古史,其中的绝大部分就是东夷史,因为五帝时代的故事大多发生在东方。

在5000年前,山东人称渤海为"北海",称黄海为"东海",称东海为"南海",所以南海观世音不住在南海,而是在东海普陀山,这对于居住在山东的人来说也是理所当然的。

《山海经》记载了东海之神禺䝞和北海之神禺疆的事迹,这一点相当值得关注,因为在山东半岛的北部,那里正是传说中的"隅夷"活动的地区,而禺、隅二字,本为一字。顾颉刚先生曾解释大禹的"禹"字为一种虫子。笔者认为,汉字早期使用同音字通假,大禹未必不是"大禺"或者"大隅"。无论禺疆还是禺䝞,其实都暗示着在山东半岛的东北部沿海曾经生活着夏民族的祖先——禺族,鲧被杀于羽山,这个羽山是江苏东北部东海县的最高峰,而此山北邻山东沭阳。东海之神死于东海(黄海)之滨,这再也正常不过了,这一地区同时又是大汶口文化的南境和良渚文化的北境,著名的新沂花厅良渚文化遗址就在羽山附近,所以鲧死于祝融之手亦是可信的,因为祝融亦称作南海之神,这也可以解释大禹在其后南征时为什么一定要杀死防风氏,因为古防风国就在浙江的德清县,正好与良渚镇为邻,也是良渚贵族或联盟成员,所以防风

---

① [日]宫本一夫:《从神话到历史》,吴菲译,广西师范大学出版社2014年版,第28页。

氏被杀并不是因为他在夏禹大会诸神时迟到了,而是因为大禹对祝融一族的仇恨。大禹和他的父亲或祖先鲧都生活在山东泰沂古陆的东北海角,极有可能是渔民的领袖,所以这二人先后被任命为治水官,因为他们善于航海、造船,熟悉水性。

图七九　根治水患的大禹

隅夷生活在山东半岛的莱州湾以及渤海的南岸,这可能是鲧禹一族最初的根据地。传说大禹初封于泗水,在曲阜之侧,这可能是大禹为帝尧治水有功之故,后来竟被赐姓姒(泗)。传说大禹又名"高密",这与"帝高辛"和"帝高阳"的意思是一样的,大禹或者崇伯鲧即是"高密氏"和"帝高密"。也就是说,夏民族之封国,有一个都城是在"密都",也就是"高密"。密都在哪里? 山东有高密市,在潍坊与青岛之间,这个城市竟然与大禹同名。山东又有下密县(在昌邑市),还有密州(在诸城市),这两地均与今高密市相邻,也就是说它们都在古代"隅夷"活动范围之内,也都在神禹之都附近。北海之神禺疆又名"玄冥",也是北方之神,是帝颛顼的祭司,也就是大禹。大禹父子真正的身份其实就是传说中的"隅夷",是一个时期生活在半岛海隅的部落,大禹即是"大禹",而所谓夏族的前身即是隅族、禹族,甚至还有可能是"羽族"。

从黄帝到尧舜禹时代，持续了一千五百多年。他们在黄河流域一带吸收夷人部落与羌人部落，结成新的部落联盟，逐渐形成了"华夏"，当时黄河流域一带的先民自称"华夏"，或称"华""夏"。

世上万事万物都是先有事实，后有概念。"华夏"的事实早已出现，但"华夏"这个概念却出现得较晚。它最早见于《左传》襄公二十六年（公元前547年）这样一条记载："楚失华夏。"说的是楚国由于失误而失去了中原的华夏大地。可见人们关于"华夏"的记忆由来已久了。唐代的经学家孔颖达在对《左传》所说的"华夏"做注释时，这样写道："华夏为中国也。"在古人的心目中，"华夏"是"中国"的同义词，似乎是毋庸置疑的。这是因为居住在黄河流域的古代先民自称"华夏"，而把边境人民称为"蛮""夷""戎""狄"，华夏位居中央，便自称为"中国"，即中央之国。

这时候，华夏的部落联盟已经超出血缘纽带的联系，而成为以地缘为纽带的共同体，具备了国家的雏形。据说当时天下有"万国""万邦"，他们各自建立邦国的同时，还曾联合许多邦国建立起地缘性联盟。联盟议事会是最高权力机构，讨论重大事务，推举联盟首领。

在龙山文化晚期，中原地区的文明化进程达到与海岱地区相当的水平，才出现历史学上的海岱东夷集团与中原华夏集团的联盟政权。这联盟政权具体表现为以二头盟主共同执政的禅让制。如东夷部落以有虞迵为代表成为夷夏联盟集团的共同盟主时，华夏部族则选出尧与之配合。尧与有虞迵同为联盟集团的盟主，称为二头盟主共政。只不过二头盟主中，迵为主，尧为辅。但当有虞迵死后，尧成为二头盟主中的主位，再选出东夷部族的舜与之配合。尧死，舜又上升为二头盟主中的主位，再选出华夏部族的禹与之配合。然而，这种海岱东夷集团与中原华夏集团平衡发展的局面，进展到距今4000年左右时被打破了。这就是世袭制代替禅让制。

据说尧年老时，在联盟议事会上提出继承人选问题，众人讨论后，推举了舜。舜继位后，征得联盟议事会同意，任命了管理土地、教化、祭祀、刑法、人民和山林川泽的官员。由于禹治理洪水有功，当舜年老时，联盟议事会一致推举禹担任首领。这就是尧、舜的"禅让"，传贤不传子，被后人传为美谈。

这种"天下为公，选贤与（举）能"的大同社会，就是儒家津津乐道的理想社会。儒家典籍把夏朝建立之前称为"大同之世"，夏朝建立之后称为"小康之世"，根本区别在于，前者是"天下为公"的社会，后者是"天下为家"的社会，换句话说，前者是"公天下"，后者是"家天下"。这种转变的关键是私有制与阶级分化的出现，而表现形式则是"禅让"制度的废弃。

禹年老时，在联盟议事会上讨论继承人选时，众人先是推举皋陶，皋陶死后又推举伯益。禹虽然没禅让于启，却暗中默认启势力的坐大，形成了事实上的"传子不传贤"。禹死后，启杀死伯益，自己继承了禹的职位，于是出现了"家天下"的夏王朝。从此"天下为公"变成"天下为家"，"公天下"变成"家天下"。

夏朝的建立，开创了以后历代王朝由一家一姓世袭统治的先例。

关于中华民族的形成正是中国逐步向国家王朝过渡发展的历史，既是农业社会的发展史，也是以粟、黍农业社会与稻作农业社会为基础的史前社会融合衍化发展的历史。

自旧石器时代以来中国大陆就存在着北方与南方两条区域社会文化轴。南方文化轴分别是位于华北黄河流域的粟、黍农业和位于华中长江流域的稻作农业。随着农业的发展与扩散，两类农作物区域逐渐融合，其融合过程可见于黄河中、下游地区。这种融合不仅是在生产经济上的融合，而且在维持社会组织的精神基础上也实现了融合。通过融合，使社会群体的统合组织程度日趋强化，从炎黄大战到虞夏商王朝等初期国家。这一系列过程就是中国大陆南方文化轴的发展进程。

中国大陆的北方文化轴诞生于新石器时代后期，在农业社会的北缘区域即长城地带，逐渐以从农业社会分离的形式，诞生了畜牧型农业社会。长城地带至内陆亚洲一带开始出现与夏商王朝不同的、以青铜短剑为中心的北方青铜器文化。相对于夏商周社会，长城地带至内陆亚洲一直以来都分布着不同的青铜器文化，而且时常与欧亚大陆草原地带保持交流。

虞夏商周文化是南方的文化轴，北方青铜器文化是北方的文化轴。可以说在新石器时代至夏商王朝时期的两条文化轴的交流之中，在南方的文化轴一方诞生了小麦、青铜器、车马等物质文化。经过商周社会，继而在南方的轴线上相继诞生了统一的秦朝和汉王朝，在北方的轴线上诞生了匈奴游牧国家。

中国历史上从来没有哪个纯粹的中原王朝或华夏王朝能够稳定而持续地同时统治长城南北，能够做到这一点的都是北方入主的草原征服王朝，当然

"统治"指真正征服,而非朝贡体制。①

在中国古代,华夏民族或者汉人并不是以血统而定,历次民族大融合、大迁徙,都导致中原人或多或少的南北混血,炎黄蚩尤大战、中原王朝对良渚大虞的讨伐以及西周时还视作蛮夷的楚人、越人、吴人等,进入帝国时期已经是汉人的一部分了。因此,华夏民族或者汉人是用文化来定义的,是经过春秋战国,秦统一以后的产物,具体就是以农耕生活为载体的儒家文化。

400毫米等降水量线对于农耕的约束,就使得人们越过长城以北生活必须游牧化。一旦游牧化,也必须放弃中原式人际关系结构、家庭结构等,也就无法按照儒家的方式来生活了。

从统治者来说,后来的中原王朝可以派兵远赴漠北驱逐游牧者,却无法实质性统治,主要是因为统治驻军的成本太高,就地取材补给也必须游牧化。所以中原王朝强大时可以扫荡漠北,事毕必撤军南返。

实际上,其后中国社会一方面形成了初期国家的区域即中原,在中原古代国家几经兴亡,以至形成了保护中华这个自我群体的思想方式。

中华正可谓这样一种思想方式,这种思想方式诞生于商周社会后期即春秋战国时期,形成于战国时代。

而后这种称之为中华的思想方式在继承了战国时代思想的汉代得以完成。但这并不能直接等同于近现代的中华概念。因为近现代中华概念的基础是建立在以清朝的国家领域为背景形成的概念之上。

关于中国历史,我们不能用以中原为中心的单一发展规律和战国时代以后正式成形的中华概念来看待。

中国原指畿内,称作"中邦"。在西周金文中,王都附近被称为"中或(中域)"。这个"或(域)"字后来被加上了方框,成为"國(简体字为国)",给它加上土字旁后便成了"域"字。我们可以认为城市国家时代的"域"到了领土国家时代就演变成了"國"。也就是说,从城市向外延伸的一定范围叫作"域",而到了以文书行政来统治城市的领土国家时代,这个"域"都成了被外面的疆域包围的存在了。因此便产生了"國"这个字。

在汉代,汉高祖的名字为"刘邦",因此汉时忌"邦"字,换成意思相近的

---

① ［日］宫本一夫:《从神话到历史》,吴菲译,广西师范大学出版社2014年版,第387—391页。

"国"字,因此我们所知道的"国"的意思就来源于"邦"和"域"。

《尚书·禹贡》中出现的便是"中邦"。西周金文中出现的是"中域"。无论国家和时代情况,在汉代一律被"中国"替代。汉代的"中国"非常广阔,而战国时代的"中国"(中邦或中域)只表示有限的区域,而后世在阅读古文时却把"中国"所称领域是广阔的。

战国时代列国林立,有多个中央政权并存,这些若干中央政权或国家都是建立在新石器时期以来的文化地域母体之上。延续数千年文化地域使各国必须强调其领土统治的正当性。所以我们查看战国时代的史书,发现书中都各自强调自己国家的正统性及对领土统治的正当性。这些领土国家把包括本国领土在内的地域定义为特定区域,除此之外皆为野蛮之地。

人们用"中国"或"夏"表示这一特别地域,因此春秋战国时代不同国家话语中的"中国"所指地域是不同的。

"夏"是来源于夏王朝,但战国时代不同国家称"夏",其具体范围不尽相同,这也导致后世对夏王朝统治范围产生歧义。战国时代的秦认为中原的西区是夏故地,强调自己对陕西一带的统治,将自己的国家定义为"夏";魏则认为山西到河南一带才是夏之故地,强调夏都在河南;而韩人则主张春秋时期晋国都城山西一带才是夏地。

"中国"一词现在是中华人民共和国的简称。在历史上广泛理解为汉族人居住地代名词,但当我们追溯到战国,却发现"中国"是指"天下"中的某个特定地域。

"夏"和"华"可通用,将"中国"与"夏"融合便有了"中华"一词,这个中国只有到了汉代以后才演变成天下。

"夷狄"一词很少单独使用,它经常与"中国"一词同时使用。如果说文明开化、文化繁荣的地域是"中国",那与此相对的野蛮之地便是"夷狄"。因为在战国时代人们的观念中,这个"夷狄"之地是包含在"天下"之中的。

成书于战国时代的《战国策》等古籍中留下了许多各国往来人士的故事。我们能从中看出,他们观念中天下的领域是战国时代群雄割据的国家领土的总和。

"中国"是文明开化、文化繁荣之地,也是各国主张其领土统治正当性的地域。"夷狄"是野蛮之地,是与"中国"相对的地域。这一地域便是与自己国家相对抗的其他诸国的领域。

虽然这些地域还没有成为自己的领土,但总有一天会将其纳入自己的版图之下,这是对领土统治正当性的一种主张。战国时代各国所构想的特别地域就是以这种对领土统治正当性的主张为前提的。它比各国实际统治的疆域还要更广阔一些。而这就是新石器时代以来的文化地域。这里设定的地域与新石器时代以来的文化地域多少有些不同。新石器时代以来的文化地域其实也根据情况需要而扩张或缩小。

正如不同国家所讨论的"中国"或"夏"各不相同,"夷狄"这个词汇也因国而异。它有很多种说法,例如"东夷""狄""蛮夷""戎"等。而且,尽管各国都使用同样的文字语言,但因其国家不同而不同。

西周金文中有文王、武王共同建立周王朝的内容。文王"膺受大令(命)""匍存上下",而武王"克大邑商"。其结果是"匍存四方(平定了四方)"。

到了西周后期,文王和武王的功德合二为一,铭文主要表现为"丕显文武,膺受大命,匍存四方"(出自青铜器"师克盨"),也有将"匍存四方"表现为"和别殷氏"(出自青铜器"师询簋"),或"率寰不廷方"(出自青铜器"毛公鼎")。由此可见"匍存四方"所表现的是周打败殷商的"克殷"之意。[①]

这时周为西周初期,"四方"并非周的"四方",而是殷商的"四方"。这个"四方"并非指东西南北这四个方位,而是代表四个"方"国。因为殷商称诸侯国为"方",这种称呼甲骨文随处可见。

四、绝地天通和阶级、阶层

从部落氏族到阶级社会,有个过渡时期,那就是氏族制逐渐解体,社会内部分化日益严重,阶层出现,并逐渐向国家发展。这些特征在神话上的反映,就是天和地通路的隔绝和天帝的出现。

至于说到天和地的隔绝,既然有所谓隔绝,一定就有所谓不隔绝,那是毫无疑问的。据《国语·楚语》记载,春秋时候楚昭王问大夫观射父,"我看见

---

① [日]平势隆郎:《从城市国家到中华:殷周春秋战国》,周洁译,广西师范大学出版社2014年版,第393页。

《周书》上这么记载着：说重和黎就是隔断天地通路、叫天和地不相通的人，这怎么解释呢？照这样说来，若是重、黎不隔断天地的通路，下方的人民岂不是都可以登天了吗？"这恰好说明了古代神话的真相。

在天地通路没有隔绝之前，自然是谁都可以登天的，而且确实也有天路可通。通天的道路是什么呢？据《山海经》所记，其一是山，著名的有昆仑山、登葆山、灵山和华山青水之东的肇山；其二是树，有生长在都广之野的建木：人民就能凭借着山和树做天梯而登天。因而瑶族传述的伏羲女娲兄妹结婚神话中，就有兄妹俩攀登天梯到天庭去游玩的情节，其他少数民族神话也多有类似的记述，说明神话传说中的远古时代，确实是人神交通无碍的。正如《定庵续集·壬癸之际胎观》所描绘的那样："人之初，天下通；旦上天，夕上天，天与人，旦有语，夕有语。"①古神话中这种有天地通路而不隔绝的情景，生动地反映出了阶级划分以前原始社会的人们在经济地位上和政治地位上的平等关系。

可是随着社会的发展，不可避免地原始公社逐渐瓦解了，奴隶制社会代之而产生了，出现了阶级划分和人剥削人的现象，这在神话上的反映就是天和地通路的隔绝。

人类社会划分为剥削与被剥削的两个敌对阶级，是人类历史进程上一件石破天惊的大事，因而神话上对此反映也特为突出。

《山海经·大荒西经》说："大荒之中，有山名日月山，天枢也。吴姫天门，日月所入。有神，人面无臂，两足反属于头山（上），名曰嘘（噎）。颛顼生老童，老童生重及黎，帝令重献上天，令黎卬下地。下地是生噎，处于西极，以行日月星辰之行次。"

《国语·楚语》曾记观射父对上古原始宗教三个阶段的阐述：即先古时期的"民神不杂"；少昊、九黎时的"民神杂糅""家为巫史""民神同位"；颛顼时期"乃命南正重司天以属神，命火正黎司地以属民，使复旧常，无相侵渎"的"绝地天通"的宗教改革。

这在历史书上也有记叙，《书·吕刑》说："皇帝……乃令重黎，绝地天通。"《国语·楚语》说："颛顼受之，乃命南正重司天以属神，命火正黎司地以

① 龚自珍：《定庵续集·壬癸之际胎观》，光绪三年（1877）万本书堂刻本。

属民。"讲的就是这一回事。《大荒西经》所说的"帝令重献上天、令黎卬下地"，历来注家对于"献""卬"两个字的含义都不能解释，连郭璞注《山海经》也只好说："义未详也。"参考韦昭注《国语·楚语》的说法："言重能举上天，黎能抑下地，令相远，故不复通也。"那么"献""卬"应当就是"举""抑"的意思。但"献"训"举"固然可通，"卬"如何又可训"抑"呢？袁珂《中国神话史》认为"卬"字是"印"字之讹，"印"的本义就是"按"和"抑"。这样一来，韦昭的说法就完全可以成立了：也就是说重和黎两个大神奉了上帝的旨命，各伸出一双硕大无朋的手臂，一个尽力把天往上举，一个竭力把地朝下按，所谓"绝地天通"的具体情景，就生动描绘出来了。这正是人类社会阶级划分在神话上最形象不过的表现。①

传说中的蚩尤之乱导致民神杂糅，人人皆巫史，在真实的历史上可能分布在中国大地各种原始文化彼此冲突交战的过程。这种混乱交战在传说中被记忆成各彼此对抗的部落神的冲突，这种冲突只会混乱而不会带来正当的程序，因为正当程序的前提是对神的共识。颛顼帝"绝地天通"，就是确立独尊之神，这种必须超越于诸多部落之上，才能获得普遍认同，这独尊之神就是"天"。"绝地天通"的结果主要是将"民""神"沟通等级化、层次化、礼仪化了，它规定了人与神交往、沟通的层次性，使先民社会在宗教祭祀主体上各祭其神，各主其宗，"家为巫史""民神同位"的情况仍然存在。它使各级臣、民形成各自对生于斯、长于斯的家族、宗族祖先神礼祭、尊享的礼仪制度，也形成民众对所处地域的山川诸神（如土地、山林、河流神祇等）的禁忌与祭祀。它由此改变了过去王、臣、民均能够与天神沟通的祭祀方式，而仅仅由"王巫"及附属臣巫来垄断与最高神祇的沟通。

颛顼宗教改革使宗教祭祀主体、主神的等序化逐渐固定下来，代表国家层面的"天子祭天地，祭四方"，与民间社会的"宗自为祀""家自为祀"及泛灵崇拜并存共生，由此使早期国家与民间社会产生了在祖先崇拜、泛灵禁忌与自然神灵祭祀上的二元化宗教现象。王权对最高主神祭祀的垄断，切断了自然界诸神向统一、超越的宇宙主神上升的道路，它使"王"兼"巫"者的一身二任的祭祀天地、封禅山川的功能更加突出。民间社会中形形色色的"家祭""宗

---

① 袁珂：《中国神话史》，重庆出版社2007年版，第37页。

祭"，也使各宗族、家族内部的祖先崇拜和血缘祭祀泛起，形成不同等级和规格的神主(祖先)崇拜，并与国家宗教祭祀一道产生了由权力距离形成的等级差异的祭祀礼仪。它的结果是淡化了普通中国人对于国家统一神祇的尊崇与信仰，强化了民间社会对乡土社会神祇(如土地、山川等神)及对自己的宗族先祖的尊崇、礼祭，形成国家、社稷与乡土社会各祭其祭、各祀其祀的宗教传统。这也使过去正在分化的巫师群体进一步呈现二元分离局面。① 于是对部落神的祭祀就逐渐过渡到对"天"的祭祀，天帝也就随之出现。

天帝是怎样出现的呢? 推想起来，必定和氏族解体时期军事首领在部落联盟中建立的酋长世袭制有关。军事首领由于世袭了酋长的职位和发动掠夺战争而日益扩张其权力，反映在神话上，则出现了所谓的天帝。

但那时候传述的天帝却非止一个，而是有一大群。在《山海经》里，黄帝、女娲、炎帝、太昊、少昊、颛顼、帝俊、帝尧、帝喾、帝舜、帝丹朱、帝禹、帝台等，都是当时传述的天帝，所谓"众帝"(《海外北经》)、"群帝"(《大荒北经》)便是，这和当时混居中原部落联盟军事首领非止一个的实际情况是大致相符的。

后来国家形成，阶级划分，建立了威慑四邻的王朝，反映在神话上，这才有了独一无二、至高无上天帝的出现。我国古代中原民族神话传说中的上帝，就是黄帝、颛顼;东方民族神话传说中的上帝，就是帝俊。

《山海经》中描述反映的黄帝，部落酋长形象和上帝形象二者兼有。黄帝与蚩尤之战是部落酋长的形象;严厉惩罚神国内讧的肇祸者，如鼓和钦䲹杀葆江，危和贰负杀窫窳，黄帝都予以严惩，就是上帝形象的表现。而作为"帝之下都"黄帝所住昆仑山(如同希腊神话所说宙斯居住的奥林帕司山)的叙写，在《山海经》里笔墨数见、笔触最浓，把帝宫的庄严宏丽和四周神异景色都描绘出来了，这也是上帝形象的具体表现。而黄帝，如同帝俊一样，从《山海经》所记神谱看，不但很多著名的天神，如鲧、禹、禺䝞、禺强等，就是下方许多民族，如欢头、犬戎、北狄、苗民等，都是黄帝的子孙，黄帝因此成了人神共祖的老祖宗。这便在原有英雄崇拜的基础上，又增添了祖先崇拜的意识。这也是神话从原始社会进入阶级社会以后必然发生的演变。②

---

① 李禹阶:《中国文明起源中的巫及其角色演变》，《中国社会科学》2020年第6期。

② 袁珂:《中国神话史》，重庆出版社2017年版，第33—34页。

黄帝在神话中虽然一方面表现为具有上帝身份至高无上的天神，另一方面从他和炎帝以及蚩尤的战争情况来看，又隐隐显示了在原始社会后期作为部落联盟大酋长的身份。神话中的尧、舜、禹，除禹的天神性较重而外，尧和舜都已经由神性渐趋向于人性了。因而要把这些神话人物看作纯属虚构，是很不严肃的。他们很有可能有虚构的成分，但更有可能他们是原始氏族社会时期的著名领袖，确实替人民做了不少好事，受到人民的尊崇敬爱，从而在传说中将他们神话化了。

在中国神话史中，颛顼传说记录比较零碎，但从其进行神庙改革（绝地天通）的说法来看，说明他据此建立了新的庙权统治制度，这是一种从前未曾有的人类组织体系，涉及创新的历法、神庙制度和"颛民"社会，能够统治相对广阔的领土，俨然一个全新的国家化时代。只是后来《史记》在建立古史传说中将"夏"定义为天下第一王朝，从而降低颛顼的地位和重要性。

传说帝颛顼王朝共历 20 余世，存续了 350 年。此说较之将颛顼仅视为一人一帝，传世只有一代的说法更为可靠。帝颛顼取代了山东少昊集团后占据华北，并将少昊家族迁至西方，东方的少昊遂成为西方的帝，之后颛顼氏任用一些故炎帝集团和少昊集团精英分子担任重要职位，包括负责治水的河伯、修订历法和举持宗教事务的祝融、负责土木工程的共工以及负责开垦土地的后土。

帝俊在《山海经》中和黄帝一样是非常显赫的，他是东夷民族奉祀的上神，也是殷民族奉祀的始祖神。卜辞中经常提到的"夋"或"高祖夋"就是他。《山海经》中所记帝俊共十六处，少于黄帝二十三处，与颛顼十六处并重。《山海经》关于帝俊的记载有三个特点：一是所记皆为片段，没有一个是完整的；二是仅见于《大荒经》；三是帝俊之名仅见于《山海经》，其他先秦古籍甚至连屈原的辞赋里都没有。这一部分材料从内容到形式都接近原始状态，刘歆认为内容荒怪，记录凌杂无序，故"逸在外"，到郭璞注《山海经》时才将它们注释收入。从内容看这一部分成书年代比《山海经》其他著作都早。虞、舜、帝俊和夋都是一人，"舜妻登比氏生宵明，烛光"，可见舜作为天帝的神格。舜的子孙为国于下方，有載国："載国在其（三苗国）东。""巫載民盼姓，食谷（稻）"，載国又叫巫載民，住居在一个得天独厚的人间乐园！这里百谷是自生的，为鸾凤云游之地，人死可以复苏。"不绩不经，服也；不稼不穑，食也""鸾鸟自歌，凤鸟自舞"①,也渲染了天神后裔的优异性,这和良渚虞朝重巫、美服及居住地理环境高度一致。

袁珂认为这一部分是战国初期到中期与殷人后裔封地宋国接壤的楚人所作,受了殷文化的影响,故令殷先祖帝俊与楚先祖黄帝、颛顼并重。然而殷民族终究是战败民族,其始祖神的神话传说,虽经巫师传播,最终却湮没不彰,甚至连屈原的辞赋都未提及。幸尔郭璞卓识非凡,把这一部分"闳诞迂夸""奇怪俶傥"(郭璞《注〈山海经〉叙》)之尤甚者都注收进来,才保留了古代东方民族所创造的这一份宏伟瑰丽的神话。现汇聚抄录如下:

东南海之外,甘水之间,有羲和之国,有女子名曰羲和,方日浴于甘渊。羲和者,帝俊之妻,生十日。(《大荒南经》)

有女子方浴月。帝俊妻常羲,生月十有二,此始浴之。(《大荒西经》)

有神,人面、犬耳、兽身,珥两青蛇,名曰奢比尸。有五采之鸟,相乡弃沙。惟帝俊下友。帝下两坛,采鸟是司。(《大荒东经》)

丘方员三百里,丘南帝俊竹林在焉,大可为舟。(《大荒北经》)

帝俊赐羿彤弓素矰,以扶下国,羿是始去恤下地之百艰。(《海内经》)

大荒之中,有不庭之山,荣水穷焉。有人三身,帝俊妻娥皇,生此三身之国,姚姓,黍食,使四鸟。

又有重阴之山。有人食兽,曰季厘。帝俊生季厘,故曰季厘之国。有缗渊。少昊生倍伐,倍伐降处缗渊。有水四方,名曰俊坛。(以上《大荒南经》)

大荒之中,有山名曰合虚,日月所出。有中容之国。帝俊生中容,中容人食兽、木实,使四鸟:豹、虎、熊、罴。

有司幽之国。帝俊生晏龙,晏龙生司幽,司幽生思土,不妻;思女,不夫。食黍,食兽,是使四鸟。

有白民之国。帝俊生帝鸿,帝鸿生白民,白民销姓,黍食,使四鸟:豹、虎、熊、罴。

有黑齿之国。帝俊生黑齿,姜姓,黍食,使四鸟。(以上《大荒东经》)

有西周之国,姬姓,食谷。有人方耕,名曰叔均。帝俊生后稷,稷降以谷。稷之弟曰台玺,生叔均。叔均是代其父及稷播百谷,始作耕。(《大荒西经》)

① 袁珂:《山海经校注》,上海古籍出版社1980年版,第318页。

帝俊生禺号,禺号生淫梁,淫梁生番禺,是始为舟。番禺生奚仲,奚仲生吉光,吉光是始以木为车。

帝俊生晏龙,晏龙是为琴瑟。

帝俊有子八人,是始为歌舞。

帝俊生三身,三身生义均,义均是始为巧倕,是始作下民百巧。(以上《海内经》)

综观新石器时代中期的社会状况,在距今7000年前左右,玉器起源时期的方国尚处于氏族部落时期,虽然从墓葬出土随葬品有所区别,但社会群体较为均等,贫富差异并不很大,包括辽河流域兴隆洼、新乐,中原黄河流域大汶口、裴家岗及长江流域的河姆渡、马家浜等。玉器作为群体首领或具有一定威信的成员所拥有,成为宗教人员或领导成员的威信物。

经过2000多年漫长过程,玉器生产快速发展,已广泛用于装饰、武器及生产工具,宗教礼器十分普遍,出土地点星罗棋布,玉器工艺品已经能够代表我国古代玉器的工艺水平。这时已处于部落联盟时期,农业生产水平快速提高,已经入犁耕时代,家畜饲养、制石、骨、陶等手工业已发展到很高水平。社会发展大致同步,略有差异,私有制已经产生,阶级分化日益严重,宗教、祭祀已经发展到较高阶段。到距今5600年黄炎蚩尤大战之前,黄帝部落集团、炎帝部落集团及红山部落集团,大致处于一个阶段,只不过黄、炎部落集团已大体进入父系氏族社会,而红山部落集团整体尚处于母系氏族社会。

黄炎蚩尤大战之后,中原黄河流域黄帝部落联盟成为天下共主。但由于黄河流域水患频仍,中原集团都城屡屡迁徙,而江南良渚相对一直稳定,在距今5200年前左右,大虞建立,共存国一千余年,生产力水平达到当时较高水平,社会形态已全面进入父系氏族社会,贫富阶级分化严重,等级森严,神权、王权、军权融为一体,礼制和贵族名分制度已经形成,成为奴隶制王朝国家。

到距今4200年前,中原黄河流域进入龙山时代,良渚文明的灯火已经熄灭,多方面的文明向中原交汇,夏王朝奴隶制国家强势崛起,玉器时代进入顶峰,青铜文明隐隐而现,中华民族步入一个崭新时代。

玉器的制作是农业化程度较高的复杂劳动过程,从原料的采集到玉件的琢成,又是一种多工序的消耗大量劳动的过程,是新石器时代社会生产力进一步发展以后的产物。

玉礼器的出现,则是玉器从雕琢工艺到产品的社会功能全面成熟的一个标尺。纵观我国史前时期玉器,尤其良渚文化玉器中,不少器种的用途和装饰纹样,无一不与多神崇拜的原始信仰有关。《说文》释灵(靈),灵字下方巫的含义为"以玉事神为之巫"。巫是神在人间的代表,是神的意志体现,是神的化身。玉是巫奉献给神的礼物,巫以神的名义占有了玉,反过来又通过玉来体现神的存在,这样玉又成了神的物质表现。在这里我们看到了巫、神、玉三位一体、互为表里的依存关系。

良渚文化玉器的主要占有者,是那些死后能埋进高台土冢上的显贵阶层。红山文化的玉器,更是有资格埋在大型积石冢或祭坛上显贵者的唯一物品。龙山文化也是一样。这一阶层的出现是和营建这些大劳动量的土方工程一样,反映了当时已经存在着组织和驱使大批劳动力从事其本身物质生活以外劳务活动的权力和社会秩序。他们掌握着象征神权的琮、玉龙、兽形玦等神器、体现财富的玉璧和表示军权的钺。凭借着神的旨意,统治人间社会。

五、神话传说中的史实

在没有文字记载的史前时代,口耳相传的历史神话传说,是远古先民们根据自己的想象,对上古洪荒时代历史的夸张记述,详加分析,定能发现其中蕴含的历史信息,若与考古资料相互印证,古史传说中的真实成分也定能显现。它产生于历史,是先民口耳相传的故事,具有不可替代的历史价值。

在中国古籍中,历史化的神话与神话化的历史并存。我们所能看到的古史传说,都有神话色彩,但这并不意味着,其皆凭空而来。被现今学界归类为史实的"历史"或归类为"神话"的文本或叙事,实际上都同时包含了神话历史化与历史神话化两种过程的遗留。这两种过程形成的叙事,实不实、非不非,一方面,可以看到共同的结构,以及超现实和超自然的因素和范型;另一方面,也可以观察到实际历史和人群经验的因素。

在汉代以前的典籍中并没有见到一个系统而完整的历史叙述底本;同时众所周知的是,中国也没有一个完整的神话系统。不可否认的是:先秦文献记录者更多从事将历史神话化,而汉代史者则有将先秦神话历史化的嫌疑。只是将历史神话化的过程更为漫长,在战国之前很久就已开始,到了战国时期,部分历史人物在文化记忆中被英雄化，其他相关人物被忽略。而自西周末年以降，史学自觉意识萌生，当时的文人有意识地对古史传说和神话进行加工、改造与整合，开始了神话历史化的进程。特别是到了秦汉时代这一工作被系统地展开。当时的史家或记录者在诸如"五行说"、帝国意识形态等特定目标的引导下，对当时留下的少量传说碎片和神话故事，通过袭用、缀合、转换、嫁接甚至虚构的手法，创造出新的系统化的"帝国一元神史"。此类历史叙事，由太史公和其他史官为国家服务而撰录，深刻隐藏着记录所处的秦汉时代的目标、意识形态和理想色彩。由于先秦时普遍采用竹简、木简等载体，在温润气候中无法保存而使我们很难得见到。因此，我们所能看到的古史传说，大多只有秦汉时代留下的版本，它们大多早已经过历史神话化和神话历史化的多种改编，而带有秦汉以来的记录均有着浓厚的帝国建构历史的色彩。①

我国最古老的历史书《尚书》，或单称《书》，今本篇目共五十八篇，包括从尧舜时代一直到周代初年的若干历史文献资料，虽然真伪杂存，亦可与《山海经》《舜典》等相互印证补充，如《尧典》里所说"分命羲仲，宅嵎夷，……申命羲叔，宅南交，……分命和仲，宅西，……申命和叔，宅朔方，……"就和《山海经·大荒经》所记四方神及四方风有关；尧使鲧治水无功和尧妻舜以二女等神话在本篇中也略见端倪。《舜典》里有夔"击石拊石，百兽率舞"的神话传说，有舜使益管理"上下草木鸟兽"，益"让于虎、豹、熊、罴"的神话传说。他们在古神话中的面目本来都该是作为部族图腾的鸟和兽的，在这里却都被人化而为舜的臣属了。《尚书》其他各篇，还有关于禹治洪水和丹朱"罔（无）水行舟"（《益稷》）、关于蚩尤"作乱"和皇帝（颛顼）命重黎"绝地天通"（《吕刑》）等神话传说材料，可以补充其他书籍记载的不足和与其他书籍记载互相印证。

《周书·尝麦篇》有一段关于赤帝、黄帝和蚩尤的神话材料，值得斟酌："昔天之初，□作二后，乃设建典，命赤帝分正二卿，命蚩尤宇于少昊，以临四方，司□□上天未成之庆。蚩尤乃逐帝，争于涿鹿之河（阿），九隅无遗。赤帝大慑，乃说于黄帝，执蚩尤杀之于中冀，以甲兵释怒，用大正顺天思，序纪于大帝（旧校疑是太常），相名之曰绝辔之野。"由于文字讹挩，内容已不可尽晓，不过仍旧隐约看得出来，它和一般神话传说或历史传说所说的有些不同。一般

<hr>

① 郭静云：《古史研究主题、史料和方法刍议》，《学术研究》2016年第9期。

所说的是：先是黄帝和炎帝在阪泉战争，然后黄帝和蚩尤又在涿鹿战争（其实阪泉、涿鹿都是一地）。蚩尤是炎帝的部属，故黄帝和蚩尤之战，无非是黄炎战争的继续。这里的说法却有异于以上所说。是蚩尤要把赤帝（即炎帝）从涿鹿赶逐出去，"赤帝大慑，乃说于黄帝"，黄帝这才"执蚩尤杀之于中冀"。黄帝、炎帝原是和睦相处，毫无争端，倒是炎帝见逼于蚩尤，向黄帝求救，黄帝仗义，为解炎帝之厄，才将蚩尤擒杀于中冀。这是黄炎之争的异说，也值得做参考。①

《左传》和《国语》都是春秋时期的史书，相传都是春秋时候鲁国人左丘明所作，二书都有不少神话，与历史相互印证，交织补充。神话里的少暤，本来是一只猛悍的鸷鸟（古挚、鸷通），在东方建立了一个鸟的王国，百鸟都是他的属臣。而《左传·昭公十七年》记郯子向鲁昭公所说言："我高祖少暤挚之立也，凤鸟适至，故纪于鸟，为鸟师而鸟名。凤鸟氏，历正也；玄鸟氏，司分者也；伯赵氏，司至者也；爽鸠氏，司寇也；鹘鸠氏，司事也；五鸠，鸠民者也。五雉为五工正，利器用，正度量，夷民者也。九扈为九农正，扈民无淫者也。"百鸟是"以鸟纪"的百官，少暤鸷鸟是名"挚"的人王。

《左传·昭公元年》："昔高辛氏有二子，伯曰阏伯，季曰实沈，居于旷林，不相能也，日寻干戈，以相征讨。后帝不臧，迁阏伯于商丘，主辰，商人是因，故辰为商星；迁实沈于大夏，主参，唐人是因，以服事夏商。"作为天帝的高辛氏将他这两个闹内讧的儿子，一个变作了商星，一个变作了参星，叫他们从此东出西没，彼此不相见。应该是把两个闹别扭的儿子封到东西相距很远，阏伯封在辰，现今河南商丘，实沈封在参，现今山西太原。像参星酉时现于西方，商星卯时出现于东方一样，此出彼没，再不相见，杜甫有诗曰："人生不相见，动如参与商。"

《左传·襄公四年》所记的有穷后羿的兴亡史、《宣公三年》所记的禹铸九鼎、《文公十二年》所记的叔孙得臣获长狄、《文公十八年》所记的高阳氏才子八人谓之八恺，高辛氏才子八人谓之八元，帝鸿氏不才子浑敦，少暤氏不才子穷奇，颛顼氏不才子梼杌，缙云氏不才子饕餮等，都有助于我们探讨古史，了解神话。

---

① 袁珂：《中国神话史》，重庆出版社 2007 年版，第 97 页。

和《左传》性质相近的《国语》,其间也有若干神话历史相互夹杂。最著名的就是孔子回答吴国使者问"骨何为大":吴伐越,堕会稽,获骨焉,节专车。吴子使来好聘,且问之仲尼。……曰:"敢问骨何为大?"仲尼曰:"丘闻之,昔禹致群神于会稽之山,防风氏后至,禹杀而戮之,其骨节专车,此为大矣。"客曰:"敢问谁守为神?"仲尼曰:"山川之灵,足以纪纲天下者,其守为神。社稷之守者为公侯,皆属于王者。"客曰:"防风何守也?"仲尼曰:"汪芒氏之君也,守封嵎之山者也,为漆姓,在虞夏商,为汪芒氏,于周为长狄,今为大人。"客曰:"人长之极几何?"仲尼曰:"僬侥氏长三尺,短之至也。长者不过十(之),数之极也。"(《鲁语下》)禹诛防风的神话,此为首见,赖有孔子答客问而得保存。

司马迁在《史记·大宛列传》中虽然说:"《禹本纪》及《山海经》所有怪物,余不敢言之也。"但太史公还是采取了一些神话材料入书,"本纪""世家""列传"乃至"八书"里都各有一些。《五帝本纪》说黄帝"教熊、罴、貔、貅、□、虎,以与炎帝战于阪泉之野",就不禁流露出神话的痕迹。《殷本纪》说简狄吞玄鸟卵生契,《周本纪》说姜嫄践巨人迹生后稷,也都忠实地记录了东西方民族幼年时期所流传的神话。

《秦本纪》开端叙秦国先祖的经历,竟像是一篇把神谱和族谱混杂起来写的族谱:秦之先,帝颛顼之苗裔孙,曰女修。女修织,玄鸟陨卵,女修吞之,生子大业。大业取少典之子,曰女华。女华生大费,与禹平水土,已成,帝赐玄圭。禹受曰:"非予能成,亦大费为辅。"帝舜曰:"咨,尔费,赞禹功,其赐尔皂游。尔后嗣将大出。"乃妻之姚姓之玉女。大费拜受,佐舜调驯鸟兽,鸟兽多驯服,是为柏翳(伯益)。舜赐姓嬴氏。大费生子二人,一曰大廉,实鸟俗氏,二曰若木,实费氏。……大廉玄孙曰孟戏、仲衍,鸟身人言。

关于殷氏族先祖的神话和历史,舜和帝俊本来是一人,《山海经》的记叙已分别为两人。王亥神话首见此经记述,因系据图为文,说明简略,语焉不详,也使人引以为憾——

有困(因)民国,勾姓而(黍)食。有人曰王亥,两手操鸟,方食其头。王亥托于有易、河伯仆牛。有易杀王亥,取仆牛。河(伯)念有易,有易潜出,为国于兽,方食之,名曰摇民。帝舜生戏,戏生摇民。(《大荒东经》)

我们根据郭璞注引《古本竹书纪年》以及《楚辞·天问》的一大段有关王

亥、王恒兄弟故事的文字,才把这段神话的内容大致钩稽出来。它的内容大概是:殷民族的祖先王亥和王恒兄弟俩,带了一大群牛羊到有易去做生意,一同爱上了有易王绵臣的妻子,结果是王亥被杀,王恒被驱逐。王恒的儿子上甲带兵复仇,得到水神河伯的帮助,安全渡过黄河,灭了有易,杀了绵臣。河伯和有易也有交情,不忍见它全部覆亡,便悄悄把有易的孑遗,搬到另一个地方去,化作人身鸟足的摇民国。自从殷墟甲骨文出土后,学者见卜辞上有"高祖夋""高祖王亥"等字样,取以和《山海经》所记相证,竟能将沉湮多年的古史探知出一个大概情况,神话传说有助于学术研究,于此又得到切实证明。①

《河图括地象》又名《河图括地图》,或简称《括地图》,《汉学堂丛书》与《汉唐地理书钞》俱有辑录。《汉唐地理书钞》辑其佚文时,将它们分别辑为二书。《汉学堂丛书》虽也分别辑录,但于《河图括地图》下注云:"即括地象。"观其内容性质,二书实在应该便是一书,它主要记述山川地理方面的神话传说,所收材料颇丰,有相当大的参考价值。如下面所引《括地图》记叙的两条——

禹诛防风氏后,夏后德盛,二龙降之。禹使范氏御之以行,经南方。防风神见禹,怒射之。有迅雷,二龙升去。神惧,以刃自贯其心而死。禹哀之,疗以不死草。皆生,是名穿胸国。

孟虧人首鸟身。其先为虞氏驯百兽,夏后之末世民始食卵。孟虧去之,凤凰随与止于此。山多竹,长千仞。凤凰食竹实,孟虧食木实。去九嶷万八千里。

这些神话材料记叙了海外两个国家——穿胸国和孟舒国的来历。

东汉纬书《龙图河记》所记黄帝与蚩尤的战争甚详:

黄帝摄政时,有蚩尤兄弟八十一人,并兽身人语,铜头铁额,食沙、石子,造立兵仗刀戟大弩,威震天下,诛杀无道,不仁不慈。万民欲令黄帝行天子事,黄帝以仁义,不能禁止蚩尤,遂不敌。乃仰天而叹。天遣玄女,下授黄帝兵信神符,制伏蚩尤,以制八方。蚩尤没后,复扰乱不宁。黄帝遂画蚩尤形象,以威天下,天下咸谓蚩尤不死,八方万邦皆为珍服。

这段神话所叙,有三点值得我们注意:

---

① 袁珂:《中国神话史》,重庆人民出版社 2007 年版,第 97—99 页。

一是"有蚩尤兄弟八十一人"，蚩尤仿佛是巨人族的名称，《述异志》本之，减为七十二人；至于"兽身人语，铜头铁额"等狰猛状貌的描写，则从战国时代的《归藏》所写"蚩尤出自羊水，八肱八趾疏首"已经启其端绪。

二是"蚩尤没后，复扰乱不宁。黄帝遂画蚩尤形象，以威天下"：黄帝还要靠图画蚩尤的形象来威服天下，蚩尤当年的雄威猛勇可以想见。无怪齐祀八神，"三曰兵主，祀蚩尤"（《史记·封禅书》），汉高祖刘邦起兵时，也要"祠黄帝，祭蚩尤于沛庭"（《史记·高祖本纪》）了。蚩尤实在就是自古以来民间传述的战神。

三是玄女这个后来对民间发生重大影响的人物，此时开始登上神话的舞台。末一点最为重要，略加申说。

玄女之名，先秦书不载，此始有之，但尚未见其形容状貌。至《皇帝问玄女战法》（大概是六朝人作，其书已佚）始谓"有一妇人，人首鸟身"，自称"吾玄女也"；《广博物志》卷九引《玄女法》（不知是否与前书同为一书）复说玄女系王母所遣，自称"我九天玄女也"，自后"九天玄女"便定位玄女的正式尊称。杜光庭《墉城集仙录》有《九天玄女传》，称她为"黄帝之师，圣母元君（西王母）弟子"，从此玄女的名声大噪，民间尊之为"九天娘娘"，声望仅次于从西方来的观音菩萨。因而《水浒传》有宋江在玄女庙得天书（第四十二回）的叙写。推想这个"人首鸟形"的神话人物玄女的来源，大约最初可能是《诗经·玄鸟》"天命玄鸟，降而生商"的玄鸟的化身；玄鸟神话掺入黄帝神话中，便成为玄女教黄帝战法，以克蚩尤的神话。其后经过道家方士的改造和渲染，"天遣"的玄女，便成为"王母"所遣，进一步玄女又成了王母的"弟子"。

《山海经》神话中，有许多是记叙诸神子孙的创造发明的，即所谓文化英雄的神话。前面所举帝俊神话的零片中，不少的记叙，就是属于这种性质。如叔均"始作耕"（《大荒西经》），番禺"始为舟"，奚仲、吉光"始以木为车"，晏龙"为琴瑟"，帝俊子八人"始为歌舞"，巧倕"始作下民百巧"（《海内经》）等，除此而外，《大荒西经》还记载：颛顼的曾孙太子长琴"始作乐风"；《海内经》记载炎帝的曾孙殳"始为侯"，"侯"就是射箭的靶子，鼓和延"是始为钟，为乐风"；少昊的儿子般，"是始为弓矢"等。

这些神话，看来似乎不太像是神话，既无故事情节，也无神奇因素，只是简单的记述。但实际上这也应该是神话，东西总归是有人发明的，把原始社会中众多人努力的创造发明,归结到一个人的身上,这就是神话。进一步又把创造发明某事某物的人物归到某神的子孙,这也是神话。这都是原始神话思维方式造成的现象,应该予以承认,只不过属于神话的片断而已。

秦汉之间的其他一些古书如《吕氏春秋》《世本》里,也多有这类诸神子孙创造发明的大同小异的记载,尤其在《世本》一书中,更集中地记述了关于黄帝和他的臣子们创造发明的传说。单是见于诸家所辑《世本》和《世本》宋衷注的,就有二十八种。举凡日常服用器物的发明如衣裳、冕、旂、舟、车、鼓、镜……乃至学术的发明如星象、历数、医药、音乐……莫不具有;似乎古代文物在黄帝时代就已经完美无缺了。这自然是神话,不过从神话中也曲折地反映出一部分历史的真实。

六、《山海经》

《山海经》是我国唯一一部史前史书,也是一部被忽视和低估的历史记录,共十八卷三万一千字,神话资料是我国传世典籍之最。自古传为大禹伯益之作,经考证成书于战国。汉代学者刘歆、王充相信此书是治理九州时记载山川风土的地理风俗志。

禹之时代尚无文字,不可能有《山海经》这样完善的著述。但《山海经》其书是像图以为文,先有图后有书,却不妨碍其图来历甚古。朱熹就称此书是摹写图画而成。而今本《山海经》所有附图皆为《山海经》古图之佚后,后人根据经文附会之作,与古图无关。

尽管如此,《山海经》中所存留的历史信息仍非常丰富。《大荒经》四方风名和四方神名见于殷墟卜辞;《大荒经》和《山海经》反映的四时观象制度可与《尧典》所载羲和“历象日月星辰”和舜“巡守四方”“望秩于山川”之事相印证;《大荒经》以山峰作为坐标观测日月次舍以确定时节和月序的方法是《周髀算经》盖天说的滥觞,说明《周髀算经》的天文历法体系和《大荒经》《海外经》一脉相承。《周髀算经》中记载的实测数据有着古老来历,有的数据的观测时代可追溯到公元前2500年,这正是传说中的虞夏时代。诸如此类的线索暗示出,古人关于禹益作《山海经》并非空穴来风,战国时人所见的《大荒经》和《海外记》所据古国很可能为虞夏东夷先民遗篇。如若还原其所据月令古图本来面目,我们将获得一份弥足珍贵的史料,对其所言加以分析,剔去涂饰可怪之语,对华夏文化探源研究的意义亦是毋庸置疑的。

《山海经》顾名思义以山为经、以海为纬记录上古社会。据汉刘歆所说作者为大禹及臣伯益,撰著时间当为上古的虞夏之际。可以肯定的是,《山海经》中大量的神话故事确实为上古的口耳相传,但禹、伯益尚为神话人物,全书皆为虞夏之物显然证据不足。后人认为此书成于并非一人一时,而是漫长的时间增益成书。

袁珂认为此书大概是从战国初年到汉代初年的楚国或楚地人所作。内容可以分为如下三个部分:

一、《大荒经》四篇和《海内经》一篇,成书最早,大约在战国初期到战国中期。

二、《五藏山经》五篇和《海外经》四篇成书稍迟,大约在战国中期以后。

三、《海内经》四篇,成书最迟,大约在汉代初期。

古时的《山海经》附有图画,郭璞为《山海经》作注时就是以图画参照的,且著有《山海经图赞》;晋代陶渊明也有"流观山海图"的名句。现看到的《山海经》共十八卷,三万一千余字,其中《山经》五卷,《海经》八卷,《大荒经》四卷,《海内经》一卷。

《山海经》中的神话资料为我国传世典籍之最。《山海经》大量光怪陆离的神仙实际上是原始先民对自然和祖先的祭祀形式,是人类早期思维的投影,折射出先民们对祖先的图腾崇拜。书中的肃慎国、匈奴国、犬戎国、氐人国是秦汉时还在北方活动的古族。

《海外北经》记载炎黄两个部落的战争反映了炎黄两个部落融合共同构成华夏族的史实。不论是海内还是海外,射箭者都不敢向轩辕台引弓,可见黄帝作为华夏始祖在先民心目中的崇高地位。

《山海经》中还详细叙述了炎帝、黄帝、舜的世系,这对研究上古文明更有着不可估量的价值。《海外南经》记载了中土本部之外南部文明,这一部族是传说中流放的部族,有人认为是帝尧长子丹朱的后代,在与舜帝的斗争中失败。三苗部族基本是南方良渚部族,在舜帝时遭到围剿。《史记·五帝本纪》中记载:"舜归而言于帝(尧),请流共工于幽陵,以变北狄;放讙兜于崇山,以变南蛮;迁三苗于三危,以变西戎;殛鲧于羽山,以变东夷;四罪而天下咸服。"

《海外南经》中还记述了羿与凿齿战于寿华之野,尧帝时十日并出,植物枯死,凿齿、猰貐、九婴、大风、封豨、修蛇等为害人间,羿射落九日,射杀猛兽长蛇,为民除害,影射羿平定九部落。《海外南经》记载帝尧和帝喾都葬在海外的狄山,这表明南方已是中华较发达的地区。

《海外西经》记载了刑天的传说,"刑天与帝争神,帝断其首,葬之常羊之山。乃以乳为目,以脐为口,操干戚以舞"。讲述了刑天部落的争霸与不屈。夏后启出现印证了夏族为西方诸侯。对比帝尧、帝喾葬在南方及帝舜、颛顼葬在北方,基本梳理出上古帝王的部落背景。《海外西经》中还记载了巫咸、肃慎等少数民族名字,表明了上古部落的大规模长距离迁徙的可能性。

《海外北经》记载了大禹治水神话中关于共工之臣相柳氏被大禹所杀。夸父逐日应该是以夸父兽为图腾的一个氏族领袖的传说。

务隅山靠近北海(渤海),颛顼帝葬于此,且由东夷抚养长大可以印证。关于欧丝之野记载了我国丝织业的悠久历史。

《海外南经》关于瓯、闽、番禺的记载与现在的称呼还相一致,表明先秦时代中华文明已经在闽越、岭南一带生根发芽。关于夏启之臣孟徐在巴地受理诉讼,可视为远古巴文明和三星堆文化的联系。

《海内西经》记载了西北地区的民族情况,流沙也是今天甘肃以西的沙漠地区,是中原文明和西域文明的分界线。

《海内北经》记载了匈奴、犬戎、穷奇到山西雁门一带及东北貊国和孟鸟国,是对北部中国的一次鸟瞰。

《大荒东经》记载了少昊和帝俊的国家已经脱离采集渔猎的生产生活方式,开始驯化野兽定居农耕。青丘国、柔仆国、黑齿国、夏州、盖余之国都是东夷部落。同时还记载了王亥到东夷贩牛因淫乱被易部族杀害。王亥是殷人的祖先,在《竹书纪年》和甲骨卜辞上都有记载。

《大荒南经》记载苍梧是帝舜的葬身之所,季禺国是颛顼的后代及后羿射杀凿齿的神话。

《大荒西经》记载了农耕为本的西周之国,周族起源及不周山、夷狄民族等。同时还有关于夏启《九辩》《九歌》来历的说明,内容可与屈原的《离骚》《九歌》相印证。

《大荒北经》主要内容是黄帝和蚩尤的涿鹿之战。同时还记载了叔歜国是颛顼后代，犬戎是黄帝后代等很多与氏族有关的记载。

《海内经》记载了我国的洪水创世神话，鲧盗窃息壤被天帝处死，大禹出生，最终平治洪水划分九州等关于中华文明起源的神话，包括帝俊生晏龙、晏龙发明琴瑟、帝俊有八子、创制歌舞等。

《山海经》中随处可见的山名和水名，常常能与古代地名相印证。《西山经》里有崦嵫之山，它的位置在今天的甘肃天水市，《离骚》里也有"望崦嵫而勿迫"之句，《海内西经》记载黄河发源于昆仑山最终流入渤海，可作为研究黄河变迁资料，与《尚书·禹贡》相印证。《海内东经》中对蓬莱山、琅琊台、会稽山的方位描述清晰明确，与今天的位置相差无几。基本上可以说《山海经》是上古先民对自己经行世界的一次全面记述。

战国时代，还有一部关系神话而佚亡的古书《归藏》，今所见的《归藏》佚文是宋以前引用的，郭璞注《山海经》就引用了不少《归藏》的文字。现将郭引和他书所引略抄录如下：

滔滔洪水，无所止极，伯鲧乃以息石息壤，以填洪水。

鲧死三岁不腐，剖之以吴刀，化为黄龙。

普鲧筮注洪水，而枚占大明，曰："不吉。有初无后。"

昔夏后启筮，御飞龙登于天，吉。

昔夏后启筮，享神于大陵而上钓（钧）台，枚占皋陶，曰："不吉。"

从以上所引，可以看出，此书包含许多神话历史资料，这些对于我们研究上古史甚有裨益。

《穆天子传》是先秦时代一部重要的古籍，人们每每将它和《山海经》对举，陶潜《读山海经》诗有"泛览《周王传》，流观《山海经》"这样的语句，即其一例。但无论是从历史研究，还是从神话研究的角度看，《穆天子传》的重要性自然远远不及《山海经》，因为《山海经》保存了丰富的原始神话和历史资料，而《穆天子传》不过是采取一些神话材料编写的一部神话性质的历史小说。

七、辨析大虞王朝

古人论道谈学标榜先王，言必称三代。虞夏商周四代文教，奠定了中华文化的基础。了解中华文化,必须先了解虞夏商周四代史。周代有大量的文献史籍传世,孔子"周监于二代,郁郁乎文哉!""夏礼吾能言之,杞不足征也;殷礼吾能言之,宋不足征也。文献不足故也。足,则吾能征之矣。"尚有文献不足之叹。自从殷墟卜辞重见天日,殷史已无文献不足之叹。至于虞夏历史则迄今无文献可证。现代考古学昌明,发掘了大量年代相当于虞夏的新石器遗址和文物,为古史学界重建虞夏史提供了丰富的资料。

据传颛顼死后,高辛氏夺取帝位,是为帝喾。命颛顼氏裔孙重黎氏祝融率部南下,追剿南方共工氏。重黎攻克安徽含山凌家滩,杀掉贵族及士兵。后重黎氏因为作战不力被杀。帝喾任命重黎之弟吴回继续担任祝融,率兵追杀共工。此时距离黄帝与蚩尤大战已经过去了300余年。吴回是黄帝集团南下攻渡长江第一人,显然战功超过哥哥重黎,功高盖过帝喾本人。但战争亦使吴回部落重创,《山海经》记载吴回本人也失去了右臂,吴回跟踪追击共工氏余部来到了江南,决定不再北返。南宋罗泌《路史》说帝喾封吴回于太湖之地,今江苏之地古称为"吴"即始于吴回,吴回遂成为天下吴姓的始祖。不久,吴回在良渚建虞国,定都余杭。千百年后有虞氏舜出走,良渚虞国反被舜灭,流落为三苗,后"虞"之名逐被舜所据用。

在"虞"朝问题上有两点误区:一是虞不是单独朝代;二是把虞误作舜,唐尧虞舜,唐尧不是朝代,虞舜当然也不是朝代。

实际上,关于虞作为一个朝代,与夏商周为上下三代同为四代的概念应该在周初已是共识,但汉后却湮灭于史。

"三代"是一个随时代迁移而变动的概念,春秋时期,由于当时西周已亡而东周尚存,谈话时若要明确周亡或周续时,就分别使用"夏商周"和"虞夏商"两个"三代"概念。新出战国时代的郭店楚简亦有《虞诗》。而同时《左传》《国语》中虞夏商周四代连称的文句不胜枚举,而且多为转述春秋时人的对话。

《国语》中孔子回答吴国使者中"汪芒氏之君也,为漆姓,在虞夏商为汪芒氏,于周为长狄,今为大人"。连各种礼器也都是四代相比,如数家珍。

拊搏,玉磬,揩击,大琴,大瑟,中琴,小瑟,四代之乐器也。

武公之庙,武世室也。米廪,有虞氏之庠也;序,夏后氏之序也;瞽宗,殷学也;颊宫,周学也。

有虞氏服韨，夏后氏山，殷火，周龙章。有虞氏祭首，夏后氏祭心，殷祭肝，周祭肺。有虞氏官五十，夏后氏官百，殷二百，周三百。

有虞氏之绥，夏后氏之绸练，殷之崇牙，周之璧翣。

说到车"鸾车，有虞氏之路也；钩车，夏后氏之路也；大路，殷路也；乘路，周路也"。

说到旌旗"有虞氏之旂，夏后氏之绥，殷之大白，周之大赤"。

说到尊"泰，有虞氏之尊也；山罍，夏后氏之尊也；著，殷尊也；牺象，周尊也"。

说到黍稷器"有虞氏之两敦，夏后氏之四琏，殷之六瑚，周之八簋"。

说到俎"有虞氏以梡，夏后氏以嶡，殷以椇，周以房俎"。

当然，由于虞是第一个朝代，礼器不甚完备，如爵、马、勺、豆等等就只有夏、商、周类比了。

夏后氏之鼓足，殷楹鼓，周县鼓。夏后氏之龙簨虡，殷之崇牙，周之璧翣。

夏后氏尚明水，殷尚醴，周尚酒。

夏后氏以琖，殷以斝，周以爵。

夏后氏骆马黑鬣，殷人白马黑首，周人黄马蕃鬣。

夏后氏以龙勺，殷以疏勺，周以蒲勺。

夏后氏以揭豆，殷玉豆，周献豆。①

最明确的是《左传》所证史墨的话：

"社稷无常奉，群臣无常位，自古以然……三后之姓，于今为庶，主所知也。"春秋时期仍为周朝，姬姓仍是嫡姓，"于今为庶"就是说虞夏商三后在周前都是天子其姓为嫡，由于丧失天子地位而为庶姓。"后"者，君也，天子也，"庶"也，天子之异姓也。"于今为庶"的三后明显指虞夏商三代，那"三后"中夏商二代均为独立朝代，为什么虞代不是独立朝代？

更能说明问题的是由于虞朝与夏商无异，西周建国后还对其后裔予以特别礼遇，"庸以元女大姬配胡公，而封诸陈，以备三恪"②。与宋、杞合称"三恪"同受周人客礼待遇，乃是虞、夏、商三个朝代的确证。由此可见，关于虞夏

———————

① 《礼记》，胡平生、张萌译注，中华书局 2008 年版，第 102 页。

② 《左传》，中华书局 2018 年版，第 57 页。

商的三代概念早在西周初年已是共识。否则周人按照周世"尊贤不过二代"只备杞、宋二恪即可,而不须备足陈、杞、宋"三恪"了。如果虞为唐尧虞舜之虞,那么又为什么不将封于祝的黄帝之后和封于蓟的尧后一并增入而合称"五恪"?原因显而易见,汉代之后,"罢黜百家,独尊儒术",虞虽为独立朝代,却不是中原王朝所建,不属于正统且被中原王朝当作蛮夷剿灭,而无意或故意湮灭于史罢了。

在《史记》所编正统英雄神史中,把不同的历史英雄合为一家,把大禹描述为舜的臣属。这是世界各地正统古史通见的修辞方法。但若从另一个角度思考,如果大禹臣于舜,为什么文献没有描述他如何传承舜帝?又假如大禹直接统治在舜之后,为什么他就位的时候天下混乱,需要"征三苗"而重新建国?尧、舜、禹都是正面大英雄,舜帝统治所留下的天下不应该像大禹所接受的那么混乱。前文也显明,据文献记录,舜帝时代虽然常常需要加强治水,但却仍能控制住,没有造成农田荒芜、社会崩溃。如何理解之间的矛盾?

根据文献所表达,大禹有两大贡献:第一是治水,第二是征服三苗并建立夏国。文献中零碎地提及,三苗曾构成长期持续地骚扰和威胁。尧舜都断续面对三苗的攻击,虽然数次击退他们,但同时也付出很大代价,如《书·舜典》曰:舜"窜三苗于三危。"《淮南子·修务训》:"尧立孝慈仁爱……窜三苗于三危……舜作室……南征三苗"。孔颖达《礼记正义》说明:"言苗民者,有苗,九黎之后。颛顼代少昊,诛九黎,分流其子孙,为居于西裔者三苗。至高辛之衰,又复九黎之恶。尧兴,又诛之。尧末,又在朝。舜时,又窜之。后王深恶此族三生凶恶。"也就是说,颛顼常讨伐九黎,最终征诛;但在尧舜时与九黎同类的三苗又起来攻击,尧舜多次"窜三苗",但却没办法全面打败他们。导致最后,根据《竹书纪年》所留下来的历史记录的碎片,三苗还是成为统治者,以至于禹时还得继续面对三苗。童书业曾论证,禹之有天下乃由于征有苗,三苗曾与夏、商一样为"王"。也就是说,在尧舜统治和夏禹新兴国家之间,还曾存在过三苗施政的时代。

关于三苗施政,《竹书纪年》留下的描述如下:"《汲冢纪年》曰:'三苗将亡,天雨血,夏有冰,地坼及泉,青龙生于庙,日夜出,昼日不出。'"《墨子·非攻下》亦有接近的记录:"昔者三苗大乱,天命殛之。日妖宵出,雨血三朝,龙生于庙,犬哭乎市,夏冰,地坼及泉,五谷变化,民乃大振。高阳乃命玄宫,禹亲把天之瑞令，以征有苗。"《竹书》的只言片语亦使我们理解《史记》所代表的正统英雄史所隐藏或有意忽略的黑暗时期，即在尧舜与禹夏之间，曾有过一个被人诟病的三苗政权。

笔者认为，三苗的"三朝"不是短时间的混乱，而是较长的历史阶段，否则大禹的功劳在当时人的眼目中不会那么大，在后人的记忆中也不会被这样神格化。

文献中没有三苗时期的任何治水记录，但有关于其时自然环境的描述，如："天雨血，夏有冰，地坼及泉"，可以理解到此时气候条件变得过于异常。是为天灾，亦为人祸。三苗统治者施政严重背离了农业社会的基本要求。比如不严格依循农时和遵守农业历法，甚至篡改农业历法，导致"日妖宵出""雨血三朝""夏冰"等天地农时紊乱现象（文献中一贯地表达了将这种异常天象与极端气候归罪为三苗人祸的态度）；又如不组织灌溉工程的修缮与维护，导致沟渠堵塞、灌溉破坏、农田荒芜，"地坼及泉，五谷变化"；彼此间互斗、掠夺，导致社会功能紊乱，"龙生于庙，犬哭乎市"；等等，将原来秩序良好的尧舜农耕国家弄得混乱不堪。

因此，可以推想，大禹治水的核心贡献，不是因为当时洪水最大而使其治水功绩最高，而是因为社会混乱和水利工程经年失修，到大禹打败三苗并重建农耕国家与社会时，需要组织的工程变得特别浩大，需要重新恢复农田，恢复正常的社会生活。这不像昔日尧舜面临洪水而按时维修田坝的情况。因此在当时历史背景下，大禹所做的事被视为功勋特别卓著，这也是他在后裔的眼中被视为大英雄的主要原因。

"三苗"者，良渚大虞也。颛顼、帝喾时就与中原王朝对立存在，尧舜时持续骚扰和威胁，尧禅让舜时甚至还征求"三苗"之君的意见，而且一度"在朝"，直到大禹征服。由于是战败王朝，德行和政绩当然也就不堪了。《竹书纪年》等文献表达，尧、舜等正常有德性的统治之后，三苗族群来占领而统治"三朝"，导致全国混乱无德；大禹驱逐三苗、平治水土而重新统一王国。虽然禹赶走外来占领者，变更政权制度，但这并不是首次创造国家而只是恢复原有农耕国家的故事。考古资料也证明，在夏时代之前一千余年的历史中，良渚大虞现实存在。当然这时代的王朝不能和秦以后的王朝等量齐观，《吕氏春秋》说"天下万国"，《左传》说"禹会诸侯于涂山，执玉帛者万国"。"万国"自然是夸张,反映不过是指夏朝是松散的诸侯邦国联盟而已,虞朝与中原王朝并立时期也是如此。虞、夏、商、周与此后朝代不同的是一方面它们是王朝更替、互相衔接的朝代;另一方面它们又是四个同时并存的部落集团。按照《史记》说,夏商周三代祖先均在尧舜政权机构中服务。《山海经》多次提到昆仑山是万山之宗,黄河是万河之祖,对我们认识华夏民族起源地意义重大,但限于成书者的黄河中心局限,从而把长江流域划到夷苗之列。

在距今4200年左右,当中国的政治、经济和文化中心移至中原时,曾经强大和繁荣的长江三角洲地区,突然间变成了荒芜和野蛮的代名词。但这个荒芜潦落的江南并没有被所有的人遗忘:传说夏少康派庶子南下会稽去守卫其祖先大禹陵墓,是为越人之祖。而南宋王朝曾派人重修大禹陵,结果在会稽山挖出了成筐成堆的古玉,只是今天的我们却再也没有机会亲睹夏后氏的美玉是何等的风采。明清王朝及民国年间出现大量仿制良渚的玉器,但最早的仿制则始于南宋,这个流亡江南的皇族无心北上收复故土,却在江南大兴土木,也就有了南宋时良渚玉器的大批出土,却阻挡不了元朝的铁蹄。

商晚期,周人的一支太伯和仲雍兄弟二人由陕西迁居于太湖,他们因地就俗,去中原衣冠,披发文身,与太湖的"蛮族"和平相处,并自号为"句吴"。传说太伯兄弟二人是为了避让王位而作的自我流放,但选择太湖却可能是中原人在1000多年后的寻根之举。在良渚灭亡之后,玉琮突然大量地呈现在黄河上游以及渭水流域的陕甘地区,这就是齐家文化玉琮。而这一带,却正是周人及其祖先的居住之地。太伯虽然是春秋战国时代吴人的祖先,但更早的吴人却是颛顼氏的后代吴回。

八、文字发明与传播

截至目前,我们所知道的古文字,溯及商中期殷墟甲骨文,从甲骨文字体十分整齐规范而精细来看,中国文字产生绝不仅只有几百年。据此可推断夏虞都应该有文字。或者说夏之前一两千年文字应已出现,似乎可以追溯到五帝时代。

1. 仓颉造字的传说

文字的发明,历史上普遍认为是黄帝的臣子仓颉。仓颉,又名苍颉,原名侯冈、名颉,又名史皇氏、苍王、仓圣。《说文解字》《世本》《淮南子》皆记载仓颉是黄帝时造字的左史官,沮颂为右史官,见鸟兽的足迹受启发,分类别采,加以搜集、整理和使用,被尊为"造字圣人"。

据《河图玉版》《禅通记》载,仓颉曾自立为帝,是上古时期的一部落首领,曾经于洛汭之水拜读洛书。

图八〇　仓颉被尊为"造字圣人"

仓颉也是道教中的文字之神,史载仓颉有双瞳四个眼睛,天生睿德,仰观奎星环曲走势,俯瞰龟背纹理、鸟兽爪痕、山川形势和手掌指纹。依照其形象创造象形文字,结束结绳记事,开创文明之花,故而被尊奉为"文祖仓颉"。

仓颉造字之日,举国欢腾,感动上苍,把谷子像雨一样哗哗地降下来,吓得鬼怪夜里啾啾地哭起来,即《淮南子》记载的"天雨粟,鬼夜啼"。

这位史前传说人物,在我国古代战国之前的典籍中从未提及。最早是战国的荀卿,其后发展"黄帝史官"说。黄帝是原始氏族后期部落联盟首领,国家机构很不完备,这自然是后人用后代同样机构的职官名称套用史前传说人物的结果。

2. 文字与文明、文化

汉语中"文"和"字"是两个概念,许慎《说文》中"依表象形谓之文,形声相益谓之字"。"文"是象形、指示、会意的直接表达形式,"字"是对形声、转注、假借的表达形式。

易经文化的卦,从开始就作为表意"文"而出现,又能同时表达事物的本质、属性、类别、时间、地点、方位、状态、性质变化的现象等,这也是中国汉字发展秉承的表意、表象及时空的多层含义。易经一直是中原文化的主导,这些符号文字,是与上古智慧的交流密码。

"卦"作"文"使用,最早是展示承载信息的形式,并在陶器、玉器上反复出现的图像信息,长短不同的图案(2019 年发现的浙江义乌桥头遗址,距今8000—9000 年)六条"白条文",展示了《易经》河图、洛书的信息,白条纹组成的图形则是《易经》中的六爻卦——雷地豫。原始八卦文记录需要考古学者、文字学者进行破译和转化,过去大汶口文化、崧泽文化、龙山文化遗址都有发现,特别桥头遗址中伏羲八卦图文直接以阴阳爻的形式出现,与流传至今的八卦乃至六十四卦完全一致。

文字是人类最早记录事物信息和内容的表达形式。而伏羲氏所制定的八卦纹饰则是人类最初记录自然规律和信息的方式,所以卦不是西方人所说的单独符号,而是世界上最早的文,并超过一般文字的含义。

《尚书·舜典》:"经天纬地曰文,照临四方曰明。"人们普遍认识文明指人类所建立物质文明与精神文明的统称,而文字便是记载和传播文明的方式和途径,社会科学界将文字的出现称作文明进化的开端。而古人对文明开端的界定以"文","字"是记录语言声音方式,并没有直接对应的事物信息等内容。

要清楚文明,必须明白"文化"。文化起源于《易经》中火贲卦的"象"辞。"刚柔交错,天文也。文明以止,人文也。观乎天文以察时变,观乎人文以化成天下。"文化即人文化成,文明则以"文"记录、传播、展现、表达人文化成的过程。

所以出土文物留下的图腾、纹饰、符号不是简单的装饰,而是蕴藏着重要的事物信息与内容。

3. 出土文字情况

从目前成形的文字分析,中国最早的文字是起始于精细的线形刻契,即所谓的线形文字。那么,汉字起源于哪呢?

上古文明遗址中出现过不同的原始图腾、符号、文与字,大地湾遗址的漩涡彩陶、马家窑文化的勾曲圆圈网线纹盆及十多种红彩符号等,当是中国原始文字的雏形。

河南舞阳贾湖遗址是淮河流域最早的新石器文化遗存,距今 8000 年左右,最著名的是在此发现了世界上迄今为止最早的完整管乐器——三十余支骨笛。就在这个地方发现了贾湖刻符,当然,远还没有甲骨文那么成熟,都是在硬物上雕刻而成的龟甲契刻符号,共有 17 例,分别刻在甲、骨、石、陶器上,刻符结构为横、竖、撇、捺、竖勾、横折等笔画,书写特点是先左后右,先上后下,先里后外,与汉字结构基本一致,有些符号与商代甲骨文亦有许多相似之处,如形似眼目的“目”、太阳纹等。

图八一　贾湖刻符

从良渚文化方面,依据目前所发现的良渚文化刻画符号资料,若按符号本身划分,可分为单个符号、几个符号连在一起的符号。若按符号刻在器物来划分,可分为陶器上的刻画符号和玉器上的刻画符号。单个符号可以举出良渚文化马桥遗址出土陶器上释读为“五”;二个符号释为“七有(业)”,连在一起而组成句子最著名的吴县澄湖遗址出土的贯耳黑陶罐刻有四个被李学勤先生释为“巫钺五俞”的符号。美国哈佛大学博物馆收藏有多字陶文、有连续 8 个图像符号。首都博物馆所藏一件玉琮共 15 节,高 39.2 厘米,上端两侧各有一个刻画符号,符号由五峰形底座和一只玄鸟组成。中国历史博物馆藏有一件玉琮,19 节,高 49.2 厘米,上端正中刻有阴线“𝍏”形纹饰,底部内壁,一侧各刻一阴线斜三角纹饰。美国佛利尔美术馆藏 1 件玉镯,3 件玉璧。玉镯呈筒形,径 6.2 厘米,两侧分别刻有与玉琮相同或相近的两个刻文。三件玉璧璧面均刻有相同的"五峰立鸟"形文,其侧面还间隔刻有"立鸟"形、"植物"形两种刻纹。这些刻纹曾多次见于山东大汶口文化晚期莒县陵阳河遗址出土的陶尊或残片上,并分别释为"旦、炅"等字。良渚玉器上的这些刻纹,也被释为"封""岛""炅""石"等字。陶器和玉器上单个符号与大汶口文化陶文"炅""旦""火"相关符号,说明这一个符号意思符合约定俗成。

那为什么在虞夏没找到像甲骨文一样的传世文字之物呢?

其实这应该与虞夏文字载体有关。中国文字载体一般有石或玉(石鼓文)、陶器(陶文),竹简或木简、青铜器(金文)、骨文(甲骨文),其中竹简或木简最为方便,只是容易腐朽,所以至今尚未发现春秋时期的竹简,更不用说夏、商竹简了。而甲骨文中有"典""册"等字,说明商朝日常文书使用竹简或木简,只有重要的卜辞才刻在龟甲、牛骨上,从而甲骨文得以流传,而商朝两牍未能流传。因此虞夏朝可能也使用两牍,只是岁月久远,两牍腐朽才无处可寻。

同时,如今发现的陶文、骨刻文都比甲骨文早,与虞夏存在时间较为吻合,只是没有解释出来,或解析不全与夏史无法验证而已。

在陶寺遗址发现城垣遗址的社会科学院考古研究所的何驽先生,尤其重视出土于该遗址的朱书文字陶器。这是一种名为扁壶的陶器,器身部分的一面是平坦的,形状较为特殊。因为大多发现于水井底部,通常认为扁壶是用来汲水的陶器。扁壶的凸面与平面上用红色各写着一个文字。

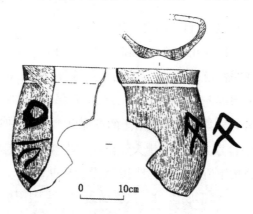

图八二　陶寺遗址出土的汲水陶器

关于这两个字有多种解释,何驽先生认为这两个红色文字不是单纯的记号,而是可以读作"文尧"二字。意为"尊贵的祖先尧"。读作"文"字应无问题,而另一个文字上半部分为"土",下半部分为"兀",何驽先生认为应可读作"尧"字。是否真的可以读作"尧",还有必要从古文字学的角度进行进一步论证,暂且还应当持慎重态度。①

4. 商周的文字传承

商周的文字主要用于城市国家祭祀,商王朝之前的虞夏王朝都没有发现文字记录,尽管我们怀疑文字早已出现。

据传夏时已有文字,且铸于鼎,铭文述有夏之历史,后被沉于泗水。秦始皇统一中国后多次派人访求打捞,均无所得,未见其踪。文字本身是个很复杂的发明,对于人类早期社会来说,在经济成本上很不划算,由于城市国家祭祀需要,否则这种发明很难出现,因此文字肯定出现在城市国家时期,主要用于城市祭祀。

图八三　汉画像石·夏泗水捞鼎

商王朝使用的文字就是甲骨文,甲骨文是我国目前发现最早最成熟的文字,与甲骨文同时并存的还有金文、玉石文和陶文。文字的载体刻在甲骨上是甲骨文,刻在青铜器上是金文,刻在玉石上是玉石文,刻在陶器上是陶文。这些刻写或铸于不同质料上的文字,尽管内容、用途并不相同,但它们都是商代

---

① 许宏:《何以中国》,生活·读书·新知三联书店 2016 年版,第 26 页。

文明的重要标志。商朝对文字肯定是秘而不传,这也是三星堆文化为什么玉器、青铜器十分发达而没文字发现的缘故。而周还在商统治下当小国的时候,周人还不会汉字。周是在灭商的过程中继承了商的文字。

玉石文大约兴起于殷代武丁时期,一直延续到殷代末年。主要出土于安阳殷墟,其次为传世品。总数据最近统计约有 30 件以上,其中玉质的约占 1/2。按内容大致可分两类:

第一类是纪事性铭辞,数量甚少,内容有入贡、战争、赏赐、祭祀等方面,从一个侧面,反映了殷王朝的一次历史性事件。例如,妇好墓出土的一件大玉戈,在戈内后部一面刻有"卢方𡧤入戈五"六字。"卢方"当系方国名;"𡧤"是人名;"入"有贡纳意。大意是说,卢方的𡧤入贡玉戈五件。大概在武丁时期,卢方与殷王国比较亲睦,故有入贡之举。这是我国最早一件知名的玉器。关于卢方的地望,有学者认为在今湖北襄阳南,即春秋时的卢戎所在地。

一件传世的玉柄形饰,在柄端下侧的一面阴刻文字两行,共 11 字,文曰:"乙亥王易(赐)小臣𩿊(右一行)蒿才(在)大室(左一行)"。"小臣"是殷代较高的官名;"𩿊"可能是人名;"蒿"似为器名;"大室"是建筑物的名称,是藏庙主之所在。大意是说,在乙亥日,殷王在大室赏赐小臣𩿊一件称为蒿的器物。小臣受王之赐,刻文以志其事。此铭刻的辞例与戍嗣子鼎的铭文相近,但较简略。结合刻文的字体,推断此柄形饰属于乙、辛时期。

另有一件传世的商龙,在龙脊上有"保铸管祖"四字,管,从东从官从间,管城即今郑州,祖乙合文是商王庙号,大意应是请神保佑在管城的祖先,亦可释为请管城的祖先保佑。

图八四　传世商龙脊上甲骨文可解为"保铸管祖"

第二类是方国名或族名、人名。例如,安阳侯家庄西北冈殷代王陵区出土的一件残玉斧,在其一面刻有倒置的"弜"字。"弜"可能是方国名,见于甲骨文与金文。

有文字的才有文字记录,无文字的当然无记录传世。所以,商王朝和周王朝时代的汉字记录仅限于商周之事记载。

周王朝将刻有金文的青铜器授予诸国,这些铭文中肯定言及诸侯各国之事。与商代相比,诸侯国的历史因而得以留存。这些铭文肯定站在周王朝的立场谈各诸侯国的事情,内容也是与周王室有关则有,无则阙之,非常零散。

周王朝从商王朝继承了在青铜器上铸刻铭文的技术后严格保密,并把刻有铭文的青铜器赏赐给诸侯。接受封赏的诸侯不知道汉字的意思,而铸刻技术被周王朝独自把持。但代代接受封赏后,诸侯们也渐渐懂得汉字的意思了,但依然不会铸刻铭文技术。即使有诸侯国能制造青铜器,上面也没有铭文,正是这个铭文将日益松散的周王朝推向春秋时期的权力神坛。

周王朝利用青铜器铸造而进行的文字传播过程,实际上是一个不断向诸侯们确认以周天子为共主乃是天意的国家制度过程。

5. 汉字圈的形成与扩张

西周末期,周王都一带陷入混乱,周王手下的工匠四处逃散,这才使在青铜器上铸刻铭文的技术传到了各地。

在那些已经熟悉汉字的国家,人们已经将汉字作为自己的东西开始使用,广域的汉字圈逐渐形成。对于各国而言,从不识汉字的时代流传下来了很多青铜器。当这些诸侯国用已经成为自己的汉字来整理这些青铜器时,他们看到的是称颂周王朝伟大的铭文内容,并代代流传。这些诸侯国越是解读这些文字,便越发觉得周王朝是拥有至高无上权威的存在。

从军事力量的角度而言,周王朝的势力是日渐衰微,但是从青铜器铭文表述中读取的内容来看,周王朝的权威反而越发崇高。这就是春秋时代的特点。

代代受封获赐青铜器的诸侯,主要是从河南一带到山东地区的诸侯。在这些诸侯国心中,他们认为周王朝处于最高的位置。这个观点是很难改变的。

与此相对,那些青铜器上并没有记载着自己与周王朝关系的国家,或者即使有记载也只是些只言片语的国家,甚或根本不存在青铜器的国家,它们自始至终都不曾把周王朝放到心中第一的位置。因为这些国家并不属于汉字圈,也没有受汉字魔力的影响。

　　长江中游地区的楚国和下游地区的吴、越之地对于周王朝的权威就表现得很冷淡。所以,他们很早就开始自封为王。不仅如此,他们还让那些变成自己统治范围的周的诸侯们铸造青铜器,铸刻铭文来记载自己与这些诸侯国的关系。他们与周王朝相抗衡,展示着自己作为第一权威的骄傲。这也就有了楚王问鼎天下的事情。

　　周王朝继承了商的文字,并逐渐传播到各诸侯国,进而传遍当时的天下。我们通过对谱系保留资料和各诸侯国君主在位年代记录分析研究,发现汉字圈开始急速扩张是在春秋时代。春秋时代已经出现了将黄河流域与长江流域包含在内的广袤的汉字圈。

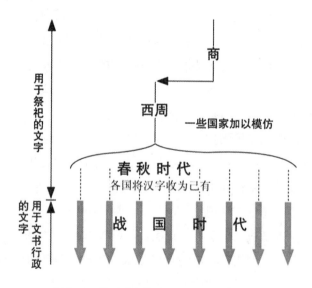

图八五　用于祭祀与行政的文字源流不同

　　文字早期垄断于祭司集团及有资格参加祭祀活动的高层贵族小圈子,超越小群体大规模社会应用肯定更晚。①

　　历史的车轮继续向前,铁器普及,耕地激增,城市也迅速增加。在这样的历史背景下,有些国家灭亡,变成了别国的县。战国时代便开始了文书行政制度。列国以各自君主为最高权力,制定了律令法律体系,文书行政制度开始,

---

　　① ［日］平势隆郎:《城市国家到中华:殷周　春秋战国》,周浩译,广西师范大学出版社2014年版,第31页。

文字就成了行政的工具。自从文字成为行政工具后,出现史书。

6. 秦独创隶书,统一天下文书行政

从汉字书体分析,汉字的书体分为篆书、隶书、楷书、行书、草书等。其中,除了篆书和隶书外,其余的都是在汉代以后才形成的书体。人们最初使用竹简和木简,汉代发明了造纸术后逐渐普及用纸书写。

东汉时期,许慎创作了《说文解字》,书中前言采用篆书,并说明篆书是秦始皇时期将以前的文字加以删减改良而形成的书体,因此作者将秦始皇以前的书体称为大篆,秦始皇时期创作的书体则称为小篆。

隶书以及由其发展形成的楷书,除了笔画的方正程度外,基本是相同的。而篆书的笔画则比较圆转,即便将篆书写得方方正正,也无法成为隶书。

行书是比楷书随便的字体,而草书则是将楷书的笔画加以大胆省略,草率、迅速写就的字体。①

长久以来,人们都是根据《说文解字》来论述篆书,但根据近几年出土的秦朝以前文字,与汉代隶书资料,比较发现:许多篆书似乎就是将方正的隶书笔画加以圆转形成的。从笔画上差异不大。

《说文解字》认为大篆是周宣王时期史籀所创,对历史的认识沿袭了战国时代以来的观点,认为经书是孔子所作,《春秋》传为左丘明所作。《说文解字》在追溯历史的时候,是把周代作为天下的王朝来记述的,对战国时代的领土国家毫不关心。

《说文解字》关于书体的见解,奠定了历代书体观的基础。但是,我们参照实际字体来看的话,得出的结论却与这种书体观完全不同。

殷商的文字有甲骨文和金文,周代的文字有金文等。到了春秋时代,金文呈现出了地方特征,再后来到了战国时代,文书行政开始,行政用的书体形成。

根据《史记·秦始皇本纪》的记载,秦始皇在施行统一政策时,对文字也进行了统一。既然对文字进行了统一,那就说明之前使用的文字各不相同,便有了图八六的文字统一图。

如今大多数学者都认为,图中列举的齐国文字是别字(马是别字畫)。如

① [日]平势隆郎:《从城市国家到中华:殷周　春秋战国》,周浩译,广西师范大学出版社2014年版,第350—358页。

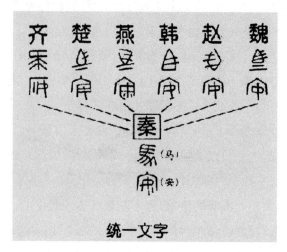

图八六 所谓的秦始皇文字统一图

果不是每个国家都在一直使用图中列举的文字,那么这个图便毫无意义。而且,从收集来的各类资料来看,如果文字使用的场合不同,则文字的风格也截然不同。即便是用于同一场合,如果承载文字的材质不同,文字风格也不尽相同。

刚才提到了文字风格的问题,严格来讲,注重部首构成的是"字形",将篆书、隶书等加以区分的是"书体",在同一书体下展现出的个人差异等则是"文字风格"。

这些字乍一看仿佛是统一了各国的文字,但字的来源却是章(印章)、竹简以及青铜器。各国用的材料各有不同。而且,这些字究竟是来源于哪个国家,标准也并不明确。事实上,通过对战国时代各国的材料发现:各国用于青铜器、章、货币、竹简、帛书的文字是多种多样的,可以说这里列举的字在任何一个国家都存在。所以,这个图展示出来的文字统一是站不住脚的。

我们已经知道,汉字在商王朝开始使用,被周王朝继承,到了春秋时代又被传播到了各国。从商王朝到周王朝,统治集团独占了文字的使用权,所以并没有形成国与国之间的差异,直到春秋一直如此。(越国等创造的鸟篆书体将西周金文书体的笔画末端加以延长,再附加上鸟形装饰,所以得名"鸟篆"。看上去鸟篆与金文完全不同,但如果将鸟状装饰去掉,就会发现其实就是西周金文)

由于汉字是通过师承关系流传下来的,在同一语言"匠房"中一般不会产生个人差异,但商周王朝有许多匠房。由于匠房师傅不同,含义相同但字形不同的汉字在各地分别流传,意思相同但表现不同的说法也逐渐形成。到了战国时代,这些师傅匠房都被收归该区域中央直接管辖,语言表达上的差异也随之被集中到了中央,多种文字风格和说法混杂存在也随时流传。

战国时代领土国家将天下的小国分别消灭,取而代之设立郡县进行管理,推行文书行政。这种文书行政使用的文字与以往祭祀用的文字大不相同。

祭祀用的文字巫术的色彩很浓,字的笔画也很复杂,一般会花费很多时间写成。而文书行政用的文字主要注重传达机能,有时需要写很多字,笔画必然逐渐简略。

在文书行政文字出现以后,汉字开始出现分场合使用的不同书体。一种是祭祀用书体,笔画比较繁琐;另一种是文书行政用书体,笔画比较简略。笔画省略的情况根据时期不同也有所不同,所以即便是在同一国家,如果所处的时期不同,所用汉字的省略状况也不尽相同。行政文书所用的简略字通过天下的交通网络传到了各国。由于祭祀文字采用的是传统的金文书体,所以在各国并没有出现太多差别,也没能形成各国独有的特征。

金文一直属于篆书体系,文字笔画都是以圆转为特征。即便在战国时代,各国文字仍然使用笔画比较圆转的篆书,只有秦国创造出了特殊的文字,这就是隶书。

秦始皇统一文字并不是指用一种文字代替所有不同的文字,他主要是突出了秦国文书行政用书体,将隶书确立为天下通用的官方文字。

实际上,自秦始皇统一以来,文字的规范化和多样化一直并存。人们对于文字的规范化比较重视,却疏忽了文字的多样性。在国民教育体制下,人们通常想到的便是印刷体,以这种严格规范化的眼光来设想秦始皇统一文字的情形,便有了文字统一图。

因此,秦朝文字统一的实质是用隶书作为文书行政用的文字进行普及,这一点可以通过观察出土文物得到证明。祭祀用的文字各国差异并不很大,也没有统一。

图八七　秦始皇统一天下的诏书

这是记载秦统一天下的铜铭文拓本(《小校经阁金文拓本》东京大学东洋文化研究所藏)。在开始两行写道"廿六年,皇帝尽并兼天下诸侯"。通常青铜器文字都采用笔画比较圆转的篆书,但该诏书却采用的是笔画方正的隶书形式。

三国时期曹魏创作了三体石经,将经典文献刻于石碑之上,所谓"三体",指的是古文(战国时代的文字)、篆书和隶书,用这三种文字刻写同一文献。公元 3 世纪中期出土的战国魏国编年体史书《竹书纪年》就是据此解读。

宋代郭忠恕编撰的《汗简》和夏竦编撰的《古文四声韵》,都是介绍特异书体的文献,新中国成立后简化字改革参照的便是这些字。因此可以说,《汗简》和《古文四声韵》是一把开启历史之门的钥匙。

九、中国龙图腾

1999 年新砦遗址出土一块陶器盖残片上,以阴线雕刻出一只兽面纹样。兽面面额近圆角方形,蒜头鼻,两组平行线将长条形鼻梁分割为三部分,梭形纵目,弯月眉,两腮外似有鬓。刻制技法娴熟,线条流畅。该兽面纹明显为饕餮纹,带有明显的东夷文化色彩。①

图八八　新砦陶器盖上的龙纹

饕餮,一种想象中的神秘怪兽,传为东海龙王的第五子。因《吕氏春秋》有"周鼎著饕餮"之说,宋人将商周青铜器上图案化的兽面纹称为饕餮纹。饕餮是人想象的产物,像龙像虎,又非龙非虎,你说像啥就像啥,你说是啥就是啥。当代学者意识到"饕餮"的模糊性,故而弃而代之以相对平实客观的"兽面纹"。

但这块陶片上表现的是龙无疑。这只陶器盖上的龙形兽面纹,与二里头遗址贵族墓出土的绿松石龙形器的面部惊人地相似!

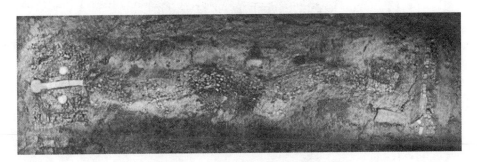

图八九　二里头绿松石龙形器

---

① 许宏:《何以中国》,生活·读书·新知三联书店 2016 年版,第 103—105 页。

图九〇　二里头绿松石龙形器面部

在兽面纹器盖出土地点相隔不远处,还出土了一块器物圈足部分的残片。其特殊之处在于装饰有一周线条优美的连续图案,虽因过于残破难辨首尾,但无疑是动态龙纹。发掘者称其为夔龙纹。依许慎《说文解字》,夔这种奇异动物"如龙,一足"。而陶片上的龙似乎无足,当然青铜器上的"夔龙纹"也不都是一足。

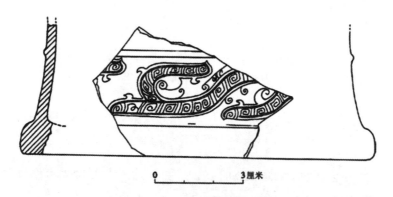

图九一　新砦陶器圈足上的龙纹

夔龙即蛙龙,夏后氏的龙与红山文化龙来源不同,可视作蟾蜍神化,与鱼、蛇龙化同属一源,是把崇拜的动物神化的结果,这一点可能受红山文化影响,龟、夔古音相同或相类。《山海经·海内东经》曰:"汉水出鲋鱼之山,帝颛顼葬于阳,九嫔葬于阴,四蛇卫之。"《山海经·大荒西经》又云:"风道北来,天乃大水泉,蛇乃化为鱼,是为鱼妇。颛顼死即复苏。"蛇与蟾蜍都是两栖冬眠动物,春天来了,人们祈盼下雨,而蛇、蟾蜍苏醒了。颛顼的神话与鱼蛇相关并与"死即复苏"夏的兴起密切相关。

中华民族自称是龙的子孙,中国人大都喜欢龙,但从考古发现和历史记载上看,龙从其诞生之日起,就基本上与普通大众无关,而是被权贵阶层所独占。夏王朝由新砦和二里头的龙形象,似乎可以窥见两大集团权贵间亲缘关系的基因密码。①

商代对夏夔龙采取了继承原则,将红山文化的云龙、猪龙进行消化吸收,而更多的又承袭了凌家滩文化的玉龙,三者融合呈现出目前商龙的形状。

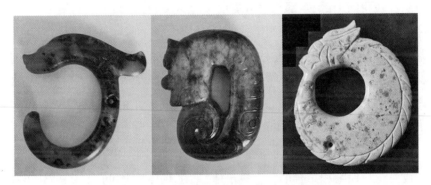

图九二　红山文化龙、商龙、凌家滩文化龙

龙的形状后来历代有不同的变化,但基本形体未变,龙逐渐成了中华民族公认的图腾。

十、中华祭祀礼仪

当人类社会还处于蒙昧状态时,求神、占卜、驱疠等巫师巫术作为人类拜神活动的伴生而产生。但作为史前先民社会群体性、聚集性的原始宗教活动则是随着史前社会复杂化而逐渐形成。在史前中国,正是随着各区域社会复杂化进程、原始宗教迅速发展,祭祀规模日益扩大。比如在距今7000年前北方内蒙古查海聚落遗址中心发现用碎石块堆塑而成用于祭祀的19.7米的"石

① 许宏:《何以中国》,生活·读书·新知三联书店2016年版,第99—103页。

龙",湖南高庙遗址则发现有1000平方米大小的祭祀场,湖南澧县城头山遗址亦发现椭圆形大型祭坛和40多个祭祀坑。这说明伴随原始定居聚落的产生,祭祀、占卜等最早的原始宗教已经出现,当然也出现了主持祭祀的巫师。

政治群体的统合不可缺少同一信仰。在新石器时代,属于粟黍农业社会的华北与属于稻作农业社会的华中大致可分为黄河流域和长江流域,两种农业社会具有不同的祭祀形态和礼仪。两种农业社会通过交流而最终走向统合,同样,不同的祭祀礼仪随着农业社会的统合亦走向统合。

史前中国原始宗教和祭祀,与当时的社会关系日趋复杂化密切相关。在距今7000年前,我国已进入方国时代,这是具有战争与防御性壕沟的环壕聚落组织。在我国中部、东部与北方史前文化区域,都发现有这种花费巨大、具有战争防御作用的先民环壕聚落或叫"古城"。在史前社会演进中,这种中心聚落、原始宗邑和酋邦三者在外在特征和内在功能上是一致的,其共同特征就是神权政治或神权与军权并重。这些早期国家不仅是生产力发展到一定阶段的产物,也是诸多文明要素如政治、宗教、文化等各方面也在合力作用下不断演进。

正是这些要素的聚合,使早期国家在演进中脱颖而出,不仅使早期先民内聚构成血缘与地缘相结合的社会政治体,也在不断强化和完善其氏族、部落的公共职能及原始道德、宗教信仰等精神生活要素,形成早夏文明独具特色的原始宗教和祭祀,作为主持祭祀的巫觋群体随之出现。

1. 黄河流域盛行祖先祭祀

在新石器时代农业社会中,各区域分别拥有各不相同的祭祀形态。大致说来,在属于粟、黍农业社会的黄河中游地区,盛行以父系血缘组织为中心的祖先祭祀。这种用于农业祭祀的动物牺牲和体现群体组织化的人牲,有着维持群体组织的功能。

动物随葬与动物牺牲的意义不尽相同,动物随葬主要在于给被葬者驱邪,之后逐渐转化为财富的象征。

黄河中游地区从新石器时代前期就可见到动物随葬行为,用于随葬的是猪的下颚骨和牙獐的牙。到了新石器时代中期,这种习俗扩散至黄河下游地区,在新石器时代中期后半段至后期,又向长江中游地区和西北地区扩散,这种趋势与动物牺牲的扩散状况相同。

在新石器时代后期,牛、羊等畜牧动物的饲养在西北地区走向发达,西北地区的动物牺牲也随之开始出现牛、羊。黄河中游地区也在新石器时代晚期出现了牛、羊的牺牲,随之出现了以人为牺牲的祭祀行为,即人牲。①

新石器时代后期黄河中游地区盛行这种用人作牺牲。牺牲祭祀成为维持群体团结,维持社会阶层稳定和谐的精神基础。

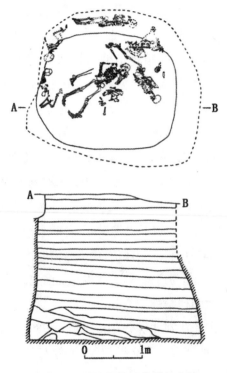

图九三　王城岗遗址奠基坑人牲

图九三即是登封王城岗遗址,在建盖建筑物时候,用作奠基坑的人牲牲坑。

如果动物牺牲是一种农业祭祀,人牲就是一种凝聚人类群体的社会祭礼。动物牺牲和人牲后来尤其盛行于商朝社会,动物牺牲也作为周朝社会的基本祭祀而一直存在。

无论是祖先祭祀还是仪礼,都是促使群体形成核心的习俗制度,也是用以维持从部族社会向首领制社会变迁的必须。

———————————

① [日]宫本一夫:《从神话到历史》,吴菲译,广西师范大学出版社 2014 年版,第 307—310 页。

纵观史前中国社会发展进程,是一个较为平等逐步分化形成阶层的过程。在这个转化过程中,原始宗教和祭祀起着凝聚部落的作用,而祭祀礼仪则不断贵族化、精致化和权威化,逐渐以一种"权威"方式主宰着史前社会的先民精神,并不断扩大权力形成"威权",显示其超然性、公共性神权。承载这种力量的巫师群体也不断层级化而"祭司化",并在以神权为主的治理手段中逐步与世俗权力的"威权"式手段融合,维护着阶级社会的精神凝聚和秩序稳定。

由于当时血缘与地缘的交叉性特征,以祖先崇拜为核心的祭天、祭祖活动已经成为各部落先民凝聚共同精神信仰与价值观的重要手段,因此这些与"天""祖"相联系的宗教信仰起着维护聚落等级秩序的原始道德观念与规范,而这种内在凝聚力更通过"祭祖""祭天"等宗教信仰构建一种与以神人之伦基础的权力关系。所以在国家的初始阶段(古国时代),这种权力关系更表现为一种与血缘祖先身份高低、亲疏远近,从而与氏族、部落首领的军事统领、管理经验相交叉的精神力量。它促使先民对"祖先"之"神灵"的敬畏,而又将原始道德伦理去附加在祖先神灵身上,以此维护部落、家族间的社会与人伦关系,强化氏族团结。同时这种关系掺杂了祖先崇拜、自然崇拜、神灵禁忌及早期的天文、气象等因素,情感与理性,科学与迷信,伦理与信仰,政治与军事相互依托,共同形成原始宗教的神圣价值与道德观念,建构起史前先民的精神结构。

2. 长江流域信奉太阳神崇拜

1999 年,考古工作者在湖北秭归距今 8500—7800 年的东门头遗址中发掘出太阳神石刻,太阳神刻为一直立男神像,该像双手掌部虽然残缺,仍可看出其双手似做祈祷状。秭归东门头人物石刻是我国长江中下游地区最早发现的巫师及太阳神崇拜现象,开启了长江中下游地区"太阳神"崇拜的先河。

在属于稻作文明社会长江下游地区的大虞良渚文化信奉太阳神崇拜,以玉器为主的祭祀,代表了大虞良渚文化。良渚举行群体祭祀的神圣祭坛在祭祀结束后,同样也被用于统治者家族的墓地,在丧葬仪礼中把象征着祭祀权的玉琮、玉璧以及象征着军事权的玉钺等大量随葬在首领墓中。

在大虞良渚文化中,在以良渚遗址为中心的各群体相互结盟,形成了良渚文化的政治统合——大虞。这种统合也包括玉器的分配,并在首领会盟时通过玉器来达成宗教上的统一,最终达成各群体在政治上的统一。从这个意义上来看,玉器不仅是显示身份和财富的权威器物,而且发挥着神政权力达成统一的精神作用。对于雕刻于玉琮等玉器之上的神人兽面纹所代表的太阳神信仰成为维系群体统合的纽带。

这种神人兽面图像,在许多大虞良渚玉器上反复出现,说明它是当时的主要崇拜对象。特别是玉琮,无一不雕有神人兽面图像,说明两者之间,存有相互依存的关系。因而我们说:良渚文化玉琮的功能,就是神灵信仰的法器,也就是说是与神沟通的"媒介"。

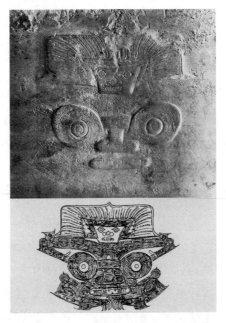

图九四　良渚文化玉琮等玉器之上的兽面纹图案

这种兽面纹源于河姆渡文化的太阳神,经过其后的马家浜文化、崧泽文化,演变成为大虞良渚文化的神人兽面纹。太阳神与农业祭祀有着密不可分的关系,这是以稻作农业为基础发展而来的文化,大虞良渚文化的王通过强调与太阳神的关系而成为社会的领导者。

大虞良渚文化玉琮等玉器之上的兽面纹是源自河姆渡文化的太阳神。在山东龙山文化遗址玉器上也可看到图案发生一定变化的太阳神形象,这样的图案在石家河文化也可看到。两者均绘有以太阳光芒形成的日晕为原型的神人图形及其旁边的鹰图形,从上述图形反映出与河姆渡文化同性质的太阳神。起源于长江下游地区的太阳神在山东龙山文化及石家河文化中,为其精神文化所共有,在这种共有的背景之下,这是以良渚文化为中心精神基础的扩散。

3. 玉器成为宗权祭祀的中枢媒介

玉器是新石器时代最为贵重的物品,社会产生阶层差距,玉器逐渐成为一种权威用品,既能显示上层阶级身份,更作为祭祀用具成为宗权祭祀的中枢,并通过祭祀与首领权力一致。

在考古发掘祭坛和墓葬中,这些玉器基本都是祭祀礼器,不仅是墓主在另一个世界的使用重器,更具有维护现实人间秩序的精神震慑功能。

新石器时代玉器以红山文化、良渚文化、凌家滩文化、石家河文化及山东龙山文化最著名。红山文化玉器以表现猪龙等想象中的动物形象为特点,以远东文化传统为基础,在新石器时代中期得到独自发展。区域首领独占玉器,玉器被赋予了社会群体内的特别权威。大虞良渚文化创造了玉琮、玉璧等用于宗权活动精巧玉器;石家河文化则拥有神秘人面及动物头形玉器;山东龙山文化却另有玉刀、玉璋、玉璇玑等海隅玉器,他们都在新石器时代中后期得到了高度发展。而这些玉器无一不与祭祀相关。

在辽河流域红山文化牛河梁遗址,包括方圆数十里的"坛、庙、冢",建有大型祭坛,规模巨大,气势恢宏,十分明显是祭祀所用。红山文化有着"唯玉而葬"的传统,"玉器作为积石冢墓葬主要甚至唯一的随葬品,也是祭祀址中与人的关系最近的物品,它们的功能应主要与通神有关"。[①]

大虞良渚文化玉器中最具代表性的是玉琮,通常认为玉琮是从玉制手镯发展而来。虽然从形态的谱系来看,玉制手镯确系原型,但从意义和使用方式来看,玉镯与玉琮全然不同。在用作手镯时只是一种随身装饰品,最多是一种威望物。但在玉琮阶段却超出单纯用作威望物作用,而具有祭祀意义。

●良渚文化·玉兽面纹镯式琮　　●良渚文化·玉龙首镯

图九五　良渚玉琮的源流

---

① 辽宁省文物考古研究所:《牛河梁:红山文化遗址发掘报告》,文物出版社 2003 年版,第15页。

　　玉琮形状如磨去棱角的方柱体,中心部分为圆柱状镂空。中空部分被看作是连接天地,供神灵进入的"媒介通道"。玉琮作为神灵的"媒介",表面刻有精巧的神人兽面像。通常认为神人是月神,兽面像代表太阳神,旁边的鸟以鹰为原形代表神的使者。玉璧则显示着神灵统治的世界观和宇宙观。首领拥有这些玉器,并以此与神交流,借助神的权威统领群体,以维持自身地位。

图九六　良渚玉琮是与神沟通的"媒介"

　　在大虞良渚文化玉器中最具特色的是用于祭祀的玉琮,代表神灵权力的玉璧和代表军事权的玉钺。把祭祀和军事结合在一起的是良渚大虞的王,代言其权威的则是玉器。玉器大量随葬于王墓中,这些墓葬多为土墩墓。

　　玉钺是良渚玉器中的常见器,是墓主人亲自捧执的神圣物件,绝非一般仿自实用器具的陈设,而是军事统帅权力的象征物。图九六玉钺上雕琢着神人兽面像,具体地表现了军权中渗透着神的旨意。由此推断,在商代以后曾是等级很高的玉圭,本是钺的演化物,是一种不再安柄的玉钺。玉钺作为身份象征和权力象征的礼器,是和玉质石斧的根本区别所在。以玉琮、玉钺、玉璧为核心组成的庞大礼仪用玉,正是良渚玉器社会功能的集中表现。

　　良渚玉钺,钺上有徽铭,柄前端末端均有玉饰,80厘米的木柄上镶有大量玉粒组成的图案,示为王之权杖。

　　土墩墓原为祭坛,用于祭祀活动,玉器作为神政权力象征,成为增强王权,使其在群体内部社会地位得到安定的精神基础。神,就是精雕细刻在玉琮之上的神人兽面纹。

4.各种祭祀形态走向统合,形成统一仪礼

　　在上述各区域祭祀形态及精神内涵到了新石器时代后期,开始出现区域

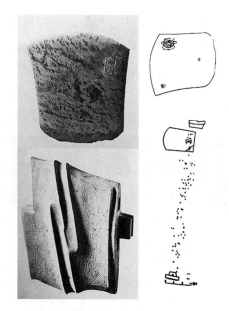

图九七　良渚玉钺及出土现状

间流动,这一点尤其体现于玉器之中。

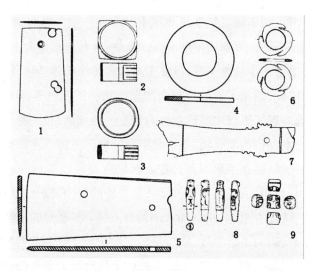

图九八　交流到黄河中游地区的玉器　1 玉钺(陶寺遗址1265 号墓)2、3 玉琮(陶寺遗址 3168 号墓、1267 号墓)　4 玉璧(山西下靳寺 13 号墓)　5 玉刀(山西下靳寺 51 号墓)6 牙璧(陕西石峁)　7 玉璋(陕西石峁)　8、9 石家河文化系玉器(陕西石峁)

在中原地区玉器并不发达。但到了距今 4000 年前,红山文化、良渚文化、石家河文化等中原周边区域文化相继衰弱,而中原龙山文化为代表的区域文化异军突起。玉器以及附随其上的神政权力到了龙山时代,形成独自的玉器文化,并从黄河中游地区向上游地区扩展,①给中原文化模式形成一种新的机遇。

此前不曾拥有玉器祭祀的黄河中游地区自新石器时代后期吸收了良渚文化的祭祀形态,通过首领同盟建立优越的社会组织精神基础,在新石器时代终末期完成了精神世界的统合,其背景与山东的文化影响有关。具体过程是:大汶口文化后期以后,代表山东的海隅文化沿黄河而上,对黄河中游地区产生影响。长江下游地区大虞良渚文化的玉琮、玉璧,并向黄河中游及上游地区扩散。玉琮的神人兽面纹是商代青铜彝器的重要纹样饕餮纹的祖型。黄河下游的大汶口文化玉璋扩散到黄河中游,成为二里头文化的重要权威物。二里头文化以及其后的殷商文化有效吸收了上述玉器所代表的精神文化。

终于,粟、黍农业社会以父系血缘组织为中心的祖先祭祀及农业祭祀与稻作社会的太阳神崇拜合为一体,成为夏王朝二里头文化及以后的文化形态。

在新石器末期,各地域之间交流融合不仅物质形式交流、精神生活交流融合更为广阔,各区域宗教祭礼社会进化得更为复杂和统合,大中华文化通过融合逐步统一。

玉璋玉刀这些山东海隅龙山文化特有的玉制品逐渐向黄河中游地区扩散,并开始在当地生产。二里头文化的玉器生产尤其盛行,并使玉璋逐渐向西部扩散至四川的三星堆文化,进而扩大至广东及越南北部。从这些起源于山东的玉器在各地开始自行生产的现象也可以想见,其观念上的意义十分重要,是这种观念的有效吸收促使了玉器在当地生产和盛行。

大虞良渚文化的玉琮和玉璧显示着由王掌握神政权力。在新石器时代终末期的龙山文化后期,玉琮和玉璧向黄河中游地区扩散,并开始在当地分别开始自行生产。这种现象与其说是单纯的玉器模仿,不如说是这些地区开始需求隐藏于玉器之中的神政权力这种意识形态。

随着世俗性权力加大,逐渐形成以王权为中心的三位一体的权力配置结

---

① 〔日〕宫本一夫:《从神话到历史》,吴菲译,广西师范大学出版社 2014 年版,第 30 页。

构,宗教则演变为王权形而上的超越、神圣的本体保障。这种情况在陕西神木石峁遗址、偃师二里头文化遗址中都表现得十分明显。从二里头文化中发现最早的都城遗址、大型宫殿建筑群、成套的宗教祭祀用礼器可以看出,它在标示政治等级与宗教祭祀方面的用"礼"制度和"礼"器运用方面有很强的专断性、等级性和独占性特点。此外,二里头遗址还发现不同于日常用品的大量陶礼器如爵、盉、盏等,它说明"礼"器及用"礼"制度已广泛存在。史前社会复杂化过程中的政治、经济、文化、宗教多种因素的合力,形成了中原地区先民社会复杂化进程中精神与制度力量的整合。它使社会的维持机制,通过其不断强化的精神性、礼仪性的物化形式(例如大型宫殿建筑群、成套礼器群以及等级不同的墓葬制式等),来达到维持现实社会组织和政治等级的合法性、神圣性的目的。

关于商周青铜器的基本纹样饕餮纹,其原形也是大虞良渚文化的兽面纹。与纹样图案一起,玉琮等玉器文化向黄河中游、上游地区的扩散使涵藏于玉琮和玉璧之中的神政权力在新石器晚期被黄河中游地区所吸收,并在二里头文化以后得到绚烂发展。

起源于山东龙山文化的玉璋等器物上刻画的兽面纹有着重要的意义,这些兽面纹继承了大虞良渚玉琮之上的神人兽面纹的传统。兽面纹在商王朝的二里岗文化期发展成形为饕餮纹。而在二里头文化中,人们通过在柄形玉器及兽面纹铜牌上加以兽面装饰,也许是为了彰显与大虞良渚文化同样的神政权力。大虞良渚文化的神人兽面纹很可能是通过山东龙山文化的兽面纹直接与二里岗文化的饕餮纹发生关联。而二里头文化的兽面纹看起来更类似于长江中游石家河文化的人面纹,这种纹样逐渐成为夏商周社会核心神的意象。总之,二里头文化的分布区域内吸收了当地不曾存在的诸多区域的精神内容。

在山东大汶口文化以及山东龙山文化中,作为阶层构造诞生的"仪礼",在新石器时代后期陶寺墓地中尚未出现。然而在二里头文化和二里岗文化中,在山东用于祭祀仪式的陶器器种如鼎、鬶、杯、罍等被置换为青铜的鼎、爵、盉、罍等,成为祭祀的基本礼器。正是上述诞生于黄河下游地区的"仪礼"为二里头、二里岗文化所采用,成为夏商周社会的基本仪礼。

当然,在陶寺墓地中已存在"乐"的概念。标志首领身份的"乐"与诞生于山东的身份秩序的"仪礼"在二里头文化以后相互融合,逐渐形成了夏商周社会的基本社会秩序即"礼乐"。

就这样,各区域各自形成的精神文化制度和习俗在中原地区走向统合,并在此过程中诞生了二里头、二里岗文化,进一步实现了社会的组织化。

因此,夏商社会的基本要素即祭祀、供牲、礼乐等,并非都是黄河中游地区自我诞生,而是融合了粟、黍农业社会与稻作农业社会的精神文化所形成的。

5. 巫师群体的演变和分化

从考古材料看,原始宗教和祭祀主要出于先民生产、生活的实用需求。随着社会发展,宗教与祭祀已发展为具有超越性、权威性的神圣权力,而这些或大或小掌握神权或兼及军权的巫师则成为聚落的各级首领。在大汶口文化中,专门用于宗教祭祀、占卜的涂朱龟壳、龟甲、象牙琮等"神器"均出土于男性墓葬,而且伴有体现富有和权贵身份的随葬品,说明在此时期当时祭祀占卜的巫师也均是男性,且为氏族、部落权贵人物。

弗雷泽曾把早期巫术分为"个体巫术"和"公众巫术"两方面,"个体巫术"属于驱邪魅的法术范畴,而"公共巫术"则是一种关系氏族、部落整体祸福、吉凶的法术与禁忌。所以早期社会,"公正巫师占据着一个具有很大影响的位置",史前中国亦是如此。随着史前社会发展,史前巫师群体开始分化,作为整个聚落部族首领,有的具有王者身份兼任大巫师,有的则只是专门从事巫师的职业。①

作为史前巫师群体,原"巫""工"一体,"巫""医"同源,从制作礼器从事祭祀,到成为与天地沟通的世俗权力首领。在距今 5500—5300 年的凌家滩文化遗址墓葬中,巫师兼首领的权贵人物已经出现,墓葬第一排 87M4 号大墓发现玉器 103 件,包括玉龟、玉版、玉钺、玉斧、玉璜、玉玦、人头冠形器等具有鲜明祭祀礼器特征,通过玉礼器和武器及墓地在祭祀区域的极高地位来看,当是男性巫师兼军事首领。在距今 4300—3700 年前后的襄汾陶寺遗址、陕西神木石峁遗址、偃师二里头遗址中,这种神权、王权,以及血缘性族权相结合的"威权"从整体上看就更加突出。它说明王巫合一以及宗教权力(祀)与世俗暴力(戎)相结合的情况正不断发展。可以说,距今 5500—3700 年前后的中国,既是早期分层社会(酋邦)快速发展并向"古城""古国"转化的时期,也是巫师

---

① [英]詹姆斯·乔治·弗雷泽:《金枝》,徐育新等译,中国民间文艺出版社 1987 年版,第 93 页。

兼首领的权贵由对部落社会的经验型"权威"管理向强制型"威权"统治过渡的时期。它使巫师兼首领的"巫""王"合一者成为角逐"公权力"场域上的主角。

以祖先神为主神的原始宗教信仰,使酋长兼巫师转型为已逝的先王先公型的受祭者,及现世以暴力与宗教相结合的"威权"型统治者。也就是说,这时的宗教神权已成为推动早期国家形成和"王权"扩张的重要助力,而"巫政""巫战"合一的贵族群体则成为最早的"王巫"及各级首领和扈从、僚属。史前社会的族权与神权的过早结合,形成以祖先崇拜为核心的宗教信仰,连绵不断的战争,又催生了各级酋长掌握的军权、神权对氏族、部落的控制,最终促进了"王权"的不断发展。过早结束了史前中国的原始宗教向统一的宇宙至上神的单向度扩展,使神权屈服、服务于现世王权,由此演变为各首领家族、部落的护佑神,从而走上了以宗法血缘为基础的神权世俗化道路。在这个过程中,那些巫王、巫战合一的显贵人物,也通过神权、军权、族权,逐渐演变为酋邦或早期国家的贵族阶层,并形成文明曙光期的"巫君合一"传统。①

从华夏早期的神话传说来看,夏、商王朝基本基继承了新石器时期后期原始宗教的特征,最高统治者垄断了最高天神与人间交往权威。尧舜禹启仍然集王权与神权一身,代"天"发号施令,从商代卜辞中"帝"或"上帝"具有最高权威,既是人间与自然的主宰,也是殷氏的祖先宗主神祇,即商的祖先神。

从巫的社会功能来看,商代巫的职能不仅涉及王朝的政治、财政、军事、祭祀诸事务,也广泛涉及诸如水旱灾异、作物丰歉等民间事务。例如在卜辞中,以舞求雨是一种经常性的宗教祭祀活动,说明当时求雨主要是用一种巫舞的礼祭媚神方式,这种方式正是史前原始宗教巫舞合一的遗留。

从商至周,巫师职能不断细化为巫、史、卜、祝等专门负责祭祀、占卜、记事的官员。特别是周代朝廷中巫职能演变更加明显。一方面王权利用"天"与"德"来证明周王朝形而上的"天命"本体保障,并通过"礼制"将"神"寓于"礼""德"中。它使国家宗教祭祀、占卜等成为王朝礼制的重要组成部分。另一方面,当标志神权的国家祭祀、占卜等寓于王朝礼制中时,巫等神职人员也逐渐融入周代礼乐系统中担负祭祀、占卜、事神、祈福的体系内,成为周代礼制

---

① 李禹阶:《中国文明起源中的巫及其角色演变》,《中国社会科学》2020 年第 6 期。

中专门从事神职的人员,成为王室的专职"祭司"角色。

商周时期还有一个重要宗教现象,便是女巫的专门化。在史前,主持祭祀、占卜、与"天"沟通的巫师通常是氏族、部落的男性首领。但在商、周时代,女性地位进一步卑下,于是以女巫舞"雩"求雨,焚女巫牺牲以贿神,就成为一种普遍的祈雨方式。在商以前的考古材料及神话传说中,我们很少看到女巫沟通天地、主持祭祀,或焚女巫求雨、女巫舞雩等内容。但在商代卜辞中,以女巫代替王室"通天""贿神"的祈雨仪式却多次出现。女巫群体的出现,是国家发展到一定阶段的产物。在国家的阶级压迫功能中,更有父权制下男性对女性的压迫。这种压迫,除了要求女性对男性的绝对服从与献身外,便是以女性充当祭"天"媚"神"的牺牲。

由于西周礼乐体系是一套复杂的政教合一体系,它除了包括西周的政治等级制外,还通过礼乐制度融入了古代宗教中的祭祀、占卜、舞雩、驱疫、望祀等内容,将具有"天命"与"德"的本体保障的王权合法性通过"礼"所标示的等级观念固化下来,形成"天命"、神灵蕴含在"礼"中的现象。这种"天命"与"德"的结合使周代社会的伦理道德成为"天命"保佑的内在条件,使"德"成为最高的精神价值及哲学本体。

可以说,周代"礼制"对古代宗教各要素的融合,使过去巫的功能在与礼乐精神整合、同一的保存、改造和转化中,逐渐淡化了原始巫、巫术的符号及象征意义;而在民间,由于下层社会需求,也使一部分继承原始巫术的巫、卜活跃在民间,成为中国古代乡里社会对民众生老病死、禳灾消祸、驱疫求福有关的专职性载体,并构成古代中国历时悠久的民间巫术传统。

纵观我国史前玉器,从祭祀的角度分析,玉礼器的出现,正是文明起源时期玉器特有的社会功能。《说文》释灵(靈),灵字下方巫的含义为"以玉事神为之巫"。巫是神在人间的代表,当"神的意志"与世俗等级统治混杂渗透之时,玉就成了政治神秘化的物质体现,根植于政治神秘化的社会生活之中。在中华文明诞生之时,玉深深烙上了和政治同样神秘化的印记,这就是中华民族爱玉崇玉的心理历史原因。甚至青铜时代的艺术品,其用途仍然是体现祖先与神灵崇拜为一体的礼器,在功能上依旧是史前玉器的继承、延伸和扩大。史前玉器从原料筛选、品种、纹饰、用途及雕琢工艺等方面对商周玉器均产生了重大影响,直到商晚期中国玉器才开始走向世俗人间所赏玩喜爱的工艺美术之路,成为中华民族聪明才智的艺术体现。

当然作为礼仪,"夫玉者,亦神物也"(《越绝书》)。据考证,甲骨文中的
"礼"字,乃二玉在器之形,为盛玉奉神人之器,可见以"事神致福"(《说文》),
这是礼在成字时的本义。而用以区别尊卑、贵贱、上下、亲疏等社会等级制度
的礼制,恰恰构成了中华民族的核心内容,这也是玉对中华文明的特殊贡献。

卷　下

先秦诗歌民谣:历史韵文化遗存

上古时代没有文字记录,保存记忆的机制和诀窍就是把历史知识系统编成朗朗上口的诗歌民谣,才便于口耳相传,传诸久远。

古氏族祭歌和民间传唱之"风"就是我国历史韵文化遗存,也是认识远古部族文化和史实的重要窗口,从中可以窥见华夏部族文化的转化创新,乃至影响中华民族精神的形成。

上古时代由于没有文字记录,所有的知识系统包括历史知识都是凭借口耳相传。而保有记忆的机制和诀窍最常见方法就是韵文化,即把历史和知识编成朗朗上口便于传诵的歌谣,或变成让人喜闻乐见的神话故事。中国历史传说韵律化虽没有像荷马史诗那样系统的著作流传下来,但在《诗经》《楚辞》《古诗源》中大量存在。古氏族祭歌和民间传唱之"风"就是我国古代历史传说韵文化遗存。

《诗经》《楚辞》既是我国最早的诗歌总集,也是古代历史传说韵文化遗存之大成。《古诗源》穷极搜集,杂录古逸,究诗之源流,可谓历史韵文化之化石。《楚辞·九歌》保留了一些古代氏族祭祀歌颂诗歌,保存了我国远古部族图腾神话,从中可以窥见中华文明的起源与传承。

春秋末期孔子在黄河流域删编《诗经》,战国后期屈原在长江流域编组《楚辞》,分别继承总结中原与南楚不同的文化传统,体现了大致相同的时代精神,最后又在独有的思想深度、人格魅力、文化涵养基础上进行融合加工、转化创新,终于使《诗经》与《楚辞》成为中华文明史上的两座风景不同的艺术高峰,开创了此后两千多年以来现实主义和浪漫主义文学艺术的先河,并在思想上塑造了历代中华儿女的民族文化心理结构。特别《九歌》保有的图腾神话成为认识远古部族文化和史实的重要窗口,对部族文化的转化创新影响了中华民族精神的形成。

《诗经》,是我国最早的一部诗歌总集,分《风》《雅》《颂》三大类共 305篇。产生年代约为春秋之前,由孔子整理。它大体反映了中原黄淮流域周代的社会面貌和思想感情,也是一部周族从后稷到春秋中叶的发展史。

周的后稷时期,也是新石器晚期之后的方国时期,与虞、夏、早商时代处于同一个时期。周朝设有采诗专官"酋人""行人",到民间采诗,成书年代虽然上起西周初年,下至春秋中叶,历时五百多年,同时春秋时的各诸侯国很多都原自上古时代的方国,所采民间诗谣肯定有传接自虞夏商时的民谣民风。比如《小雅·北山》中的"溥天之下,莫非王土;率土之滨,莫非王臣",据传首次出于帝舜之口。《诗经》中的《国风》,可以说是我国第一部经过一定艺术加工的民谣诗集。

《楚辞》是战国时期楚国文学总集,收楚人屈原、宋玉等辞赋十七篇。"楚辞"是春秋末年生活在长江流域的人民,以口头形式保留的诗歌样式,其中

《离骚》《九歌》《九章》《天问》等堪称经典。《楚辞》属多人合著,假托屈原所作,主要是《楚辞》中大量收集了与祭祀相关的诗歌,而屈原家族世世代代的主要任务就是掌管祭祀。尤其《九歌》在楚国民间祭祀乐曲基础上记录创作。朱熹《楚辞集注》认为"屈原放逐楚国南郢之邑,沅湘之间,其俗信鬼而好祀……屈原放逐……出见俗人祭祀之礼,歌舞之乐,其词鄙俚,因为作《九歌》之曲",可见其词曲由民间口口相传,反映了古历史文化的端倪。

从历史上讲,战国时的楚人原是生活在太行山以东的祝融八姓。他们最初居于北以卫为中心,南以郑为中心的区域。夏商两代,祝融受夏族、夷族两面夹击,被消灭过半,只有偏居南方的一支,成为春秋时代楚文化的缔造者。从文学上看,楚人所作《楚辞》也以委婉的音节、缠绵的情绪、缤纷的辞藻,而别于朴素、质直、单调的《诗经》三百篇。

《古诗源》是清人沈德潜选编的古诗选集。其序云:"自郊庙乐章,讫童谣里谚,无不备采,书成,得一十四卷。"其中卷一"古逸"收集先秦诗谣百余首,"《康衢》《击壤》肇开声诗。上自陶唐,下暨秦代,韵语可采者,或取正史,或裁诸子,杂录古逸,冠于汉京,穷诗之源也。诗纪备详,兹择其尤雅者。"虽然他的目的只是"韵语可采""择其尤雅""肇开声诗",但管中窥豹,从中可以了解史前的社会状况,可见中华古文明韵文化之斑。

先秦诗歌民谣所反映内容和承载形式大体可分为以下几种类型。

一、民谣之风

古人所谓的"风",就是民间的曲,"风"指声调而言。《诗经》中的《郑风》就是郑国的调儿,《齐风》就是齐国的调儿,《诗经》上的郑国、齐国、卫国等都是周分封春秋时存在的诸侯国,这些国在新石器时期大部分是方国。

民谣之"风"就是民谣用曲、乐唱出来,都是用地方乐调歌唱的诗歌。民谣是当时民间流行的底层民众的直接呼声,内容丰富,有爱情的、宗教的、战争的、工作的,也有舞蹈作乐、祭祀的。民谣表现一个民族的感情与习尚,各有独特的音阶和情调风格,民谣虽小,但从中可以窥见世道人心,直接反映社情民意,既具有强烈的民族气质和色彩,更反映一时的社会风尚和舆论趋向。

《击壤歌》

日出而作,日入而息。

凿井而饮,耕田而食。

帝力于我何有哉。

据《帝王世纪》记载:"帝尧之世,天下大和,百姓无事。有八九十老人,击壤而歌。"这是《古诗源》开篇之作,传为尧出巡一老者拍其土壤而唱之。反映了农耕文化的显著特点,也是劳动人民自食其力生活的真实写照,从而表现了尧时的无为而治、天下太平,也符合早期社会统治权力不集中时的社会形态。

《康衢谣》

立我臣民,其匪尔极,

不识不知,顺帝之则。

与《击壤歌》主题截然不同。据《列子》记述,尧治理天下 50 年后,有一次微服游于山西省临汾市尧都区东部一个叫康庄地方听到百姓传唱此谣,看到百姓怡然自足,非常高兴,于是"召舜,禅以天下"。

《尧戒》

战战栗栗,日谨一日。

人莫踬于山,而踬于垤。

传尧作戒自警歌,出自《淮南子·人间训》,其文言精意切,内容博大精深,这是中华民族第一条座右铭。与民间谚语"将飞者翼伏,将奋者足躅,将噬者爪缩,将文者且朴",比喻有所进取时必有所退让,亦可比喻事物发展必须有一个曲折的过程有异曲同工之妙。

《夏后铸鼎繇》

逢逢白云,

一南一北,一西一东。

九鼎既成,迁于三国。

传为夏后铸鼎之文,曾见于《墨子》。《困学记闻》云:"太卜三兆,其颂皆千有二百,夏后铸鼎繇云云。"

《卿云歌》

卿云烂兮,糺缦缦兮。

日月光华,旦复旦兮。

明明上天,灿然星陈。

日月光华,弘于一人。

日月有常,星辰有行。

四时从经,万姓允诚。

与予论乐,配天之灵。

迁于圣贤,莫不咸听。

鼛乎鼓之,轩乎舞之。

菁华已竭,褰裳去之。

《卿云歌》,相传是舜禅位于禹时,同群臣互贺的唱和之歌,始见旧题西汉伏生的《尚书大传》。据《大传》记载:舜在位第十四年,行祭礼,钟石笙筦变声。乐未罢,疾风发屋,天大雷雨。帝沉首而笑曰:"明哉,非一人天下也,乃见于钟石!"即荐禹使行天子事,并与俊乂百工相和而歌《卿云》。钟石变声,暗示虞舜逊让;卿云呈祥,明兆夏禹受禅。《卿云歌》的主题,则反映了先民向往的政治理想。

《卿云歌》在中华民国时期曾两度被改编为国歌,也是复旦大学的校名来历。《史记·天官书》记载:"若烟非烟,若云非云,郁郁纷纷,萧索轮囷,是谓卿云。卿云见,喜气也。"

《古诗源》把卿云歌,分为卿云歌、八伯歌、帝载歌三首,是舜和八伯的相互和歌。

《南风歌》

南风之薰兮,

可以解吾民之愠兮。

南风之时兮,

可以阜吾民之财兮。

此上古歌谣,出自《孔子家语》,以舜帝的口吻歌唱运城盐池人民生活美好的歌谣。

《麦秀歌》

麦秀渐渐兮,禾黍油油。

彼狡童兮,不与我好兮。

《麦秀歌》当作于西周初年。据《东史纲目》记载,箕子在封于古朝鲜后的第十三年,曾经回中原朝周,写下了此歌。箕子是商朝旧臣,商纣王的叔父,生长于古都朝歌。商朝末期,商纣王昏庸无道,诛杀忠臣,箕子劝谏无效离开。武王伐纣,建立周朝后,分封到朝鲜。之所以载录之,鉴于《麦秀歌》是中国现存最早的文人诗。在此之前,据传夏启曾作有《九辨》《九问》,其词失传,夏商之际有《刺奢篇》,但作者已失考。现亦录之:

　　桀作瑶台,罢民力,殚民财,为酒池糟堤,纵靡靡之乐,一鼓而牛饮者三千人,群臣相持歌曰:"江水沛沛兮,舟楫败兮,我王废兮,趣归薄兮,薄亦大兮。"又曰:"乐兮乐兮,四牡蹻兮,六辔沃兮,去不善而从善,何不乐兮?"(《新序·刺奢》)

　　《诗经·郑风》中有一首《狡童》是描写女子失恋的诗歌,与此意大相径庭,录之共赏:

彼狡童兮,不与我言兮。

维子之故,使我不能餐兮。

彼狡童兮,不与我食兮。

维子之故,使我不能息兮。

《虞箴》

茫茫禹迹,画为九州,

经启九道。

民有寝庙,兽有茂草,

各有攸处,德用不扰。

在帝夷羿,冒于原兽,

忘其国恤,而思其麀牡。

武不可重,用不恢于夏家。

兽臣司原,敢告仆夫。

　　这是古代虞人为戒田猎而作箴谏之辞。《汉书·扬雄传赞》曰:"史篇莫善于《仓颉》,作《训纂》;箴莫善于《虞箴》,作《州箴》。"

《诗经·邶风·式微》

式微,式微,胡不归?

微君之故,胡为乎中露?

式微,式微,胡不归?

微君之躬，胡为乎泥中？

反映邶人苦于劳役而发的怨词，表达了劳动者对于统治者压迫奴役的极度憎恨。

《诗经·召南·羔羊》

羔羊之皮，素丝五紽。

退食自公，委蛇委蛇！

羔羊之革，素丝五緎。

委蛇委蛇，自公退食！

羔羊之缝，素丝五总。

委蛇委蛇，退食自公！

讽刺统治阶级的王公贵族、官吏们整日衣裘肉食，过着吸吮劳动人民血汗的奢侈生活。

《诗经·邶风·北风》

北风其凉，雨雪其雱。

惠而好我，携手同行。

其虚其邪？既亟只且！

北风其喈，雨雪其霏。

惠而好我，携手同归。

其虚其邪？既亟只且！

莫赤匪狐，莫黑匪乌。

惠而好我，携手同车。

其虚其邪？既亟只且！

卫地是殷商的故地，武王灭殷占领朝歌三分其地。朝歌北面是邶，东边是鄘，南边是卫，卫都朝歌，在今河南淇县，《邶风·鄘风·卫风》诗中多淇水。卫国北方受狄侵略，南方苦齐晋争霸，人民负担很重。卫诗表现人民对政治不满，大胆揭露、反抗统治阶级的诗较多。除《北风》外，《相鼠》《墙有茨》《新台》《鹑之奔奔》等，都有很强的斗争性。同时《北风》不堪卫国苛政，号召友朋一同逃亡也说明当时各诸侯国人民相互流动频繁。

《诗经·邶风·二子乘舟》

二子乘舟，泛泛其景。

愿言思子,中心养养!

二子乘舟,泛泛其逝。

愿言思子,不瑕有害?

《二子乘舟》则是忧心怀念逃亡在外的好友。

《诗经·魏风·伐檀》

坎坎伐檀兮,置之河之干兮。

河水清且涟猗。

不稼不穑,胡取禾三百廛兮?

不狩不猎,胡瞻尔庭有县貆兮?

彼君子兮,不素餐兮!

坎坎伐辐兮,置之河之侧兮。

河水清且直猗。

不稼不穑,胡取禾三百亿兮?

不狩不猎,胡瞻尔庭有县特兮?

彼君子兮,不素食兮!

坎坎伐轮兮,置之河之漘兮。

河水清且沦猗。

不稼不穑,胡取禾三百囷兮?

不狩不猎,胡瞻尔庭有县鹑兮?

彼君子兮,不素飧兮!

这是魏国劳动人民讥讽剥削阶级不劳而获。一群工匠,在河边伐木,给剥削者造车,唱起了即兴诗歌。一些人服劳役,一些人不劳而获,表达了对剥削者、奴隶主的憎恨。这也是《诗经》中斗争性最强的一首现实主义作品。

《诗经·魏风·硕鼠》

硕鼠硕鼠,无食我黍!

三岁贯女,莫我肯顾。

逝将去女,适彼乐土。

乐土乐土,爰得我所。

硕鼠硕鼠,无食我麦!

三岁贯女,莫我肯德。

逝将去女,适彼乐国。

乐国乐国,爰得我直。

硕鼠硕鼠,无食我苗!

三岁贯女,莫我肯劳。

逝将去女,适彼乐郊。

乐郊乐郊,谁之永号?

该诗写魏国农民不堪统治者残酷剥削,幻想美好的生活和社会。鲁说曰:"履亩税而《硕鼠》作",齐说曰:"周之末涂,德惠塞而嗜欲众,君奢侈而上求多。民困于下,怠于公事,是以有履亩之税,《硕鼠》之诗是也。"履亩税指原来农民每年要出劳役为公田耕种,私田百亩可不纳税;现在除服役公田、私田还要纳十分之一税。双重剥削下农民难以忍受。

《诗经·唐风·鸨羽》

肃肃鸨羽,集于苞栩。

王事靡盬,不能蓺稷黍。

父母何怙?

悠悠苍天,曷其有所?

肃肃鸨翼,集于苞棘。

王事靡盬,不能蓺黍稷。

父母何食?

悠悠苍天,曷其有极?

肃肃鸨行,集于苞桑。

王事靡盬,不能蓺稻粱。

父母何尝?

悠悠苍天,曷其有常?

这是古代反抗无休止的徭役制度的诗。农民不能在家从事生产,父母生活无保障,反映王事给人民带来的负担和灾难,向往安居乐业,全家团聚的生活。

《诗经·陈风·宛丘》

子之汤兮,宛丘之上兮。

洵有情兮,而无望兮。

> 坎其击鼓,宛丘之下。
>
> 无冬无夏,值其鹭羽。
>
> 坎其击缶,宛丘之道。
>
> 无冬无夏,值其鹭翿。

描述了太昊、炎帝之都陈国宛丘的情景,反映了当时巫风盛况及民间舞蹈的情况。陈地在今河南省淮阳、柘城及安徽省亳县一带。土地广平,无名山大川。《陈风》多半是关于恋爱婚姻的诗,这和该地人民崇信巫鬼的风俗有密切关系。《汉书·地理志》说:"太姬(武王的长女,嫁给陈国第一代君主胡公满)妇人尊贵,好祭祀用巫。故俗好巫鬼,击鼓于宛丘之上,婆娑于枌树之下。有太姬歌舞遗风。"《宛丘》和《东门之枌》等诗,正可说明陈地的诗风。

《诗经·陈风·东门之枌》

> 东门之枌,宛丘之栩。
>
> 子仲之子,婆娑其下。
>
> 穀旦于差,南方之原。
>
> 不绩其麻,市也婆娑。
>
> 穀旦于逝,越以鬷迈。
>
> 视尔如荍,贻我握椒。

《诗经·周南·芣苢》写一群妇女采集车前子时随口唱的短歌。方玉润《诗经原始》说:"读者试平心静气,涵咏此诗。恍听田家妇女,三三五五,于平原绣野、风和日丽中,群歌互答,余音袅袅,若远若近,忽断忽续,不知其情之何以移,而神之何以旷,则此诗可不必细绎而自得其妙焉。……今世南方妇女登山采茶,结伴讴歌,犹有此遗风焉。"

> 采采芣苢,薄言采之。
>
> 采采芣苢,薄言有之。
>
> 采采芣苢,薄言掇之。
>
> 采采芣苢,薄言捋之。
>
> 采采芣苢,薄言袺之。
>
> 采采芣苢,薄言襭之。

《诗经·鄘风·桑中》写的一个劳动者兴之所至,一边劳动,一边唱歌。这种形式,被后人尊为"无题"诗之祖,采用一问一答的形式,末用复唱形式,表达心情,抒发想象;音节铿锵,耐人寻味。

> 爰采唐矣？沬之乡矣。
>
> 云谁之思？美孟姜矣。
>
> 期我乎桑中,要我乎上宫,
>
> 　送我乎淇之上矣。
>
> 爰采麦矣？沬之北矣。
>
> 云谁之思？美孟弋矣。
>
> 期我乎桑中,要我乎上宫,
>
> 　送我乎淇之上矣。
>
> 爰采葑矣？沬之东矣。
>
> 云谁之思？美孟庸矣。
>
> 期我乎桑中,要我乎上宫,
>
> 　送我乎淇之上矣。

《诗经·郑风·女曰鸡鸣》则是一首新婚夫妇联句诗。诗采用对话、联句的形式,表现一对新婚夫妇情投意合、欢乐和好的家庭生活。诗的对话和联句形式,对后世影响很大,可尊为联句诗之祖。

> 女曰鸡鸣,士曰昧旦。
>
> 子兴视夜,明星有烂。
>
> 将翱将翔,弋凫与雁。
>
> 弋言加之,与子宜之。
>
> 宜言饮酒,与子偕老。
>
> 琴瑟在御,莫不静好。
>
> 知子之来之,杂佩以赠之。
>
> 知子之顺之,杂佩以问之。
>
> 知子之好之,杂佩以报之。

《诗经·郑风·风雨》写的则是夫妻重逢。《毛诗序》牵强附会,说此诗写"乱世则思君子不改其度焉",却使后来很多气节之士虽处"风雨如晦"之境,仍以"鸡鸣不已"自励。

> 风雨凄凄,鸡鸣喈喈。
>
> 既见君子,云胡不夷。

风雨潇潇,鸡鸣胶胶。

既见君子,云胡不瘳。

风雨如晦,鸡鸣不已。

既见君子,云胡不喜。

《诗经》中《小雅·大东》记录东夷诸侯国臣民讽刺中原王室只知搜刮财物,奴役人民,居高位而不能解除东方人民苦难的诗。

有饛簋飧,有捄棘匕。

周道如砥,其直如矢。

君子所履,小人所视。

睠言顾之,潸焉出涕。

小东大东,杼柚其空。

纠纠葛屦,可以履霜。

佻佻公子,行彼周行。

既往既来,使我心疚。

有冽氿泉,无浸获薪。

契契寤叹,哀我惮人。

薪是获薪,尚可载也。

哀我惮人,亦可息也。

东人之子,职劳不来。

西人之子,粲粲衣服。

舟人之子,熊罴是裘。

私人之子,百僚是试。

或以其酒,不以其浆。

鞙鞙佩璲,不以其长。

维天有汉,监亦有光。

跂彼织女,终日七襄。

虽则七襄,不成报章。

睆彼牵牛,不以服箱。

东有启明,西有长庚。

有捄天毕,载施之行。

> 维南有箕,不可以簸扬。
>
> 维北有斗,不可以挹酒浆。
>
> 维南有箕,载翕其舌。
>
> 维北有斗,西柄之揭。

《诗经·魏风·葛屦》以缝衣女的口吻,讽刺贵族女"好人",塑造了两个阶级对立的形象,反映两个阶级的地位和生活悬殊。

> 纠纠葛屦,可以履霜?
>
> 掺掺女手,可以缝裳?
>
> 要之襋之,好人服之。
>
> 好人提提,宛然左辟,
>
> 佩其象揥。
>
> 维是褊心,是以为刺。

《诗经·王风·扬之水》反映的戍卒思归,怨恨不已。

> 扬之水,不流束薪。
>
> 彼其之子,不与我戍申。
>
> 怀哉怀哉,曷月予还归哉?
>
> 扬之水,不流束楚。
>
> 彼其之子,不与我戍甫。
>
> 怀哉怀哉,曷月予还归哉?
>
> 扬之水,不流束蒲。
>
> 彼其之子,不与我戍许。
>
> 怀哉怀哉,曷月予还归哉?

《诗经·小雅·何草不黄》反映劳役严重,征夫苦于行役。

> 何草不黄? 何日不行?
>
> 何人不将? 经营四方。
>
> 何草不玄? 何人不矜?
>
> 哀我征夫,独为匪民。
>
> 匪兕匪虎,率彼旷野。
>
> 哀我征夫,朝夕不暇。
>
> 有芃者狐,率彼幽草。

有栈之车,行彼周道。

《诗经·王风·君子于役》则反映一位妇女思念她久役于外的丈夫。

君子于役,不知其期。

曷至哉? 鸡栖于埘。

日之夕矣,羊牛下来。

君子于役,如之何勿思!

君子于役,不日不月。

曷其有佸? 鸡栖于桀。

日之夕矣,羊牛下括。

君子于役,苟无饥渴?

《诗经·小雅·苕之华》甚至反映了当时荒年饥馑,人自相食的惨相。本诗篇幅短小,重章叠句,虽入小雅,却很像民歌。尤其"知我如此,不如无生""人可以食,鲜可以饱",若非在饥饿线上挣扎的劳苦大众,绝对发不出这样的呐喊和呼声。

苕之华,芸其黄矣。

心之忧矣,维其伤矣!

苕之华,其叶青青。

知我如此,不如无生。

牂羊坟首,三星在罶。

人可以食,鲜可以饱。

士一直属于统治阶级的下层,上受天子、诸侯、大夫的压迫,承受着繁重的徭役。《诗经·小雅·北山》反映了一位士怨恨士大夫分配徭役劳役不堪的诗,表明了当时统治阶级内部矛盾的尖锐化。

陟彼北山,言采其杞。

偕偕士子,朝夕从事。

王事靡盬,忧我父母。

溥天之下,莫非王土;

率土之滨,莫非王臣。

大夫不均,我从事独贤。

四牡彭彭,王事傍傍。

> 嘉我未老，鲜我方将。
>
> 旅力方刚，经营四方。
>
> 或燕燕居息，或尽瘁事国；
>
> 或息偃在床，或不已于行。
>
> 或不知叫号，或惨惨劬劳；
>
> 或栖迟偃仰，或王事鞅掌。
>
> 或湛乐饮酒，或惨惨畏咎；
>
> 或出入风议，或靡事不为。

其中"溥天之下，莫非王土；率土之滨，莫非王臣。"据说首次出于帝舜之口。

《诗经·小雅·无将大车》诗人也是沦落为劳动者的士的感时伤乱之作。他很旷达，认为"忧能伤人"很不值得。

> 无将大车，祇自尘兮。
>
> 无思百忧，祇自疧兮。
>
> 无将大车，维尘冥冥。
>
> 无思百忧，不出于颎。
>
> 无将大车，维尘雍兮。
>
> 无思百忧，祇自重兮。

还有一些先秦歌谣民谚或载于史，或存诸于百家，也有借圣人之口录于古逸之书，都有一定的历史价值和较高的人文价值，现录于下。

《禹玉碟辞》

> 祝融司方发其英，沐日浴月百宝生。

《商铭》

> 嗛嗛之德，不足就也，
>
> 不可以矜，而祇取忧也。
>
> 嗛嗛之食，不足狃也，
>
> 不能为膏，而祇离咎也。

《采薇歌》

> 登彼西山兮，采其薇矣。

以暴易暴兮,不知其非矣。

神农虞夏,忽焉没兮,我适安归矣!

于嗟徂兮,命之衰矣!

《盥盘铭》

与其溺于人也,宁溺于渊。

溺于渊犹可游也,溺于人不可救也。

《带铭》

水灭修容,慎戒必恭。恭则寿。

《杖铭》

恶乎危? 于忿懥。

恶乎失道? 于嗜欲。

恶乎相忘? 于富贵。

《衣铭》

桑蚕苦,女工难,得新捐故后必寒。

《笔铭》

豪毛茂茂,陷水可脱,陷文不活。

《矛铭》

造矛造矛,少间弗忍,终身之羞。

余一人所闻,以戒后世子孙。

《书车》

自致者急,载人者缓。

取欲无度,自致而反。

《书户》

出畏之，人惧之。

《书履》

行必履正，无怀侥幸。

《书砚》

石墨相著而黑，邪心谗言，无得污白。

《书锋》

忍之须臾，乃全汝躯。

《书杖》

辅人无苟，扶人无咎。

《书井》

原泉滑滑，连旱则绝。

取事有常，赋敛有节。

《白云谣》

白云在天，丘陵自出。

道里悠远，山川间之。

将子无死，尚复能来。

《祈招》

祈招之愔愔，式昭德音。

思我王度，式如玉，式如金。

形民之力，而无醉饱之心。

《懿氏繇》

凤凰于飞,和鸣锵锵。

有妫之后,将育于姜。

五世其昌,并为正卿。

八世之后,莫之与京。

《鼎铭》

一命而偻,再命而伛,三命而俯。

循墙而走,亦莫余敢侮。

饘于是,鬻于是,以糊余口。

《饭牛歌》

南山矸,白石烂,生不遭尧与舜禅。

短布单衣适至骭,从昏饭牛薄夜半,

长夜漫漫何时旦?

沧浪之水白石粲,中有鲤鱼长尺半。

毂布单衣裁至骭,清朝饭牛至夜半。

黄犊上坂且休息,吾将舍汝相齐国。

出东门兮厉石班,上有松柏兮青且兰。

粗布衣兮缊缕,时不遇兮尧舜主。

牛兮努力食细草,大臣在尔侧,

吾当与尔适楚国。

《琴歌》

百里奚,五羊皮。

忆别时,烹伏雌,炊扊扅。

今日富贵忘我为?

《暇豫歌》

暇豫之吾吾,不如鸟乌。

人皆集于菀，己独集于枯。

《宋城者讴》

睅其目，皤其腹，弃甲而复。

于思于思，弃甲复来。

《骖乘答歌》

牛则有皮，犀兕尚多，弃甲则那。

《役人又歌》

从其有皮，丹漆若何？

《鸲鹆歌》

鸲之鹆之，公出辱之。

鸲鹆之羽，公在外野，往馈之马。

鸲鹆跦跦，公在乾侯，征褰与襦。

鸲鹆之巢，远哉遥遥。

稠父丧劳，宋父以骄。

鸲鹆鸲鹆，往歌来哭。

《泽门之皙讴》

泽门之皙，实兴我役。

邑中之黔，实慰我心。

《忼慨歌》

贪吏而不可为而可为，廉吏而可为而不可为。

贪吏而不可为者，当时有污名；

而可为者，子孙以家成。

廉吏而可为者，当时有清名；

而不可为者，子孙困穷被褐而负薪。

贪吏常苦富,廉吏常苦贫。

独不见楚相孙叔敖,廉洁不受钱。

《子产诵二章》

取我衣冠而褚之。取我田畴而伍之。

孰杀子产,吾其与之。

我有子弟,子产诲之。

我有田畴,子产殖之。

子产而死,谁其嗣之?

《孔子诵二章》

麛裘面鞞,投之无戾。

鞞之麛裘,投之无邮。

衮衣章甫,实获我所。

章甫衮衣,惠我无私。

《去鲁歌》

彼妇之口,可以出走。

彼妇之谒,可以死败。

优哉游哉,维以卒岁。

《蟪蛄歌》

违山十里,蟪蛄之声,犹尚在耳。

《临河歌》

狄水衍兮风扬波,舟楫颠倒更相加。

归来归来胡为斯!

《楚聘歌》

大道隐兮礼为基,贤人窜兮将待时。

天下如一兮欲何之?

《获麟歌》

唐虞世兮麟凤游,今非其时来何求?

麟兮麟兮我心忧。

《龟山操》

予欲望鲁兮,龟山蔽之。

手无斧柯,奈龟山何!

《盘操》

干泽而渔,蛟龙不游。

覆巢毁卵,凤不翔留。

惨予心悲,还原息陬。

《水仙操》

翳洞渭兮流澌㵵,舟楫逝兮仙不还。

移形素兮蓬莱山,歙钦伤宫仙石还。

《接舆歌》

凤兮凤兮,何德之衰也。

来也不可待,往事不可追也。

天下有道,圣人成焉。

天下无道,圣人生焉。

方今之时,仅免刑焉。

福轻乎羽,莫之知载。

祸重乎地,莫之知避。

已乎已乎,临人以德。

殆乎殆乎,画地而趋。

迷阳迷阳,无伤吾行。

吾行却曲,无伤吾足。

《成人歌》

蚕则绩而蟹有匡,范则冠而蝉有緌,

兄则死而子皋为之衰。

《渔父歌》

日月昭昭乎浸已驰,与子期乎芦之漪。

日已夕兮,予心忧悲。

月已驰兮,何不渡为?

事浸急兮将奈何?

芦中人,岂非穷士乎。

《偕隐歌》

天下有道,我黼子佩。

天下无道,我负子戴。

《徐人歌》

延陵季子兮不忘故,脱千金之剑带丘墓。

《越人歌》

今夕何夕兮,搴舟中流。

今日何日兮,得与王子同舟。

蒙羞被好兮,不訾诟耻。

心几烦而不绝兮,得知王子。

山有木兮木有枝,心悦君兮君不知。

《越谣歌》

君乘车,我戴笠,他日相逢下车揖;

君担簦,我跨马,他日相逢为君下。

《琴歌》

乐莫乐兮新相知,悲莫悲兮生别离。

《灵宝谣》

吴王出游观震湖,龙威丈人山隐居。

北上包山入灵墟,乃入洞庭窃禹书。

天地大文不可舒,此文长传百六初,

若强取出丧国庐。

《吴夫差时童谣》

梧宫秋,吴王愁。

《乌鹊歌》

南山有乌,北山张罗。

乌自高飞,罗当奈何?

乌鹊双飞,不乐凤凰。

妾是庶人,不乐宋王。

《答夫歌》

其雨淫淫,河大水深,日出当心。

《越群臣祝》

皇天佑助,前沈后扬。

祸为德根,忧为福堂。

威人者灭,服从者昌。

王离牵致,其后无殃。

君臣生离,感动上皇。

众夫悲哀,莫不感伤。

臣请薄脯,酒行二觞。

大王德寿,无疆无极。

乾坤受灵,神祇辅翼。

我王厚之,祉佑在侧。

德销百殃,利受其福。

去彼吴庭,来归越国。

《祝越王辞》

皇天佑助,我王受福。

良臣集谋,我王之德。

宗庙辅政,鬼神承翼。

君不忘臣,臣尽其力。

上天苍苍,不可掩塞。

觞酒二升,万福无极。

我王仁贤,怀道抱德。

灭仇破吴,不忘返国。

赏无所咎,群邪杜塞。

君臣同和,福佑千亿。

觞酒二升,万岁难极。

《弹歌》

断竹续竹,飞土逐宍。

《禳田者祝》

瓯窭满篝,污邪满车。

五谷蕃熟,穰穰满家。

《巴谣歌》

神仙得者茅初成,驾龙上升入太清。

时下玄洲戏赤城,继世而往在我盈,

　　帝若学之腊嘉平。

《渡易水歌》

风萧萧兮易水寒,壮士一去兮不复还。

《三秦记民谣》

武功太白,去天三百。

孤云两角,去天一握。

山水险阻,黄金子午。

蛇盘乌栊,势与天通。

《楚人谣》

楚虽三户,亡秦必楚。

《河图引蜀谣》

汶阜之山,江出其腹。

帝以会昌,神以建福。

《湘中渔歌》

帆随湘转,望衡九面。

《太公兵法引黄帝语》

日中不彗,是谓失时。

操刀不割,失利之期。

执柯不伐,贼人将来。

涓涓不塞,将为江河。

荧荧不救,炎炎奈何。

两叶不去,将用斧柯。

为虺弗摧,行将为蛇。

《六韬引古语》

天下攘攘,皆为利往。

天下熙熙,皆为利来。

《管子引古语》

墙有耳,伏寇在侧。

《左传引逸诗》

翘翘车乘,招我以弓。

岂不欲往,畏我友朋。

俟河之清,人寿几何?

兆云询多,职竞作罗。

虽有丝麻,无弃菅蒯。

虽有姬姜,无弃蕉萃。

凡百君子,莫不代匮。

《左传引古语》

山有木,工则度之;

宾有礼,主则择之。

心苟无瑕,何恤乎无家。

畏首畏尾,身其馀几!

虽鞭之长,不及马腹。

《国语引古语》

兽恶其网,民怨其上。

众心成城,众口铄金。

从善如登,从恶如崩。

《孔子家语引古语》

相马以舆,相士以居。

《列子引古语》

生相怜,死相捐。

人不婚宦,情欲失半。

人不衣食，君臣道息。

《韩非子引古语》

奔车之上无仲尼，覆舟之下无伯夷。

《慎子引古谚》

不聪不明，不能为王；

不瞽不聋，不能为公。

《鲁连子引古谚》

心诚怜，白发玄。

情不怡，艳色媸。

《战国策引古谚》

宁为鸡口，无为牛后。

削株掘根，无与祸邻，祸乃不存。

《史记引古语》

蓬生麻中，不扶自直。

白沙在泥，与之俱黑。

当断不断，反受其乱。

长袖善舞，多钱善贾。

农不如工，工不如商。

刺绣文，不如倚市门。

《汉书引古谚》

狡兔死，走狗烹。

飞鸟尽，良弓藏。

敌国破，谋臣亡。

不习为吏，视已成事。

水至清则无鱼,人至察则无徒。

千人所指,无病而死。

《列女传引古语》

力田不如遇丰年,力桑不如见国卿,

刺绣文不如倚市门。

《说苑引古谚》

绵绵之葛,在于旷野。

良士得之,以为絺纻。

良工不得,枯死于野。

《刘向别录引语》

唇亡而齿寒,河水崩其坏在山。

《新序引古谚》

蠹喙仆柱梁,蚊芒走牛羊。

《风俗通引古谚》

狐欲渡河,无奈尾何。

妇死腹悲,惟身知之。

县官漫漫,怨死者半。

金不可作,世不可度。

《桓子新论引谚》

人闻长安乐,则出门而西向笑;

知肉味美,则对屠门而大嚼。

《牟子引古谚》

少所见,多所怪,见橐驼言马肿背。

《易纬引古诗》

一夫两心,拔刺不深。

蹶马破车,恶妇破家。

《四民月令引农语》

三月昏,参星夕。

杏花盛,桑叶白。

河射角,堪夜作。

犁星没,水生骨。

《月令注引里语》

蜻蛉鸣,衣裘成。

蟋蟀鸣,懒妇惊。

《水经注引谚》

射的白,斛米百。

射的玄,斛米千。

《山经引冢家书》

山川而能语,葬师食无所。

肺腑而能语,医师色如土。

《文选注引古谚》

越阡度陌,互为主客。

《魏志王昶引谚》

救寒无若重裘,止谤莫若自修。

《梁史引古谚》

屋漏在上,知之在下。

《史照通鉴疏引谚》

足寒伤心，民怨伤国。

从民谣之风可以看到四点：

一是部落联盟时期社会管理关系松散，盟主贤明，天下太平，阶级矛盾较少。即使部落之间发生战争，但内部矛盾不甚凸显。

二是新石器方国时代遗留区域及文化痕迹较重。周虽分封天下，到春秋时，母体文化之国已经自成体系，至战国时代的各国都是建立在自有的文化地域母体方国基础之上，都有自己的区域范围，也有独特的区域文化传承。

三是虞夏商周四朝都是松散的国家联盟，王畿之外，各方国与宗主国的矛盾，国内统治者与被统治者的矛盾非常突出。

四是民谣流传大体与时事政治有关，比如古蜀有一只民谣："贼来如梳，兵来如篦，官来如剃"，其意不言自明。实际上散见于各种书籍中的民谣古谚代代皆有，如"直如弦，死道边；曲如钩，反封侯"被司马迁《史记》引用。再如"上求材，臣残木。上求鱼，臣干谷。上可以多求乎，告句简古。""无乡之社，易为黍角。无国之稷，易为求福"均为《淮南子》引用。本书也收录了一些散见诸书中的民谣民歌，有些被当时的知识人士加工雅化，但大都反映了一定的社会状况，具有相当大的史料价值。

二、祭祀之歌

在新石器时代农业社会中，社会组织单位以血缘家族为中心。中国农业社会指黄河流域和长江流域分别以粟、黍农业和稻作农业为基础的社会。

由于农业社会自然环境不同，形成不同区域的文化，但都在新石器时期完成了以父系家长制家庭的转化，同时出现首领制和世袭首领制。在最先出现父系氏族社会的黄河中游地区，首先通过祖先祭祀来实现安定的社会秩序，并作为农业祭祀的动物牺牲及促进社会组织团结的人牲等祭祀活动逐渐盛行。同时为了维持阶层社会中的身份秩序，以酒器为中心的礼制开始确立，并加入了"乐"的阶层标志，形成多重性的礼制，这就是后来商周社会"礼乐"基本道德观念的开端。

长江流域以稻作农业为基础的社会信奉太阳神崇拜，建立祭坛，祭祀以玉器为主,通过玉器达成宗教上的统一,进而达成政治上的统一。通过刻于玉琮之上的神人兽面纹祭祀太阳神,通过与太阳神的交流,借助太阳神的权威统领群体。

在新石器时代末期,起源于长江流域的太阳神祭祀,为山东龙山文化精神所共有,包括玉器文化一同向黄河中游扩散,并被夏商周社会所吸收。

从《诗经》上看,尤其雅、颂中录有大量关于祭祀的诗歌。关于祭祀祖先、父母的诗歌比比皆是,上到周王朝祭祀祖先,下到黎民百姓祭祀父母。同时作为上层统治阶级祭祀土地、农神也屡见不鲜。

《伊耆氏蜡辞》

土反其宅,水归其壑。

昆虫毋作,草木归其泽。

这是神农时期的腊祭祝辞歌,也应是中华民族最早的歌谣,《礼记》亦载之。腊祭是年末岁尾祭祀先祖及诸神,是年终的一次酬神大祭,以感谢天地诸神带来农业丰收,并祈求来年风调雨顺。腊祭的对象称之"八神",包括农业的创始神、堤坝神、昆虫神等。从词中分析,此内容亦应为新石器晚期长江流域祭祀词。

《诗经·小雅·楚茨》就是周王祭祀祖先的乐歌,它所叙述的典章制度,也都是天子才能用的。

楚楚者茨,言抽其棘。

自昔何为,我艺黍稷。

我黍与与,我稷翼翼。

我仓既盈,我庾维亿。

以为酒食,以享以祀。

以妥以侑,以介景福。

济济跄跄,絜尔牛羊,

以往烝尝。

或剥或亨,或肆或将。

祝祭于祊,祀事孔明。

先祖是皇,神保是飨。

孝孙有庆,报以介福,

万寿无疆。

执爨踖踖,为俎孔硕。

或燔或炙,君妇莫莫。

为豆孔庶,为宾为客。

献酬交错,礼仪卒度,

笑语卒获。

神保是格,报以介福,

万寿攸酢。

我孔熯矣,式礼莫愆。

工祝致告,徂赉孝孙。

苾芬孝祀,神嗜饮食。

卜尔百福,如几如式。

既齐既稷,既匡既敕。

永锡尔极,时万时亿。

礼仪既备,钟鼓既戒。

孝孙徂位,工祝致告。

神具醉止,皇尸载起。

钟鼓送尸,神保聿归。

诸宰君妇,废彻不迟。

诸父兄弟,备言燕私。

乐具入奏,以绥后禄。

尔肴既将,莫怨具庆。

既醉既饱,小大稽首。

神嗜饮食,使君寿考。

孔惠孔时,维其尽之。

子子孙孙,勿替引之。

《诗经·小雅·信南山》也是周王祭祖祈福的乐歌。

信彼南山,维禹甸之。

畇畇原隰,曾孙田之。

我疆我理,南东其亩。

上天同云。

雨雪雰雰,益之以霡霖。

既优既渥,既沾既足。

生我百谷。

疆埸翼翼,黍稷彧彧。

曾孙之穑,以为酒食。

畀我尸宾,寿考万年。

中田有庐,疆埸有瓜。

是剥是菹,献之皇祖。

曾孙寿考,受天之祜。

祭以清酒,从以骍牡,

享于祖考。

执其鸾刀,以启其毛,

取其血膋。

是烝是享,苾苾芬芬。

祀事孔明,先祖是皇。

报以介福。万寿无疆。

《诗经·小雅·大田》是周王祭祀田祖以祈年的诗。

大田多稼,既种既戒,

既备乃事。

以我覃耜,俶载南亩。

播厥百谷,既庭且硕,

曾孙是若。

既方既皁,既坚既好,

不稂不莠。

去其螟螣,及其蟊贼,

无害我田稚。

田祖有神,秉畀炎火。

有渰萋萋,兴云祁祁。

雨我公田,遂及我私。

彼有不获稚,此有不敛穧,

彼有遗秉,此有滞穗,

伊寡妇之利。

曾孙来止,以其妇子。

馌彼南亩,田畯至喜。

来方禋祀,以其骍黑,

与其黍稷。

以享以祀,以介景福。

《诗经·周颂·载芟》是周王在春天籍田时祭祀土神、谷神的舞歌。

载芟载柞,其耕泽泽。

千耦其耘,徂隰徂畛。

侯主侯伯,侯亚侯旅,

侯彊侯以。有嗿其馌,

思媚其妇,有依其士。

有略其耜,俶载南亩,

播厥百谷。实函斯活,

驿驿其达。有厌其杰,

厌厌其苗,绵绵其麃。

载获济济,有实其积,

万亿及秭。为酒为醴,

烝畀祖妣,以洽百礼。

有飶其香。邦家之光。

有椒其馨,胡考之宁。

匪且有且,匪今斯今,

振古如兹。

《诗经·周颂·良耜》则是周王在秋收后祭祀土神、谷神的乐歌。

畟畟良耜,俶载南亩。

播厥百谷,实函斯活。

或来瞻女,载筐及筥,

其饟伊黍。其笠伊纠,

> 其镈斯赵,以薅荼蓼。
>
> 荼蓼朽止,黍稷茂止。
>
> 获之挃挃,积之栗栗。
>
> 其崇如墉,其比如栉。
>
> 以开百室,百室盈止,
>
>   妇子宁止。
>
> 杀时犉牡,有捄其角。
>
> 以似以续,续古之人。

古人祭祖,对秋后蒸尝祖先风俗,必立尸象神,即用真人穿戴起神的衣饰打扮成神的样子接受献祭和膜拜。不仅要用钟鼓歌舞娱尸,还要用美食甘醴献尸,神尸享用祭品,象征"神嗜饮食"。《大雅·凫鹥》反复吟唱:

> 凫鹥在泾,公尸来燕来宁。
>
> 尔酒既清,尔肴既馨。
>
> 公尸燕饮,福禄来成。
>
> 凫鹥在沙,公尸来燕来宜。
>
> 尔酒既多,尔肴既嘉。
>
> 公尸燕饮,福禄来为。
>
> 凫鹥在渚,公尸来燕来处。
>
> 尔酒既湑,尔肴伊脯。
>
> 公尸燕饮,福禄来下。
>
> 凫鹥在潨,公尸来燕来宗。
>
> 既燕于宗,福禄攸降。
>
> 公尸燕饮,福禄来崇。
>
> 凫鹥在亹,公尸来止熏熏。
>
> 旨酒欣欣,燔炙芬芬。
>
> 公尸燕饮,无有后艰。

《诗经·大雅·既醉》就是周王祭祖时,祝官代表神主(尸)对主祭官周王的祝辞。

> 既醉以酒,既饱以德。
>
> 君子万年,介尔景福。

> 既醉以酒,尔肴既将。
>
> 君子万年,介尔昭明。
>
> 昭明有融,高朗令终,
>
> 令终有俶。公尸嘉告。
>
> 其告维何? 笾豆静嘉。
>
> 朋友攸摄,摄以威仪。
>
> 威仪孔时,君子有孝子。
>
> 孝子不匮,永锡尔类。
>
> 其类维何? 室家之壶。
>
> 君子万年,永锡祚胤。
>
> 其胤维何? 天被尔禄。
>
> 君子万年,景命有仆。
>
> 其仆维何? 釐尔女士。
>
> 釐尔女士,从以孙子。

《诗经·周颂·维天之命》就是周王祭祀文王的诗。成诗之时,郑玄认为在周公摄政五年之冬。而陈奂考证说此诗当作于周公居摄的六年之末制作礼乐之后。

> 维天之命,於穆不已。
>
> 于乎不显,文王之德之纯。
>
> 假以溢我,我其收之。
>
> 骏惠我文王,曾孙笃之。

《诗经·周颂·维清》亦是周王祭祀文王的诗词。

> 维清缉熙,文王之典。
>
> 肇禋,
>
> 迄用有成,维周之祯。

不仅王侯,平民百姓也祭祀祖先。《诗经·周颂·丰年》是秋收以后祭祀祖先所唱的乐歌。

> 丰年多黍多稌,
>
> 亦有高廪,万亿及秭。
>
> 为酒为醴,烝畀祖妣。

以洽百礼,降福孔皆。

《诗经·周颂·有瞽》则是一首合乐祭祖之诗,从词中内容所看,应为周王或王室大族。

有瞽有瞽,在周之庭。

设业设虡,崇牙树羽。

应田县鼓,鞉磬柷圉。

既备乃奏,箫管备举。

喤喤厥声,肃雍和鸣,

先祖是听。

我客戾止,永观厥成。

不仅男子,连女子也祭祖,《诗经·召南·采蘋》就是一首女子祭祖的诗。

于以采蘋? 南涧之滨。

于以采藻? 于彼行潦。

于以盛之? 维筐及筥。

于以湘之? 维锜及釜。

于以奠之? 宗室牖下。

谁其尸之? 有齐季女。

《诗经·小雅·蓼莪》则是一首苦于服役,无法去亲自祭祀的诗。

蓼蓼者莪,匪莪伊蒿。

哀哀父母,生我劬劳。

蓼蓼者莪,匪莪伊蔚。

哀哀父母,生我劳瘁。

瓶之罄矣,维罍之耻。

鲜民之生,不如死之久矣。

无父何怙? 无母何恃?

出则衔恤,入则靡至。

父兮生我,母兮鞠我。

抚我畜我,长我育我,

顾我复我,出入腹我。

欲报之德。昊天罔极!

> 南山烈烈,飘风发发。
>
> 民莫不穀,我独何害!
>
> 南山律律,飘风弗弗。
>
> 民莫不穀,我独不卒!

在新石器时代农业社会中,各区域拥有不同的祭祀形态。属于粟黍农业社会的黄河中下游地区盛行以父系血缘组织为中心的祖先祭祀。属于稻作农业社会的长江下游地区信奉太阳神崇拜,由此而进行农业祭祀。并在新石器时代末期,各区域宗教祭祀相互交流融合,大中华文化通过融合逐步统一,这个结果是一致的,但过程是漫长的,因此根植于黄河流域的《诗经》关于祭祀多为祭祖和农业祭祀。而源于长江流域的《楚辞》则更多是太阳神崇拜,甚至把太阳神崇拜发展成祭歌颂诗,下面笔者将在专章述及。

三、神话传唱

我国虽然没有像荷马史诗那样系统的史诗著作流传,但有关民族历史的诗歌韵文随处可见。

《诗经》中有两篇神性英雄"感天而生"的神话故事,分别是商始祖契和周始祖稷。

《鲁颂·玄鸟》中记载

> 天命玄鸟,降而生商,
> 　　宅殷土芒芒。
> 古帝命武汤,正域彼四方。
> 方命厥后,奄有九有。
> 商之先后,受命不殆,
> 　　在武丁孙子。
> 武丁孙子,武王靡不胜。
> 龙旂十乘,大糦是承。
> 邦畿千里,维民所止,
> 　　肇域彼四海。
> 四海来假,来假祁祁。

景员维河。

殷受命咸宜，百禄是何。

《大雅·生民》中记载周圣祖姜嫄

厥初生民，时维姜嫄。

生民如何？

克禋克祀，以弗无子。

履帝武敏歆，攸介攸止，

载震载夙。

载生载育，时维后稷。

诞弥厥月，先生如达。

诞弥厥月，先生如达。

不坼不副，无菑无害，

以赫厥灵。

上帝不宁，不康禋祀，

居然生子。

诞寘之隘巷，牛羊腓字之。

诞寘之平林，会伐平林。

诞寘之寒冰，鸟覆翼之。

鸟乃去矣，后稷呱矣。

实覃实訏，厥声载路。

诞实匍匐，克岐克嶷，

以就口食。

蓺之荏菽，荏菽旆旆。

禾役穟穟，麻麦幪幪，

瓜瓞唪唪。

诞后稷之穑，有相之道。

茀厥丰草，种之黄茂。

实方实苞，实种实褎。

实发实秀，实坚实好。

实颖实栗，即有邰家室。

誔降嘉种,维秬维秠,
　　维穈维芑。
恒之秬秠,是获是亩。
恒之穈芑,是任是负,
　　以归肇祀。
　　诞我祀如何?
或舂或揄,或簸或蹂。
释之叟叟,烝之浮浮。
载谋载惟,取萧祭脂。
取羝以軷,载燔载烈,
　　以兴嗣岁。
昂盛于豆,于豆于登,
　　其香始升。
上帝居歆,胡臭亶时。
后稷肇祀,庶无罪悔,
　　以迄于今。

《诗经》还不止一次歌颂了大禹治理洪水而缔造山川的功绩。

《诗经》雅诗中有叙述周人开国和宣王征伐四夷而中兴的诗篇,后人亦称之为"史诗",如《生民》《公刘》《绵》《皇矣》《大明》《六月》《采芑》《常武》《出车》《江汉》等。

《生民》歌颂周始祖后稷,他是氏族方国女酋长姜嫄之子。由于发明种植五谷,方国由母系制向父系制转化,并奠定在中原以农立国的始基。

《公刘》让人浮现带领周族由邰迁豳的英雄形象;《绵》如见周人由豳迁徙开辟土地,建筑房屋的业绩;《大明》可以看到武王伐纣、牧野鏖战的伟大场面;《六月》可见周宣王率军伐四夷的赫赫战功,这些都是宝贵的历史资料。

虞夏商时,方国林立,如若政治清明,则四方晏平;倘若昏主当政,便攻伐时起。西周王朝建国初年,大小诸侯原有一千八百国,到春秋时只有三十几国,说明诸侯间兼并战争的惨烈。方国氏族受到四夷侵扰,抵御外侮的战争时有发生。

《诗经·秦风·无衣》

岂曰无衣？与子同袍。

王于兴师，修我戈矛。

与子同仇！

岂曰无衣？与子同泽。

王于兴师，修我矛戟。

与子偕作！

岂曰无衣？与子同裳。

王于兴师，修我甲兵。

与子偕行！

这首军中战歌渲染了慷慨激昂、热情互助的气氛，表达了勇敢从军，团结友爱，共同御侮的决心。

正义的战争人民是拥护的，非正义战争必然遭到人民的反对。诗经《诗经·邶风·击鼓》刻写了一位兵士被迫服役，他想起临别与妻子的誓约：

死生契阔，与子成说。

执子之手，与子偕老。

这都成了泡影，于是心痛地诉说：

于嗟阔兮，不我活兮。

于嗟洵兮，不我信兮。

《楚辞》中有很多神话和历史材料。《天问》就是一篇史诗，用一百七十余个问题叙述当时所有的上下古今知识，包括天地万物，人神史话等诸多方面，尤其关于神话传说，有些简直是原始记录。

《天问》中问完"开天辟地"后又问"圜则九重，孰营度之？"

"九天之际，安放安属？"是先民对九重天认识的想象。

对后稷诞生《天问》"稷维元子，帝何竺之？投之于冰上，鸟何燠之"，等等。

《楚辞·远游》"指炎神而直驰兮，吾将往乎南疑"。《九章·涉江》"驾青虬兮骖白螭，吾与重华游兮瑶之圃"是关于黄炎舜的记载。

《楚辞》中的《招魂》和《大招》是两首巫歌。《招魂》是招人魂的，《大招》

是招鬼魂的。两首巫歌中所描写的四方，非出自巫觋杜撰，皆有所依本。事物见于他书，故事皆为古昔普遍传说。

关于历史神话传唱，虽然从民族史诗的角度来看很不系统，但从中亦可看出以下四点：

一是有关民族幼年所处的时代可见端倪。比如商祖由"玄鸟"而生，周祖嫄履帝而孕等，可见商周民族在幼年时期尚处于母系氏族社会时期，知其母不知其父，而寄托于神灵，既是显示其祖宗血统贵重，也是后世美化其祖宗之需要。

二是由氏族部落而发展到方国时代，是一个氏族的共性发展史。部落联盟是松散的联合体，虞、夏、商、周也是一个松散的集合体，除王畿外，基本都是朝贡体制、臣服体制。

三是方国的存续时间是很长的，从距今 7000 年前，一直到夏商时，夏时商、周都是方国，其首领在夏政权中任职，而其母国作为方国一直存在。商克夏而立，由下而至上。商亡于周，由小邦克大城，到周时，建立分封国体制。战国时期的各国也都在其母国基础上，或独立或复国或建立。

四是史诗中的史料丰富，由于在春秋时搜集整理，关于周的史诗尤其翔实，对周诸侯国的风土人情、世事百态，也可相互对照，参阅研究。

四、祭歌颂诗

关于祭祀我们已经知道，在属于粟黍农业社会的黄河中原地区盛行以父系血缘统治为中心的祖先祭祀，之后扩散到黄河下游，淮河流域，包括汉水上游地区。农业祭祀也大体是同时期、同区域内扩展。

在长江中、下游为中心的稻作农业社会，太阳神信仰为共同体的组织基础，同时在阶层化社会中逐渐出现凭借太阳神的威信而确立的首领权。这些首领通过玉琮与太阳神"对话""沟通"，因此得以在太阳神庇护下行使权力，凭借神力、神政，使社会组织正常顺利运行。因此太阳神的祭祀是长江中下游东夷族的权属。

《九歌》是屈赋中最美、最精、最富魅力的诗篇，代表了屈原艺术创作的最高成就。

　　"九歌"是远古流传的乐曲,对此《左传》《离骚》《天问》《山海经》都有论述。"九歌"只是神话中的乐曲名称,屈原借用《九歌》这个曲名,把他搜集整理的《九歌》用于祭祀的歌词、组诗。特别是《九歌》保存的图腾神话成为认识远古部族文化和史实的重要窗口,对部族文化的转化创新影响了中华民族精神的形成。

　　夏启夺取虞族《韶》乐改造成《九歌》。

　　《韶》是上古虞舜之乐,又称《大韶》《韶箾》《箫韶》。《说文》曰:韶,虞舜乐也。《虞书》曰:箫韶九成。《周礼·大司乐》曰:九韶之舞。

　　原始九韶是南方百越民族的巫歌,舜帝韶乐在此基础上加工而成,并具有娱人、教化功能。该乐在《竹书纪年》《吕氏春秋·古乐篇》《汉书·礼乐制》中均有记载。孔子于公元前517年在齐国闻韶乐而"三月不知肉味",并评论"尽美矣,又尽善也"。可以说《韶》乐是到目前为止可以基本考实的我国最早的一部区域民族史诗。

　　考古资料和出土玉器表明,新石器时代,黄河流域农业生产水平低于长江流域,从黄帝至大禹1500多年的上古中国史,基本上是东夷史。长江下游东(南)夷由于大虞良渚被尧舜灭国后湮没于史,夷的传说也就以黄河下游山东龙山文化东夷虞舜为主导。东夷地区的经济社会发展一直处在当时最先进的水平,其先进性在文化上的表现,便是东夷集团太阳神话丰富、音乐艺术繁荣,并有自己的部族史诗、颂诗《韶》的流传。

　　从《韶》与《东皇太一》《东君》《礼魂》的祭祀内容上对比看:东夷集团以太阳为图腾,以虞族首领帝舜(俊)为太阳神,能够"使四鸟"和驱使虎豹熊罴,即是统帅以四种鸟和动物为图腾形象的部落。

　　古文献中所描写的《韶》乐就记载了这些内容。

　　帝(舜)曰:夔,命汝典乐,教胄子,直而温,宽而栗,刚而无虐,简而无傲。诗言志,歌永言,声依永,律和声。八音克谐,无相夺伦,神人以和。

　　夔曰:予击石拊石,百兽率舞。(《尚书·舜典》)

　　《尚书·益稷》中也记载了"鸟兽跄跄,《箫韶》九成,凤凰来仪"等相关内容。这与《东皇太一》《东君》和《礼魂》祭祀太阳神时高度契合一致。

《九歌·东皇太一》

扬枹兮拊鼓,疏缓节兮安歌,陈竽瑟兮浩倡。

灵偃蹇兮姣服,芳菲菲兮满堂。

五音纷兮繁会,君欣欣兮乐康!

《九歌·东君》

緪瑟兮交鼓,箫钟兮瑶簴。

鸣篪兮吹竽,思灵保兮贤姱。

翾飞兮翠曾,展诗兮会舞。

《九歌·礼魂》

成礼兮会鼓,传芭兮代舞。

姱女倡兮容与。

春兰兮秋鞠,长无绝兮终古。

而《韶》乐中有关东夷有虞族的祖先崇拜的内容,却在《九歌》中没有保存。

夔曰:戛击鸣球,搏拊琴瑟以咏,祖考来格,虞宾在位,群后德让。下管鼗鼓,合止祝柷,笙镛以间;鸟兽跄跄,《箫韶》九成,凤凰来仪。(《尚书·益稷》)

主要是长江下游东夷良渚文化已经灰飞烟灭,黄河下游东夷龙山文化趋下演变为岳石文化,而中原地区龙山文化飞速进步,演变至王城岗、新砦文化。表现形式便是中原华夏族的禹启父子,破坏部落集团联盟"禅让制",建立夏族"世袭制"。

具体过程是,舜死后,禹成为联盟盟主,并推出东夷部族的皋陶、伯益相继为辅。这时,禹子启发动政变,最终杀了东夷部族首领伯益。

《战国策·燕策一》所载大致相同。《楚辞·天问》也说:"启代益作后"。古本《竹书纪年》:"益干启位,启杀之。"上博简《容成氏》33、34、35 简所载也大致相同,为佐证此事的真实性增添了新资料。

夏启氏起源于山东半岛,距今 4300 年前有崇氏鲧部落因治水罪被杀,其部落逃亡经河北部、山西北部到陕西,距今 4300—4000 年前神木石峁建立都城,考古发掘发现有超过 4 平方公里史前大型石城遗址。鲧的后人禹在帝舜时期建立夏,并参与部落联盟。传说大禹生于石纽,而夏后启也从石中出生,后入主中原联盟。由夷夏二头盟主共政的禅让制,变为夏族一头盟主专政的世袭制,是中国历史上的重大变革。这场变革反映在宗教、政治、文化、社会、军事等方方面面。《左传》《墨子》《天问》《山海经》等文献所载禹启"铸鼎象物"与夏启"始歌《九招(韶)》"两则神话故事为我们提供了相关信息。

《左传》宣公三年:"昔夏之方有德也,远方图物,贡金九牧,铸鼎象物,百物而为之备用能协于上下,以承天休。"

《韩非子》载曰:"禹爱益而任天下于益。已而以启人为吏。及老,而以启为不足任天下,故传天下于益,而势重尽在启也。已而启与友党攻益而夺之天下,是禹名传天下于益,而实令启自取之也。此禹之不及尧、舜明矣。"

《墨子·耕柱》也有大致相同的记载:"昔者夏后开,使蜚廉折金于山川,而陶铸之于昆吾。是使翁难雉乙卜于白若之龟。曰:'鼎成以祭于昆吾之虚,上乡(飨)。'"此外,《史记·封禅书》《武帝本纪》《汉书·郊祀志》等也有相关叙述。这说明"铸鼎象物"在夏代初年是一件宗教大事,影响深远。

为了从根源上掌握参加联盟的各氏族部落的神权、族权、兵权、政权,禹启父子命令各氏族部落"铸鼎象物",就是没收其他部族的青铜材料,铸成"九鼎",并将他们所崇拜祭祀的天体神灵与祖先神灵图像铸在"九鼎"上。通过宗教手段独占了各族的兵器和生产资料及各族沟通神灵的权力,并特别针对有虞族夺取其"宗庙之典籍",其中就包括《韶》乐,这个事实保存在"启始歌《九招(韶)》"的神话传说中。

"有人珥两青蛇,乘两龙,名曰夏后开。开上三嫔于天,得《九辩》与《九歌》以下。此天穆之野,高二千仞,开焉得始歌《九招》。"(《山海经·大荒西经》)

说夏后启从天神那里得到《九辩》《九歌》,实际上是以神的名义宣布《九辩》《九歌》是夏族的祭歌颂诗,是夏族神权、族权、政权的象征。

"开焉得始歌《九招》",肯定了两点:

一是始得《九招》,说明夏族以前是不准歌舞《九招》的。

二是既然启从天神那里所得的是《九辩》《九歌》,那么人间歌舞也应该是《九辩》《九歌》。

而《山海经》却说:"开(启)焉得始歌《九招(韶)》。"说的是得到了虞乐《九韶》,而不是夏乐《九歌》。这显然矛盾百出,不打自招,也就坐实了夏启夺取虞族《韶》乐,又将其改造成《九歌》的事实。

把《韶》乐中反映东夷族祭祀日月神的《东皇太一》《东君》,保留在《九歌》中,就是夏启夺取东夷有虞族《韶》乐而改造成《九歌》的直接证据。

日月天神是天下共神,将夷族祭祀太阳神的内容及仪式据为己有,不算违背"神不歆非类,民不祀非族"的原则。黄河流域以父系血缘组织为中心的祖先祭祀和农业祭祀与长江流域东夷及大虞太阳神崇拜完美合体。"开上三嫔于天,得《九辩》与《九歌》以下",原来的掠夺也就变成天帝授予了。

实际上《九歌》即《夏歌》《虬歌》,因为中原夏族以虬龙为图腾。"禹,从九从虫,九虫实即句龙、蚪龙也。句、蚪、九,本音近义通。"姜亮夫、杨宽考证《九歌》之九实为虬龙之"虬"。世人不明就里,以为《九歌》之"九"是篇,今存《九歌》11篇,争论不休。《韶》乐又称作《九韶》实因《九歌》之影响而致。

《九歌·东皇太一》《九歌·东君》《九歌·礼魂》本身就是夷族的祭歌颂诗,是保存最早的原始宗教祭歌,其宗旨内容属于东夷集团。

考古学上的东夷分为黄河下游东夷和长江下游东(南)夷。黄河下游东夷地区先后创造了后李文化—北辛文化—大汶口文化—龙山文化。长江下游东(南)夷先后创造了河姆渡文化—马家浜文化—崧泽文化—凌家滩文化—良渚文化等。在这些考古学文化序列遗址中,有关太阳神崇拜的遗物蔚然大观。良渚玉器上的太阳神形象,大汶口大陶尊上的日月山刻纹,龙山文化鸟形陶鬶和鸟足陶鼎太阳鸟图腾等不胜枚举。

东海之外大壑,少昊之国。少昊孺帝颛顼于此,弃其琴瑟。有甘山者,甘水出焉,生甘渊。大荒东南隅有,名皮母地丘。东海之外。大荒之中,有山名曰大言,日月所出。

大荒之中,有山名曰合虚,日月所出。

汤谷上有扶木,一日方至,一日方出,皆载于乌。

有黑齿之国,帝俊(舜)生黑齿。(《山海经·大荒东经》)

汤谷上有扶桑,十日所浴,在黑齿北。(《山海经·海外东经》)

大荒之中,有山名曰融天,海水南入焉。有人曰凿齿,羿杀之。(《山海经·大荒南经》)

这些记载一方面说明东夷是崇拜太阳的民族,从地理上证明"汤谷""扶桑""十日"神话只能是东夷民族的;另一方面也表明从帝尧就开始了对东夷的战争。命后羿部落射"十日"、杀"凿齿"等,因为只有东夷人才有"凿齿"习俗。

下面再分析一下《东皇太一》《东君》和《礼魂》的唱辞。

《东皇太一》是《九歌》中的首篇,是东夷祭祀春神的乐歌。

前文我们说过,东夷一直信奉句芒为神,句芒就是春神、东方之神和农神,良渚玉器上普遍可见对句芒神的崇拜。

全诗分三节。

首先写春天良辰吉日,怀着恭敬的心情祭祀东皇太一,以使春神降临人间,带来万物复苏。

吉日兮辰良,穆将愉兮上皇;

抚长剑兮玉珥,璆锵鸣兮琳琅。

下面写祭祀场面宏大,祭品丰富,歌舞欢快。

瑶席兮玉瑱,盍将把兮琼芳;

蕙肴蒸兮兰藉,奠桂酒兮椒浆。

扬枹兮拊鼓,疏缓节兮安歌,

陈竽瑟兮浩倡。

最后写春神降临。

"偃蹇兮姣服"写出春神外表动人,舞姿曼妙。

"芳菲兮满堂"昭示春神带来了春天的气息。

"五音纷兮繁会,君欣欣兮乐康。"祭祀的人们也满心欢喜,钟鼓齐奏,笙箫齐鸣,祭祀气氛达到高潮,充分表达了东夷先民对春神的敬重与欢迎,希望春神能够赐福人间,给人类生命的繁衍和农作物的生长带来福祉。

《东君》是歌颂太阳神的祭歌。万物生长靠太阳,关于东夷诸族对太阳神(日神)的崇拜和歌颂最虔诚,当然也最热烈。

暾将出兮东方,吾槛兮扶桑。

抚余马兮安驱,夜皎皎兮既明。

驾龙辀兮乘雷,载云旗兮委蛇。

长太息兮将上,心低徊兮顾怀。

羌声色兮娱人,观者儋兮忘归。

> 縆瑟兮交鼓,萧钟兮瑶簴。
>
> 鸣篪兮吹竽,思灵保兮贤姱。
>
> 翾飞兮翠曾,展诗兮会舞。
>
> 应律兮合节,灵之来兮蔽日。
>
> 青云衣兮白霓裳,举长矢兮射天狼。
>
> 操余弧兮反沦降,援北斗兮酌桂浆。
>
> 撰余辔兮高驰翔,杳冥冥兮以东行。

篇中由男巫扮演太阳神领唱,众巫扮演观者伴唱。

开篇和结尾是对太阳神的想象,中间描述祭祀过程。

太阳神驾着神车,从东方扶桑出发就是白天的开始。于是,太阳神见到了热闹隆重、鼓瑟钟鸣的祭祀场景。夜晚,太阳神并未随暮色回返,而是举起长箭射去贪婪成性妄图称霸的天狼星,操起长弓防止灾祸降临人间,以北斗为壶觞,斟满美酒,为人类赐福,然后才驾车前进,直到第二天再次从东方升起。

《礼魂》人们有不同的说法,一说十篇共用的"乱辞",也就是说为前十篇祭祀各神的总送神曲;一说是屈原对英雄祖先的祭祀,不属九歌之列。

笔者认为《东皇太一》和《礼魂》都属祭歌,既然有迎神曲,那么肯定有送神曲,而《东皇太一》就是迎神曲,《礼魂》就是送神曲。

> 成礼兮会鼓,传芭兮代舞,
>
> 　　姱女倡兮容与。
>
> 春兰兮秋菊,长无绝兮终古。

《礼魂》由女巫领唱,男女青年随歌起舞。全诗寥寥数语,却将一个盛大的集会场面描绘得如此激越恢宏。伴随着激烈的鼓点和舞步,传递香草,祈神许愿。

《河伯》《云中君》是夏族《虹歌》的遗存,也是夏族自己的祭歌颂诗。

既然《九(虹)歌》原是指《夏歌》,其中除保留《韶》乐中《东皇太一》《东君》《礼魂》等的内容外,也应有夏族自己的祭歌颂诗。

"河伯"是黄河之神,商周之后被列为天子祭祀,称为"河神"。"河伯"之名最早见于《庄子·秋水篇》。按照神话传说,河伯原名"冯夷",也称"冰夷"。

"从极之渊深三百仞,维冰夷恒都焉。冰夷人面,乘两龙。"(《山海经·海内北经》)

中原部族一直在黄河流域,夏族继承的也是黄河文化,河伯就是黄河之神。

> 与女游兮九河,冲风起兮水扬波。
>
> 乘水车兮荷盖,驾两龙兮骖螭。
>
> 登昆仑兮四望,心飞扬兮浩荡。

"骖螭"即驾驭螭龙;"九河"即黄河;螭龙、黄河就是中原部族和夏的图腾。

> 日将暮兮怅忘归,惟极浦兮寤怀。
>
> 鱼鳞屋兮龙堂,紫贝阙兮珠宫,
>
> 灵何为兮水中?
>
> 乘白鼋兮逐文鱼,与女游兮河之渚;
>
> 流澌纷兮将来下;
>
> 子交手兮东行,送美人兮南浦;
>
> 波滔滔兮来迎,鱼鳞鳞兮媵予。

黄河神放荡不羁,妻子是洛水女神宓妃,黄河沿岸曾有"河伯娶妇"的恶俗。诗歌以河伯洛神游戏情歌作为娱神祭辞。河伯本专指黄河之神,战国时,人们将各水系河神统称河伯。

《云中君》是祭祀"云神"的,在我国古代神话故事中,云神名叫丰隆,又称"屏翳"。马茂之认为,"丰隆是云在天空中聚集的形象"。中原王朝一直崇拜云神,黄帝部落"云官而云师"。主要是中原夏族农耕生产祈求风调雨顺。这首辞前半部分迎神,人们沐浴更衣,虔诚地迎接神的到来。

> 浴兰汤兮沐芳,华采衣兮若英。
>
> 灵连蜷兮既留,烂昭昭兮未央。
>
> 蹇将憺兮寿宫,与日月兮齐光。
>
> 龙驾兮帝服,聊翱游兮周章。

后半部分写云神从云中来到人间,光芒遍及九州,踪迹纵横四海。

> 灵皇皇兮既降,焱远举兮云中。
>
> 览冀州兮有余,横四海兮焉穷。

　　　　　　　　思夫君兮太息,极劳心兮忡忡。

　　"冀州,位于九州之中,即所谓中原地带","正中冀曰中土","蚩尤作兵伐黄帝,黄帝乃令应龙攻之冀州之野"。郭璞注:"冀州,中土也。"辞中"龙驾兮""览冀州兮有余"显然是对中原夏族而言,应为夏族所祭祀的天体自然神。"极劳心兮忡忡"写出了中原人民对云神的崇敬和膜拜。

　　《大司命》《少司命》是各诸侯国生命生育祭歌颂诗,其他诸篇才是楚族流传的祭诗祭歌。

　　屈原《九歌》中有《大司命》《少司命》二篇。这一组诗到底属于哪个氏族侯国所崇拜祭祀的神灵? 学界没有统一认识。《管子·法法》:"有故为其杀生,急于司命也",这是齐国的司命神。《韩非子·喻老》扁鹊见蔡桓公,曰:"疾……在骨髓,司命之所属也,无奈何也",这是蔡国的司命神。《史记·封禅书》:"晋巫,祠五帝……司命",这是晋国司命神。甘肃天水放马滩秦简《墓主记》:"丹所以得复生者……以丹未当死,因告司命……",这是秦国的司命神。《庄子·至乐》:"吾使司命复生子形,为子骨肉肌肤,反子父母、妻子、闾里、知识,子欲之乎?"《史记·封禅书》:"荆巫……司命",均是楚国的司命神。总之,司命神出现在春秋战国时期,所涉范围极广,并非楚国所专有。

　　春秋战国时期,王纲解纽,礼崩乐坏。这种局面产生两方面重大影响。一方面,人们从原有宗法礼制中解放出来,个性自由,理性觉醒,更加自觉珍爱生命。另一方面,当时诸侯征战,天下大乱,民不保身,寿夭不定,社会上于是出现探求生命、追求年寿的普遍思潮。《九歌》之《大司命》《少命》中所描写的也大多围绕生死、寿夭、福祸、子嗣主题而展开。

　　如《大司命》:

　　　　　　　　纷总总兮九州,何寿夭兮在予。

　　　　　　　　老冉冉兮既极,不寖近兮愈疏。

　　　　　　　　固人命兮有当,孰离合兮可为?

　　《少司命》:

　　　　　　　　夫人自有兮美子,荪何□兮愁苦。

　　　　　　　　悲莫悲兮生别离,乐莫乐兮新相知。

　　　　　　　　竦长剑兮拥幼艾,荪独宜兮为民正。

　　所谓"寿夭""老冉冉""人命""离合""美子""愁苦""别离""悲乐""幼

艾",都是春秋战国时期的社会主题,人们把解决这些问题的希望寄托在司命神身上,因而到处都有对"司命"的祭祀与祈祷。

《大司命》《少司命》的原始内容应该是春秋战国时期各诸侯国司命神祭歌的综合。

实际上,《九歌》中只有《湘君》《湘夫人》《山鬼》才是长江中游东(南)夷人后裔楚地楚族流传久远的山川祭歌颂诗。《国殇》则是楚国的爱国战魂祭歌。只有这四篇才是楚族流传的祭诗祭歌。

西方古文明起源的一个重要标志,是地缘管理代替血缘管理。而中国古文明从五帝时代起源直到虞、夏、商、周早期文明发展,共达五千多年的时期内,一直延续着原始氏族社会的血缘管理模式。

由于血缘管理,所以"国之大事,在祀与戎"(《左传》成公十三年)。各血缘氏族部落只祭祀本族范围内的天体神、山川神和祖先神,相关的祭器、礼仪、乐舞歌辞也只限在本族内流传。此即所谓"神不歆非类,民不祀非族","鬼神非其族类,不歆其祀","诸侯祭名山大川之在其地者"。

按照这一传统,屈原只能对《九歌》中的《湘君》《湘夫人》《山鬼》《国殇》及《礼魂》五篇可确认为楚国的祭歌颂诗进行编辑、加工和润色。其他诸篇,因不在楚国地望神与祖先神的范围内,屈原是无权将其编入《九歌》中的。

然而,屈原还是将《东皇太一》《东君》《河伯》《云中君》《大司命》《少司命》那些不同区域、不同族属、不同时代、不同内容的祭歌颂诗与楚国的《湘君》《湘夫人》诸篇合编在一起了。这不是屈原冒天下之大不韪,而是因为屈原所处的时代,血缘管理纽带已解构,地缘管理的新格局已逐渐形成,屈原编组《九歌》已不受传统体制的束缚。

参考书目

《山海经》，袁珂校注，上海古籍出版社 1980 年版。

司马迁：《史记》，中华书局 1963 年版。

《尚书》，王世舜、王翠叶译注，中华书局 2018 年版。

《礼记》，中华书局 2018 年版。

《左传》，中华书局 2018 年版。

《国语》，上海古籍出版社 2007 年版。

《诗经》，王秀梅译注，中华书局 2018 年版。

屈原、宋玉等：《楚辞》，中华书局 2018 年版。

《古本竹书纪年》，齐鲁书社 2010 年版。

战国楚人：《鹖冠子》，中华书局 2014 年版。

明正统：《道藏》，上海书店 1988 年版。

《韩非子集解》，中华书局 1998 年版。

沈德潜编：《古诗源》，中华书局 2006 年版。

《淮南子集释》，中华书局 1998 年版。

顾颉刚：《古史辨》，商务印书馆 2018 年版。

钱穆：《国史大纲》，商务印书馆 2010 年版。

黎东方：《细说先秦》，中国工人出版社 2009 年版。

施展：《枢纽》，广西师范大学出版社 2018 年版。

张光直：《中国青铜时代》，生活·读书·新知三联书店 2013 年版。

许宏：《何以中国》，生活·读书·新知三联书店 2016 年版。

叶喆民：《中国陶瓷史》，生活·读书·新知三联书店 2011 年版。

袁珂：《中国神话史》，北京联合出版公司 2015 年版。

杨伯达：《中国玉器合集》，河北美术出版社 2005 年版。

骆文亮:《中国陶瓷文化史》,中央编译出版社 2012 年版。

葛兆兴:《中国古代文化讲义》,复旦大学出版社 2006 年版。

樊树志:《国史十六讲》,中华书局 2006 年版。

程憬:《中国古代神话研究》,北京大学出版社 2011 年版。

曲石:《中国玉器时代》,山西人民出版社 1991 年版。

艾丹:《玉器时代》,中国青年出版社 2006 年版。

刘宗迪:《失落的天书》,商务印书馆 2006 年版。

吴存浩:《中国农业史》,警官教育出版社 1996 年版。

吕思勉:《中国文化史》,新世界出版社 2008 年版。

[英]迈克尔·苏立文:《中国艺术史》,徐坚译,上海人民出版社 2014 年版。

古方:《中国玉器图典》,文物出版社 2009 年版。

中国社会科学院考古研究所:《二里头(1999—2006)》,文物出版社 2014 年版。

神木市石峁文化研究会:《石峁玉器》,文物出版社 2018 年版。

中国社会科学院考古研究所:《襄汾陶寺——1978—1985 年发掘报告》,文物出版社 2015 年版。

林华东:《良渚文明研究》,浙江教育出版社 1998 年版。

安徽省文物考古研究所:《凌家滩:田野考古发掘报告之一》,文物出版社 2006 年版。

[日]宫本一夫著:《从神话到历史》,吴菲译,广西师范大学出版社 2014 年版。

[日]平势隆郎著:《从都市国家到中华:殷周　春秋战国》,周洁译,广西师范大学出版社 2014 年版。

[美]斯塔夫里阿诺斯著:《全球通史》,吴象婴等人译,北京大学出版社 2006 年版。

后 记

我虽然是历史专业毕业,但从来没有想过要写这么一本中华民族的溯源书,但有关我们这个民族的渊源和祖先,我相信每一个炎黄子孙都非常有兴趣探讨。

关于中华民族这个思想方式,最早诞生于春秋时期,形成于战国时代,直到汉代人们才真正关注汉族祖先并赋予正统性的需要,出现了伏羲、女娲神话和盘古神话,这也是屈原在《天问》中对世界诞生和宇宙形成提出了质问,却没有记述我们这个民族起源神话的缘由。

考古学传入中国只有百年历史,但中华民族的文明史已经有八千年了,中国有文字记载的所谓"信史"仅开始于西周共和元年(公元前841年),自殷墟发掘甲骨文也只能从公元前1300年盘庚迁殷算起。但由于中华民族先祖们对玉器的喜爱,频频在考古发掘商周大墓中发现史前玉器。传说中夏少康派庶子南下会稽为其祖先守墓,是为越人之祖;史载南宋时期重修大禹陵就在会稽山挖出大量古玉。我们不能以"史无记载"或"眼见为实"而上了民族虚无主义的"梅花大当"。

我们可以肯定的是,在新石器中期距今七八千年,我国已进入方国时代,方国时代已经发现了陶器、玉器,出现了祭祀和牺牲。之后进入城市国家时代,城市国家时代产生了文字,而文字亦主要用于祭祀。文字用于行政公文已是战国秦汉时的事情了。

中华民族自古以来崇玉爱玉,对玉器具有莫名的喜爱。制作玉器是专业化程度很高的复杂劳动过程,玉礼器的出现则是玉器从雕琢工艺到社会功能全面成熟的标志,像营造城墙、修建城市设施等大劳动量的土方工程一样,反映了当时已经存在着组织和驱役大批劳动力从事与其本身物质生活无关劳务活动的权力和社会秩序。纵观史前玉器,其器形种类和装饰纹样,无一不与神灵崇拜的原始信仰有关。这正是文明起源时期古代国家玉器特有社会功能的真实记录。

考古学者按照人类使用工具的器质把人类早期历史区分为石器时代、青铜时代、铁器时代。但中国与其他区域不同的有一个明显的玉器时代。东汉袁康《越绝书》引用战国时代风胡子的话，对以往历史概括为：传说中的三皇时代是石器时代，从黄帝开始的五帝时代是玉器时代，禹以后的夏商周三代是铜器时代，春秋战国进入了铁器时代。哈佛大学教授张光直的《中国青铜时代》对《越绝书》这个分期法，给予高度评价。然往昔言史者言史，说文者说文，考古者必发掘，究籍者曰考据，论陶瓷、青铜及玉器者更是就物论物。

本书分卷上、卷中、卷下三部分，卷上从国内外博物馆所收藏发掘玉器入手，从玉论史，以玉证史，从玉器的起源传承过程论及中华民族的融合过程。卷中剖析上古神话传说，作为历史的故事化遗存，并以古籍相证，对应传说时代，形成历史系统。卷下以历史韵文化遗存为纲，从先秦流传的诗谣歌赋中洞悉历史，孔窥文化，佐证史前时代。

本书上中下三卷，既紧密联系，互为组成部分，卷上主证，卷中佐证，卷下补证；又自成体系，有所侧重。卷上在于"有物为证"，卷中在于"有书可凭"，卷下在于"有韵流传"。此书原名《吾族吾祖》，本意为记述中华民族的祖先。责编建议改为《最早的中国》，这样更直接、更容易被大众接受，我非常喜欢这个名字。

非常感谢中国文物交流中心原主任、国家博物馆研究员雷从云老师古稀之年，不辞辛劳，躬身作序。真诚感谢崔允成、崔卫兵先生带我步入古玉器收藏的天地，领会到中华古文明的博大精深，才有了这本书的萌发。感谢戚存杰、谭贞、朱占青、孙书杰、刘玉华、鄢忠伟、周勤峰、陶明镜、曹文营、李建伟、徐长路等各位朋友对出版此书的关注和不遗余力的付出，尤其感谢我的夫人蒋毓勤再三督促、耳提面命，亦感谢小朋友吴运金、毛子一不厌其烦地利用业余时间打字、拼图和再三修改。

独立、理性，心存善良和敬畏之心，用精炼的语言阐述深刻的历史逻辑，很不容易，此书从写作到成稿时间并不长，却经过六次反复修改，由此而看坚持做一件事情着实不易。坚持是一种信仰，专注是一种态度，如此书的出版能引起大家去关注中华古文化，共鸣中华古文明，当甚为荣幸欢喜之至。

作者于 2021 年 3 月底

责任编辑:鲁　静　刘松弢

图书在版编目(CIP)数据

最早的中国/李国忠 著. —北京:人民出版社,2022.2
ISBN 978－7－01－024248－4

Ⅰ.①最…　Ⅱ.①李…　Ⅲ.①中华文化-研究　Ⅳ.①K203

中国版本图书馆 CIP 数据核字(2022)第 026300 号

最早的中国
ZUIZAO DE ZHONGGUO

李国忠　著

人民出版社 出版发行
(100706　北京市东城区隆福寺街 99 号)

中煤(北京)印务有限公司印刷　新华书店经销

2022 年 2 月第 1 版　2022 年 2 月北京第 1 次印刷
开本:710 毫米×1000 毫米 1/16　印张:16
字数:250 千字

ISBN 978－7－01－024248－4　定价:60.00 元

邮购地址 100706　北京市东城区隆福寺街 99 号
人民东方图书销售中心　电话 (010)65250042　65289539